普通高等学校人文社会科学重点研究基地
KEY RESEARCH INSTITUTE OF HUMANITIES AND SOCIAL SCIENCE IN UNIVERSITY

西南财经大学中国金融研究中心
金融安全系列丛书

银行系统性风险与逆周期宏观审慎监管机制设计研究

Research on Banking Systemic Risk
and Counter-cyclical Macro-prudential
Supervision Mechanism Designing

董青马 等 ◎ 著

［国家社科基金西部项目（11XJY024）］

中国金融出版社

责任编辑：王效端　张菊香
责任校对：李俊英
责任印制：丁淮宾

图书在版编目（CIP）数据

银行系统性风险与逆周期宏观审慎监管机制设计研究/董青马等著.
—北京：中国金融出版社，2020.10
ISBN 978 - 7 - 5220 - 0749 - 6

Ⅰ.①银…　Ⅱ.①董…　Ⅲ.①银行业—系统风险—风险管理—研究—
中国　Ⅳ.①F832.3

中国版本图书馆 CIP 数据核字（2020）第 149367 号

银行系统性风险与逆周期宏观审慎监管机制设计研究
YINHANG XITONGXING FENGXIAN YU NIZHOUQI HONGGUAN SHENSHEN
JIANGUAN JIZHI SHEJI YANJIU

出版
发行　中国金融出版社

社址　北京市丰台区益泽路 2 号
市场开发部　（010）66024766，63805472，63439533（传真）
网上书店　http：//www.chinafph.com
　　　　　　（010）66024766，63372837（传真）
读者服务部　（010）66070833，62568380
邮编　100071
经销　新华书店
印刷　保利达印务有限公司
尺寸　169 毫米×239 毫米
印张　15
字数　240 千
版次　2020 年 10 月第 1 版
印次　2020 年 10 月第 1 次印刷
定价　56.00 元
ISBN 978 - 7 - 5220 - 0749 - 6
如出现印装错误本社负责调换　联系电话（010）63263947

摘　要

　　2008 年的国际金融危机使人们认识到，金融机构和金融体系所具有的内在顺周期性是近年来金融脆弱性增强与经济波动加剧的重要原因。与其他国家相比，我国经济体系波动更易受到投资波动与地方政府行为的影响，经济体系与金融体系的顺周期效应更为明显，而我国金融机构经营行为的更为趋同，这进一步放大了金融体系的顺周期效应与系统性风险。因此，本书的研究将有助于评估我国的系统性风险，构建我国逆周期的宏观审慎监管制度，为政府提供有效的决策支持。

　　本书在准确评估我国金融系统性风险及关联性的基础上，发现金融体系的顺周期性及金融体系的过度关联（非利息收入与影子银行）是当前诱发我国金融系统性风险的重要源头。在此基础上，本书重点分析了我国银行业非利息收入和金融体系顺周期性两大关键问题。随后，本书结合我国系统性风险生成机理，构建了逆周期宏观审慎监管的目标、工具和传导机制，并据此对其有效性进行了实证检验。最后，本书借鉴全球各国逆周期宏观审慎监管经验，提出了具体的政策建议。

　　本书的创新之处在于：

　　第一，本书采用综合性多部门分析工具（SyRIN），从整个金融体系的角度出发分析金融系统性风险，避免了从单个金融机构的角度出发研究的局部性和片面性。一是构建先验多元概率密度函数（FSMD）分析了各金融实体部门之间以及各金融实体部门与整个金融体系之间的风险关联性，从风险影响力和抗风险能力两个角度对金融部门及实体经济部门间的风险传染关系进行了深入分析；二是基于多元概率密度函数分析了单个金融实体部门对整个金融体系的风险贡献率，更为准确具体地对整个金融体系潜在的风险进行了量化分析。

　　第二，从中国问题出发，分析了非利息收入对我国商业银行系统性风险的影响机制。一是本书除了对非利息收入占比总体进行研究外，还尝试将非利息收入拆分为手续费及佣金收入、投资损益和其他非利息收入三个部分，分别考察非利息收入的各个构成部分对银行个体风险承担、系统性风险溢出效应和银行系统性风险的影响。二是本书考虑了资产规模和负债结构异质性在非利息收入对银行系统性风险影响中的作用。三是本书从系统性风险测度的不同角度出发，分别选取边际期望损失（MES）和成分期望损失（CES）指标进行考察，以增强实证结果的稳健性。

第三，运用我国微观银行面板数据，构建了银行资本缓冲指标，并按银行规模分组控制研究了经济周期与资本缓冲的关系，并实证分析了资本补充、资产配置与风险加权资产对银行资本缓冲的内在生成机制。研究发现：一是城市和农村商业银行在经济周期上升时，银行信贷投放的大幅度致使资本缓冲开始下降，表现为城市和农村商业银行信贷与经济周期存在典型的顺周期性。二是我国国有大型商业银行和股份制商业银行资本缓冲与经济周期关系的表现并不显著，甚至表现为一定的正相关性，可能表现为两种力量的对冲，同时也表明国有大型商业银行和股份制商业银行面临的资本监管压力较小。三是资本监管办法对风险权重的计量办法显著改善了国有大型商业银行和股份制商业银行的资本缓冲，资本监管面临一定的亲周期性。

第四，运用 ROC 方法分组控制分析了不同指标对银行系统性风险的预警作用。该方法最大的优点在于不需要顾及实施政策的成本、预期收益以及阈值 θ，在考虑了阈值 θ 的所有可能取值后，再对指标的预警效果进行分析，从而选择理想的早期预警指标。实证研究结果表明，信贷/GDP 缺口可作为逆周期宏观审慎管理主要的中间目标，房地产价格缺口可作为辅助中间目标。

第五，将样本国家和地区按开放度和收入水平进行分组控制，并将货币政策和经济增长作为控制变量，采用 GDP 增长率与逆周期宏观审慎监管工具的交互项来验证工具降低顺周期性的有效性。为了利用更多的数据，采用系统广义矩估计（GMM）方法对模型进行估计，更好地解决了实证的内生性问题，并从逆周期宏观审慎监管工具的传导机制出发，得到了一些有意义的实证结论。一是借款类工具优于金融机构类工具。一方面，时间维度中的外部性由信贷需求方产生；另一方面，该类工具作用于需求方，很难进行监管套利。二是规则简单、作用直接的数量型工具效果比价格型工具效果更为明显，原因在于价格型工具更易规避监管。三是高收入国家和地区会利用其发达的非银行金融体系、开放国家和地区会利用国家和地区外金融体系进行监管套利，相比中低收入和封闭国家和地区，其效果并不理想。四是相比信贷/GDP 缺口指标，信贷增长限制（CG）对房地产价格增速效果较好。五是在借款类工具中，封闭、中低收入国家和地区对贷款价值比限制（LTV_CAP）工具较为敏感，开放、高收入国家和地区对债务收入比（DTI）工具较为敏感，因为前者更看重贷款的抵押品及可获得性，而后者却更看重借款人的第一还款来源。

目　录

绪　论

0.1　选题背景与意义

人类社会进入 20 世纪后，金融全球化与自由化浪潮风起云涌，金融的发展在促进全球经济增长的同时，也给世界各国带来了巨大的风险。世界金融发展史表明，无论是发达国家还是发展中国家，在经济开放的过程中很少能够避免金融危机的爆发。历史总是在重演，虽然金融危机每一次新爆发的方式、重点均呈现出新的特点，但究其根源，所有遭受金融危机的国家均在政策方面存在严重缺陷，并引致了重大的金融体系脆弱性与经济结构性缺陷。尽管人们几乎无法准确地预测金融危机爆发的时机和可能引爆危机的事件，但我们可以通过识别和处理不稳定的根源来防止金融危机的爆发。为此，每一次金融危机的爆发都伴随着金融监管的变革与金融体制的完善。2008 年的国际金融危机使人们认识到：一是金融机构和金融体系所具有的内在顺周期性（Procyclicality）是近年来金融失衡加剧、金融脆弱性增强与经济波动加剧并最终导致此次国际金融危机发生的重要原因；二是单个金融机构的稳健性并不代表整体金融体系的稳健性，微观审慎监管与货币政策难以应对金融体系高速变革带来的系统性风险问题，必须加强宏观审慎监管。因此，宏观审慎管理受到各国政府、经济管理部门、金融企业和理论界的高度关注。2009 年 4 月，G20 峰会宣布成立金融稳定理事会（FSB）以推动全球层面的宏观审慎监管的合作与协调；同年，美国政府与欧盟委员会也先后公布关于宏观审慎金融监管的蓝图；随后，巴塞尔银行监管委员会推出以逆周期管理为核心的《巴塞尔协议Ⅲ》……

在中国快速发展的道路上，金融危机成为不可避免的大概率事件，系统性风险的防范在未来较长一段时间内都将成为我国金融发展的关键制约因素。首先，全球金融业正在经历由以银行为主体的金融体系向以市场为主体的金融体系的转型，金融全球化与金融自由化必然导致非银行金融机构的迅速崛起与风险源头的复杂化，传统银行经营模式在竞争压力下必然开始变革，改变既有风险控制与分担模式，如不能适应这种变化必将导致金融危机的爆发。其次，中国正处在由发展中国家向发达国家过渡、由计划经济体制向市场经济体制转型的特殊历史阶段，经济的高速发展与制度变迁必然导致金融风险的种类、性质、分布及传导机制的频繁变动，金融风险问题日益突出和复杂。最后，中国经济金融的发展打破了原有的世界经济金融格局，世界利益版图将重新分割，全球金融体系也必将重置，各种利益摩擦也会导致安全问题难以避免。与其他国家相比，我国经济体系波动更易受到投资波动与地方政府行为的影响，经济体系与金融体系的正反馈机制更是我国系统性风险生成的根源所在，而我国金融机构经营理念、行为模式和风险暴露更为趋同，这进一步导致了金融体系更强的内在顺周期性，增加了潜在的系统性风险。自 2008 年以来，我国也先后推出了差额准备金、超额资本金、动态资本金、贷款价值比、宏观审慎评估体系（MPA）等逆周期监管工具，并在 2011 年 3 月制定的《中华人民共和国国民经济和社会发展第十二个五年规划纲要》中明确提出"构建逆周期的金融宏观审慎管理制度框架，建立健全系统性金融风险防范预警体系、评估体系和处置机制"。在 2017 年召开的第五次全国金融工作会议上，习近平总书记强调，要加强金融监管协调、补齐监管短板，设立国务院金融稳定发展委员会，强化人民银行宏观审慎管理和系统性风险防范职责。

1. 本书研究的实践意义。第一，有助于正确对我国金融稳健性进行全方位评估，认清我国金融系统性风险的生成隐患。系统性风险是逆周期宏观审慎监管的核心目标与重要研究对象。我国作为发展和转型中的新兴国家，系统性风险的生成与分担转移方式均存在一定的特殊性，我们只有在对系统性风险生成机制深刻认识的基础上，才能准确评估我国系统性风险状态，进而构建有效的逆周期宏观审慎监管机制。第二，有助于构建我国逆周期的金融宏观审慎监管制度，为政府提供有效的决策支持。2008 年的国际金融危机表明，仅仅依赖微观审慎监管措施很难维护金融体系稳定，需要宏观审慎监管与货币政策的协调配合，但目前对逆周期宏观审慎监管的研究主要集中在概念与简单框架的介绍上，无法满足监管的实际需要。同时，随着我国金融创新的逐步发展，当前的分业监管体系也存在明显漏洞，在维护金融稳定方面存在较大缺陷。为此，本书将结合我国经济金融结构特征及中国金融监管制度演进的特征，尤其是经济金融的相互反馈机制和金融过度化问题，提出切合我国实际的逆周期金融宏观审慎监管制度框架。第三，有助于通过逆周期宏观审慎监管框架的构建来维护我国金融稳定，为中国经济发展提供重要保障。金融是现代经济的核心，金融体系的不稳定将导致经济的剧烈波动与产出的大幅度下降。中国正处于经济发展与金融强盛的关键时期，我们必须理顺经济体系与金融体系的反馈机制，抑制金融系统性风险通过金融体系内部运行机制以及金融体系与实体经济的相互作用而放大。建立完善逆周期金融宏观审慎监管体系不但可以保证金融体系的稳定，也将有效保证我国经济平稳快速发展。

2. 本书研究的学术价值。目前国内外对系统性风险与宏观审慎监管之间联系的研究才刚刚起步，理论和实证文献都非常匮乏，无论在研究方法、内容和具体设计思路上都急需拓展。一是逆周期的宏观审慎监管政策工具的目标、传导机制、工具手段和有效性检验均还需拓展研究；二是尽管大家都认为系统性风险是宏观审慎监管的首要目标，但在实际研究中将系统性风险与宏观审慎监管政策割裂开来，致使宏观审慎监管缺乏充分的理论支撑；三是就我国的研究而言，更多地集中在规范层面，缺乏结合中国转型期的发展特点与风险特征来研究我国逆周期宏观审慎监管机制的做法。因此，本书的研究将可能在以下方面凸显重要的学术价值：第一，从金融机构、金融市场、经济运行、国际风险传染四个层次，静态风险和动态发展两个维度，全面评估了我国金融系统性风险状况及隐患的生成来源，并据此实证研究了当前最大金融风险隐患过度金融化对系统性风险的冲击；第二，运用微观数据论证了不同类型银行体系顺周期性行为的形成因素，检验了银行资本缓冲、信贷周期与经济周期之间的顺周期行为，并从利润资本补充、资产配置和风险加权权重三个层次论证了我国不同类型银行资本缓冲周期性的内在形成机制，为监管部门采取不同类型的逆周期资本监管方法提供了重要理论支撑；第三，运用 ROC 方法分组控制分析了不同指标对银行系统性风险的预警作用，该方法最大的优点在于不需要顾及实施政策的成本、预期收益以及阈值 θ，在考虑了阈值 θ 的所有可能取值后，再对指标的预警效果进行分析，从而选择理想的早期预警指标，在此基础上提出了逆周期宏观审慎监管的最佳中间目标选择；第四，采用系统广义矩估计（GMM）的方法，运用全球样本分组控制研究逆周期宏观审慎监管工具对其中间目标的影响，验证了不同类别逆周期宏观审慎监管工具对不同中间目标的有效性，为政策制定者提出了较好的决策指引。

0.2　关键概念界定

1. 系统性风险。目前对"系统性风险"没有统一的、精确的定义。2007年美国次贷危机以后，对系统性金融风险的考察更加注重其与经济系统的互动反馈机制，在系统性风险的防范中也更加注重金融系统性风险在各部门间的分担与转移机制。金融稳定理事会、国际货币基金组织和国际清算银行认为，系统性风险是"因为全部或部分金融体系遭到损害而引起的金融服务崩溃所带来的风险，会对实体经济产生严重的负面影响"（FSB，IMF，BIS，2011）。因此，从宏观审慎监管视角，系统性风险是指对金融稳定产生威胁的风险，这种威胁会损害金融系统的绝大部分运作，并对经济产生重大的负面影响。系统性风险可以分为横截面与时间两个维度，两个维度相互交织在一起。在具体研究过程中，我们需要关注以下几个问题：一是系统性风险包括触发事件、金融系统内部传染机制和金融系统与宏观经济之间的传染三个层次，需注重从经济金融的互动反馈机制研究系统性风险的生成、转移与分担机制；二是系统性风险具有严重的外部性，与公共政策尤其是宏观审慎监管的实施紧密相关，但是系统性风险的防范是一个系统工程，还需市场约束、微观审慎监管、货币政策、财政政策、金融安全网、对外开放政策等的协调配合；三是系统性风险是一种研究思路，是连接个体风险与金融危机的枢纽，必须关注从微观金融风险到宏观金融风险的动态逻辑过程与微观基础，具体来讲可以将其分为银行系统性风险生成、金融机构与金融市场风险传染、金融系统性风险在宏观经济部门间的分担转移、系统性金融风险的跨国分摊与转移四个层次。

2. 宏观审慎监管。宏观审慎监管政策侧重于从其目标定位来进行定义，指为防范系统性风险的各类审慎工具的使用（IMF 等，2016）。Galati 和 Moessner（2018）认为，宏观审慎政策旨在用审慎的方式增强金融系统的稳定性，减少由金融困境带来的宏观经济损失。微观审慎旨在提高个体金融机构的稳定性，以保护存款人，而宏观审慎旨在提高整个金融系统的稳定性。

3. 顺周期与逆周期。顺周期性是指金融体系与实体经济之间的动态正向反馈，放大繁荣和萧条周期，加剧经济周期性波动，造成金融体系不稳定。在金融体系中，存在着多重顺周期因素，如信息不对称、资产价格、市场短视性等因素均能够导致顺周期性，它们相互作用，进一步扩大经济和金融体系的波动，造成更大的破坏。逆周期就是降低这种顺周期性。周小川（2009a）借助控制论的相关概念阐述了逆周期政策的基本思想，他指出，对于系统稳定性可以借助电子工程或控制论的部分概念，在复杂系统里，通常有多个反馈环，有些是正反馈，有些是负反馈。正（＋）反馈环强化了放大作用（类似于增效器），从而产生自激震荡（如同繁荣和萧条的顺周期性）和零点漂移（如同泡沫的参照点），而负（－）反馈环则削弱了放大作用，从而有助于系统稳定和零点的自我校正。

0.3　研究思路与逻辑结构

本书在准确评估我国金融系统性风险及关联性的基础上，发现金融体系的顺周期性及金融体系的过度关联（非利息收入与影子银行）是当前诱发我国金融系统性风险的重要源头。在此基础上，本书重点分析了我国银行业非利息收入和金融体系顺周期性两大关键问题。随后，本书结合我国系统性风险实际和货币政策框架构架模式，构建了逆周期宏观审慎监管的目标、工具和传导机制，并据此对其有效性进行了实证检验。最后，本书借鉴全球各国逆周期宏观审慎监管经验，提出了具体的政策建议。本书的逻辑结构具体如图 1 所示。

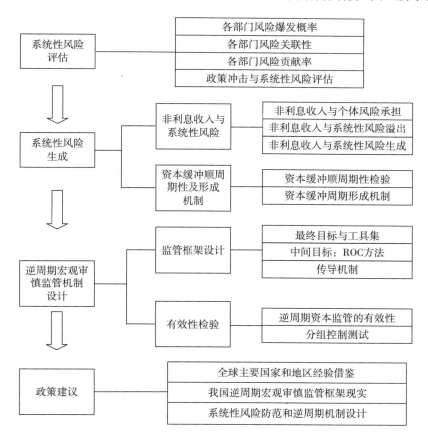

图 1　本书逻辑结构

0.4　本书研究的不足之处

1. 未能依据我国经济金融机构特征构建具有中国特色的金融系统性风险生成理论框架，这个理论模型需要重点考虑以下因素：一是将静态金融摩擦模型引入 DSGE 模型中，动态刻画冲击对金融体系和产出的影响，进而为逆周期宏观审慎监管工具奠定坚实的理论基础；二是需要刻画中国金融体系的隐性担保、地方政府金融分权和竞争、中国的金融制度转型进程等特征基础上，构建具有中国特色的系统性风险模型。

2. 在实证研究中，因样本数据缺陷，部分未能动态刻画，包括：第一，逆周期宏观审慎监管工具在经济繁荣和萧条时期的不同作用机制；第二，利用更多的微观数据非银行金融和跨国金融机构在监管套利方面的作用机制和效果。

3. 国内外学者已对我国传统逆周期资本监管工具，比如贷款价值比（LTV）、债务收入比（DTI）等进行了较为充分的研究，而新型逆周期资本监管工具样本期明显不足，无法进行实证检验，因此本书未能对我国逆周期宏观审慎监管工具进行充分的实证检验。

1 我国金融系统性风险及其关联性研究：基于综合性多部门工具分析

　　目前我国经济发展正处于转型升级的关键时期，面临诸多新问题和新挑战，金融体系杠杆率居高不下，金融体系中各金融实体部门之间的业务渗透更加频繁，资金交织更加复杂，风险关联更加密切，于是独立研究单个金融机构的风险生成和传染已不能准确度量整个金融体系的潜在风险。为此，本章拟从综合性多部门分析工具（SyRIN）以从上而下的视角布局研究体系，以从下而上的思路设计研究方案，深入分析银行部门、基金部门、保险部门、证券部门、信托部门等五个金融实体部门的风险状况，并研究各金融实体部门之间的风险关联性以及各金融实体部门与整个金融体系风险的关系。

1.1 引言

　　2008 年国际金融危机之后，我国在此后两年中采取了一系列扩张性政策刺激经济增长，同时也积累了大量风险，使得价格波动加剧，经济结构严重失衡，于是在 2015 年中央经济工作会议中提出了"三去一降一补"的宏观经济政策，旨在加速调整经济结构，促进经济转型升级，并且辅助一系列政策鼓励民营企业发展，鼓励创新创业，力争增强经济活力，打造新的增长极。此后几年我国经济发展质量有所提高，全社会杠杆率得到有效控制，但地方政府债务问题依然严峻，经济结构未得到彻底改善，2018 年经济改革进入深水区，转型升级进入关键期，中美贸易摩擦不断升温，内外压力激增。为了规范金融市场，国家出台并落地了《关于规范金融机构资产管理业务的指导意见》（以下简称资管新规），一时之间全社会陷入资金荒，资本市场低迷，经济增长乏力，在此背景下，防控系统性风险的爆发显得尤为重要。

为此，党的十九大和中央经济工作会议均指出各部门要严防爆发系统性风险，并对防控金融系统性风险提出了新的要求，不仅局限于对单个金融实体部门实施监管，而是需要统筹协调政府各部门资源对整个金融体系进行有效跟踪，建立实时金融风险预警机制。但以往对系统性风险的研究大多集中在分析银行等金融中介机构的风险，以及风险在各金融中介机构之间的传导上，而忽略了诸如险资、各类基金、信托等金融实体在金融行业中的影响。

本章创造性地构建了综合性多部门分析工具（SyRIN），其核心是基于多个金融实体部门构建刻画各部门风险状况的先验多元概率密度函数（FSMD），并通过求解拉格朗日函数得到最优一致信息多元概率密度函数（CIMDO），在CIMDO模型基础上，借助条件概率和边缘概率研究各部门风险指数之间的关系，使得可以从不同但互补的角度评估金融稳定性，通过联合概率密度函数得到金融稳定指数和系统损失指数等一系列衡量金融系统性风险的指标。该方法的提出旨在研究银行部门、基金部门、保险部门、证券部门、信托部门等金融实体存在的系统性风险，以及各金融实体系统性风险之间的关联性，相关研究对于防控新时期的增量风险具有重要意义。对于金融系统中重要金融实体部门风险生成机制和风险传播路径的理论分析，有利于理解各金融实体部门风险的源头，加深对各部门风险性质的理解，从而挖掘风险背后的原因，从经济逻辑上分析宏观经济政策、监管措施、市场波动、经营状况、资金流动性等因素对各部门风险概率的影响，同时比较发现各部门之间资金流动渠道和风险生成机制的不同，对防控不同金融部门的系统风险提供对应的理论基础。

与以往文献相比，本章的贡献在于：一是采用综合性多部门分析工具（SyRIN），从整个金融体系的角度出发，以从上而下的视角分析金融系统性风险，避免了从单个金融机构的角度出发研究的局部性和片面性。综合性多部门分析工具不同于从宏观经济角度出发研究金融系统风险的视角，本章采用的分析工具虽然以整个金融体系为研究对象，但仍然以各金融实体部门为切入点，能够落实到具体的金融实体部门。从整体视角分析各金融实体部门的风险及其关联性，能够更好地构造测度整个金融体系系统性风险的有机体系，既能够把控全局，也能深入分析每个部门的风险状况及其与整个金融体系的关联性。二是通过先验多元概率密度函数（FSMD），构造拉格朗日函数求解最优一致信息多元概率密度函数（CIMDO），并利用Matlab进行参数拟合求得非参多元概率密度函数，在此基础上利用多元概率密度函数，再结合条件概率和边缘概率分析了各金融实体部门之间以及各金融实体部门与整个金融体系之间的风险关联性，能从单个金融实体爆发风险对其他部门的影响情况和其他部门爆发风险对本部门的影响两个角度分析金融实体部门在金融体系中的地位，从风险影响力和抗风险能力两个角度对金融实体部门进行分析，使得对部门之间风险关系的研究更加深入；同时基于多元概率密度函数分析单个金融实体部门对整个金融体系的风险贡献率，将整个金融体系潜在的风险进行了量化分析，使得对金融系统性风险的衡量更加具体化。三是在政策分析方面，基于实证研究基础将2007—2018年的宏观经济政策分为三个重要时期，即国际金融危机之后的积极刺激阶段、转型调结构阶段与新时期监管趋严阶段，并对各时期的政策在短期和中长期的影响效应作了分析，为从不同角度防控系统性风险提供了理论基础。

本章其余部分安排如下：1.2节为文献综述，1.3节为我国各部门系统性风险的生成与传导机制，1.4节为综合性多部门分析工具的理论构造与实证运用，1.5节为基本结论与展望。

1.2 文献综述

1.2.1 风险研究视角概述

2008年国际金融危机之后，学术界对系统性金融风险的研究空前繁荣，其主要研究视角包括宏观视角和微观视角两个方面。

宏观视角主要包括从宏观经济增长、宏观审慎政策、金融生态环境、宏观调控政策等角度对金融系统性风险进行研究。英格兰银行（2009）[1] 和Caruana（2010）[2] 认为，宏观审慎监管的目的是保持金融稳定，即为了控制系统性金融风险，减少系统性危机发生的可能性。Amold等（2012）从全球金融监管角度分析了巴塞尔协议等全球措施对金融系统性风险的影响。Ellis等（2014）分析了流动性冲击、全球治理与金融稳定对系统性风险的影响。Frydman等（2011）从国家干预资产市场的理论基础出发分析了国家宏观经济政策和官员干预对金融风险的影响。

---

① 英格兰银行（2009）提出宏观审慎政策应着眼于稳定地提供金融中介服务，以避免金融危机中所呈现出来的信贷和流动性的繁荣萧条周期。

② Caruana等强调了金融失衡与金融周期波动作为宏观审慎政策的重要性，且不同国家对宏观审慎政策的理解有差异性。

在国内研究中，王兆旭和王媛（2011）基于中央银行履行维护物价稳定和金融稳定职能的视角分析了系统性风险。潘缉和曹超（2012）指出从宏观经济视角对金融系统性风险的防范与控制是确保金融稳定的关键。卢大彪（2012）从经济转型视角分析了宏观经济与宏观经济政策对系统性风险的影响。梁斯和郭红玉（2017）指出宏观经济压力对系统性金融风险存在正向的促进作用，会增大系统性金融风险发生的可能性。张兴军、任亚和薛晓倩（2017）基于金融部门、宏观经济、房地产市场、外部经济等方面构建系统性金融风险测度指标体系，集成分析了金融体系整体的风险状况。

微观视角主要是指从金融机构角度出发研究金融中介对系统性风险的贡献，以及从公司金融角度研究金融机构的风险状况等。相对而言，微观视角的研究在 2008 年国际金融危机之后更为普遍。Billio 等（2012）以美国市场上的对冲基金、银行、券商和保险机构为研究切入点，通过建立风险之间的关系网分析了各金融实体部门之间的系统性风险关系。Baluch、Muteng 和 Parsons（2011）以欧洲市场为基础，研究了保险公司在金融危机中的地位，发现保险业的系统性风险产生概率要低于银行业，但随着保险业与银行业的联系日益紧密，保险业系统性风险有所增加。Cummins 和 Weiss（2014）研究了保险公司对其经济领域的系统性溢出效应，并且分别对寿险公司、财险公司、再保险公司的各项经营活动是否产生系统性风险进行了分析。Karimalis 和 Nomikos（2018）对欧洲大型银行的投资组合进行了研究，并分析了引发系统性风险的共同市场因素等。

在国内的研究中，奚宾（2015）、张宏铭（2014）、于世荣（2016）分别从非银行金融机构、影子银行、银行支付等角度出发对我国银行体系的系统性风险管理进行了研究。孙鹏和程春梅（2018）系统研究了我国银行业、证券业、保险业的系统性金融风险溢出效应，发现当一个行业发生危机事件和风险损失时，将会通过多种方式和渠道给其他行业带来风险的外部性，从而提高整个金融市场的风险水平。

无论是宏观经济视角还是微观经济视角，其研究的重点都是各金融机构之间的风险关联性和金融机构与整个金融体系的关联性，以及宏观经济政策和监管政策对系统性风险的影响等，其中风险度量方法的研究至关重要。

1.2.2 风险度量方法研究

关于金融系统性风险度量方法的演进，国外学术界经历了一个不断完善的过程，主要包括网络模型法、条件在险价值（CoVaR）法、Shapley 值法、边际预期损失（MES）法、系统风险指数（SRISK）法、成分期望损失值（CES）法等。

其中 Shapley 值法利用的是风险分解理论将风险分解至各个金融机构，由于计算量大相对来说运用较少。在 2008 年国际金融危机爆发之前相关研究大多采用网络分析法或矩阵法来度量系统性风险的传染性[①]。此后 Adrian 和 Brunnermeier（2008）提出了条件在险价值（CoVaR）法以从下而上的视角来度量风险溢出效应。CoVaR 关注个体金融风险的尾部分布特征，包括分位数回归和 GARCH 模型两种，其中分位数回归由于不局限于特定模型有效性较高，但刻画的是线性关系应用范围受限，GARCH 模型根据实际情况对误差方差进行模型假设，但可能由于模型假设不恰当影响检验效果。随后 Acharya 等（2010）基于期望损失（Expected Shortfall，ES）理论提出了边际预期损失（MES）法，该方法既能测度分位数以外的所有损失，还具有可加性，能弥补 CoVaR 方法的不足。紧接着 Acharya 等（2011）在 MES 方法的基础上，进一步完善了上述方法，并发展出了系统风险指数（SRISK）。与 MES 不同的是，SRISK 强调在一个更长的期间内，依据长期的预期资本短缺来识别系统性重要性金融机构，但 SRISK 指标有一个明显缺陷，其部分金融机构资本缺口为零，无法比较其系统重要性。Banulescu 和 Dumitrescu（2015）为弥补 MES 方法与 SRISK 指数的不足，提出了一个新的系统性风险度量方法——成分期望损失（Component Expected Shortfall，CES）[②] 法，CES 法度量金融机构对整个金融系统期望损失的"绝对"贡献。

在风险度量方法基本搭建形成之后，Adrian 等（2014）指出金融风险还会在金融实体和市场之间传染。BIS（2016）指出金融中介机构的变化，以及金融危机后系统性风险结构的改变，使得金融系统中出现很多新的风险类型，单独考察各部门和中介机构不能深入分析系统性风险，因此需要进行跨部门综合性分析。Cortes 等（2018）通过 SyRIN 工具[③]从保险、养老基金、对冲基金以及投资基金等金融实体角度出发，深入分析了各部门的系统性风险，通过搭建一致信息多元密度函数求解能够同时刻画多个金融实体部门风险概率分布的

---

①　网络分析法和矩阵法统称为结构化方法，其共同点在于通过对金融机构业务机构的分析，来确定金融机构之间的风险关联性，但在实证过程中需要金融机构之间实际的双边敞口数据支持，数据获取难度较大。

②　CES 按照市值加权计算金融机构的边际期望损失（MES），金融机构的 CES 值越大，对整个金融体系统性金融风险的贡献也越大，这种做法更便于识别系统重要性金融机构。

③　SyRIN 是一种研究金融系统性风险的综合性分析工具，也是启发本章搭建研究框架的重要工具。

最优多元概率密度函数，并借助条件分布和边缘分布函数构造风险关联矩阵研究各部门之间的风险关系，通过风险边际贡献率（MSCR）衡量单个金融实体部门对整个金融体系的风险贡献率。该研究不同于以往的研究视角，具有时代领先性。

1.2.3　风险传导机制研究

国际上关于金融系统性风险的传导主要包括两种研究思路：

一是根据金融机构的职能和它们之间的业务关联度模拟单个或多个金融机构倒闭情况下的系统性风险传染路径。Allen 和 Gale（2000）基于简单网络结构开创性地研究了银行间风险传染效应[①]。Huang 等（2016）提出金融网络结构与系统性金融风险之间并不是简单的线性关系，资产重叠或职能交叉增加了金融机构间的关联度，紧密的金融网络结构比稀疏的网络结构更容易引发风险在金融机构间的传染。

二是基于系统重要性金融机构间的识别，利用银行资产负债表上的资产、负债及权益数据，运用熵最优化方法、模拟事件法、格兰杰（Granger）因果检验、有向无环图（Direct Acyclic Graph，DAG）等构建双边风险暴露矩阵或风险传染和风险溢出网络模型，可视化风险在金融网络间的传染路径，并测度风险传染速度和范围，全面捕捉风险传染关键节点。Drehmann 和 Tarashev（2011）结合类似反馈中心度（feedback centrality）和平面极大过滤图（PMFG）等方法对网络分析法进行了改进，使网络分析法在研究系统性金融风险的传染效应和识别系统重要性金融机构等方面发挥重要作用。

在国内的研究中，关于系统性风险的传导机制主要是指风险在市场主体间通过市场联系进行传递的机制。目前的研究中对于系统性风险传导机制的总结主要包括金融机构流动性不足引发金融危机、金融机构之间的紧密联系加速风险传染及金融系统的顺周期性助长系统风险的发酵等。周小川（2009b）、谢平等（2010）指出金融系统的顺周期性在系统风险蔓延中也起着重要作用。邓晶等（2013）指出当银行体系的流动性不足时，风险传染则占据主导地位，银行间的紧密关联会加剧风险在银行网络间的传导，此时应减少银行间的业务关联程度以减缓风险的传染速度。梁琪等（2013）、邓向荣和曹红（2016）将

---

① Allen 等在研究中发现，由于银行不同部门间交叉持有权益，金融机构间资产重叠和职能同质现象普遍存在，因此当一个部门出现风险时会加速风险在关联部门间的蔓延，并认为风险在处于稀疏网络结构的金融部门或金融机构间更易传导。

银行类金融机构和非银行金融机构一起作为研究对象，结合在险价值（VAR）模型、贝叶斯模型方法构建金融风险传染复杂网络模型，以传染轮次 R 值确定风险传染范围，以 K-核分解值衡量风险传染深度，研究发现在非银行金融机构间也存在风险传染。李建军和薛莹（2014）通过分析影子银行对商业银行的影响机制，构建了银行系统性风险仿真网络模型，演示了影子银行风险向商业银行传导的路径及过程，证实了影子银行会将自身的风险扩散至相关联的金融机构，并与它们之间的关联程度成正比。宫晓琳和杨淑振（2013）基于我国宏观金融存量数据，运用 CCA 模型直观分析了金融风险在国民经济机构部门层的传染、机制、速度和轨迹，发现实体经济部门间的风险传染具有非线性特征。徐国祥和李波（2017）构建了我国的金融压力指数（CFSI）并证实其具有显著的两区制特征，通过研究 CFSI 对物价水平、经济增长以及利率水平的动态传导效应，同样发现金融风险对我国实体经济具有非线性的传导作用。

1.2.4　简要评述

2008 年国际金融危机之后系统性风险问题引起监管当局和理论界的广泛关注，识别和测度金融体系中的系统性风险是防范金融系统性风险的前提，也是全球主流金融研究机构重点关注的研究方向。对金融系统性风险的研究，主要可以从研究方法和研究视角两个方面进行划分，研究方法主要包括指标法和模型法，研究视角主要包括宏观视角和微观视角。

关于研究视角，其中基于宏观层面的系统性风险测度方法主要被国际金融组织和一些经济体的中央银行采用；在学术研究界更多的是采用模型法从微观视角入手研究系统性风险问题，尤其是在 2008 年国际金融危机之后研究视角整体从宏观转向微观，从探索总体金融压力指数构建转向研究单个金融机构风险溢出效应及其对系统性风险的潜在影响，2008 年之后国内外理论研究更关注金融机构之间的关联性和风险的传染性。

关于研究方法，其中指标法需要历史经验作判断，根据主观判断选取指标对象并且制定参数标准，一般在政府部门和监管当局应用较多，BIS（2011）和中国银监会（2014）均对外公布了监测重要银行的相关指标；相对而言，模型法在学术研究中更为常见，其研究方法主要包括条件在险价值（CoVaR）、边际期望损失（MES）、系统性风险指数（SRISK）、成分预期损失（CES）、二元或多元 GARCH 模型、Probit/Logit 模型等。

对于金融系统性风险，虽然国际上的研究步伐和研究水平相对较为领先，但是中国国内的金融系统性风险有其中国特色，因此国内学者在研究金融系统性风险时还需要根据实际国情进行创新性改造和应用。

关于金融系统性风险的度量方法，我国的研究大多借鉴了国外学者的计量方法。赖娟和吕江林（2010）基于 Illing 和 IJiu（2003）的方法构建了金融压力指数，并证明该指数能较好地拟合 2002 年以来我国金融系统的总体风险状况。陈守东和王妍（2014）发现，极端分位数回归法可以更准确地度量金融机构资产收益率尾部风险的联动性。相对于研究方法而言，国内关于金融系统性风险的研究更多的创新在于研究视角和研究对象上，我国关于金融风险的研究往往从单个金融实体部门出发逐步拓展到多个部门，并结合国家经济政策对金融系统性风险作宏观研判。

1.3　我国各部门系统性风险生成机制研究

1.3.1　各部门系统性风险生成机制

1. 银行部门系统性风险分析

银行部门作为金融体系的核心，资产规模巨大（截至 2018 年第三季度，我国银行业资产规模达到 264 万元），连接着社会生产和生活的各个环节，与政府部门、实体经济部门、住户部门、其他非银行金融机构、资本市场均存在紧密联系，是调动全社会资金的枢纽，对整个金融体系而言举足轻重。

目前，我国银行业的系统性风险整体有所积累，不良贷款率整体呈上升趋势，尤其是商业银行的风险近年来波动较大，在新常态环境下，产出增速下降的压力情景会对中国银行业总体风险产生一定影响，但属于可控范围。

银行业系统性风险的风险因子主要包括杠杆率、资金过度集中、流动性风险等（见图 1−1）。过高的杠杆率使得银行抗击风险的能力减弱，一旦出现风险，将通过杠杆快速放大，进而增加爆发系统性风险的可能性。资金投放过度集中会使经营体系变得更加脆弱，单笔业务发生违约就可能影响整个银行的正常经营。在现代监管体系下，资金投放过度集中的现象已经很少出现。但银行体系系统性风险爆发最直接的因素来自流动性风险。造成流动性风险的根本原因有两个：一是违约率过高导致银行放贷出去的资金无法按计划收回；二是市场风险的冲击导致收益率下降，从而使银行券贬值，引发大面积抛售，于是在信用风险和市场风险的双重影响下，可能导致信用动摇，客户对银行的信任大

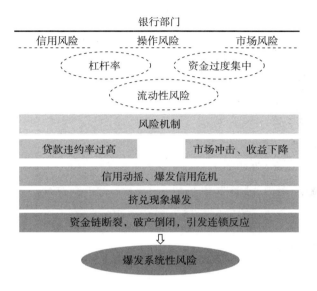

图 1 - 1　银行部门风险生成机制

打折扣，引发信用危机出现大面积挤兑现象，此时如果储备资金不充足，不能够获得外部支援重塑消费者信心，就会出现资金链断裂，甚至破产倒闭，更严重的将引发连锁反应，最终导致系统性风险的爆发。

当下仍需做好银行体系风险的识别、计量、监测和控制工作。对于银行系统性风险的防控要从两方面入手：一是对信贷额、通胀率、财政赤字、股市收益率等宏观经济指标进行监测，二是对银行的不良贷款率、资产利润率、资本充足率、净资产收益率、存贷比等微观财务指标进行管控，把可控的风险扼杀在摇篮中，对不可控的风险进行跟踪、监测，提前识别，做到有备无患。

2. 基金部门系统性风险分析

我国基金行业发展迅猛，资产规模不断增加。截至 2018 年第三季度，基金业资产规模达到 25.36 万亿元，基金产品对于活跃资本市场，弥补资金缺位具有重要作用。目前，我国基金公司的风险管理逐步从粗放型转变为精细化，整体风险管理水平大大提高，但是，由于证券市场不完善，我国经济处于转型升级的关键时机，诸多风险依然存在，对于基金部门风险的防控不仅要从基金部门着手，还应从全局出发，建立一体化风险防控体系，一方面将风险扼杀在摇篮中，另一方面增强整个金融体系的风险抵御能力。

基金部门的风险生成主要有资产清算和直接风险敞口两种方式（见图 1 - 2）。对于公募基金，不同类型的投资基金也受不同风险因素的影响。例如，开放式基金面临的赎回风险是封闭式基金所没有的，因为封闭式基金长期锁定，投资者在短期内无法赎回投资，而封闭式基金尽管没有赎回风险，却要面临更高的流动性风险、更高的波动性风险和去杠杆化风险。此外在危机时期，封闭式基金的股价可能远低于等价的开放式投资组合的价值，这可能导致基金经理大面积抛售投资标的，引发系统性风险。我国私募基金面临的主要风险有市场风险、流动性风险、操作风险等。

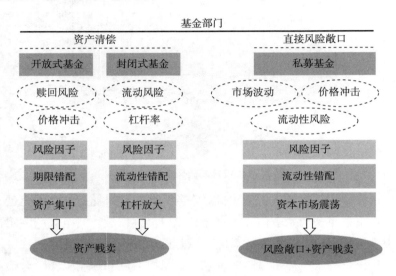

图 1-2　基金部门风险生成机制

具体而言，开放式基金主要面临投资者提前赎回资产的风险和来自市场的价格冲击风险，进而导致资产配置期限错配，以及资产配置集中导致遭受价格冲击的损失更大，最终基金管理人抛售标的以应对风险；封闭式基金主要面临流动性风险和去杠杆化风险，由于流动性错配和杠杆放大作用，致使基金管理人集中抛售资产。私募基金面临的主要是直接风险敞口，主要包括市场波动风险、资产价格冲击风险、流动性风险等，风险因子包括流动性错配和资本市场震荡等，最终在风险敞口下，基金管理人大规模贱卖资产。虽然不同的投资基金受到不同的脆弱性和风险因素的影响，但这些行业可能会将冲击传递给金融体系。

基金部门与银行部门、保险部门、证券部门、信托部门的资金联系紧密，是银行理财产品和保险部门理财产品进入资本市场的桥梁，同时也是资本市场风险传递给其他金融机构的通道，因此控制基金部门的风险是防控整个金融体系系统性风险的关键。同时政府的产业引导基金也是服务实体经济发展、支持初创型企业成长的重要资金来源，基金部门稳定的现金流是实体经济部门健康发展的有力保障，因此防控基金部门的风险是稳定经济发展的必然要求。

3. 保险部门系统性风险分析

保险行业对于跨时期配置资源，稳定社会发展具有不可替代的重要作用。截至 2018 年第三季度，保险资产规模达到 17.88 万亿元。目前，我国保险行业整体风险管理水平较低，较为重视显性风险管理，对隐性风险管理重视程度不够，较为重视内生风险，对外部风险关注不够，风险管理决策缺乏理论支撑，风险管理理论滞后。资金配置方面，对于银行存款和债券的配置比重占了绝大部分，比重合计在 50% 以上。

保险业务模式不同于银行，保险公司持有由短期负债提供资金的长期资产，与银行业相比，保险业更能免受大范围市场混乱的冲击，因为预付保险费和对中止保单的处罚为缓解短期流动性需求提供了缓冲；此外，出于对未来债务的需求，保险公司的资产配置倾向于负债驱动型投资，这降低了危机时期资产与负债之间的潜在错配风险。保险公司所面临的主要有技术风险、财务风险，最终能够导致保险体系爆发系统性风险的仍然是由于其他各类风险引发的流动性风险（见图 1-3）。流动性风险会导致资产和负债错配，引发社会恐慌，导致资金链断裂。如果保险公司面临流动性需求，在准备金又无法满足资金需求时，就会出现投资产品的贱卖，因此可能引发资本市场的波动，进而对整个金融系统造成影响，如果影响范围不能得到有效控制就会引发系统性风险。

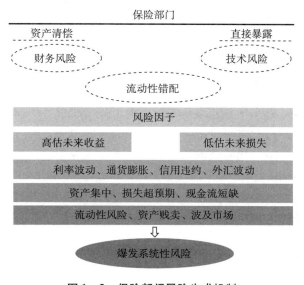

图 1-3　保险部门风险生成机制

保险公司面临的技术风险与承保业绩和理赔经验有关。这些风险取决于业务的性质和组合，由于索赔发生的随机波动或出现集中索赔的不可预测性，索赔需求可能高于预期。通常保险公司都有自己的风险模型，对于正常经济运行下未来索赔需求有一个基本的估计，对于未来的突发事件，例如自然灾害和流行病等也会通过损失准备金做好防备。但是现实中，保险公司由于本身的逐利性，往往会高估未来的收益，低估未来爆发集中风险的预测，甚至还会存在道德风险，试图将风险往政府部门转移等，因此由于保险公司本身的商业属性和未来风险的不可预测性，保险公司在通过模型估计未来现金流时存在技术风险。

保险公司承受着各种各样的财务风险。第一，保险负债的性质意味着保险公司的存续期缺口通常为负值，因此利率风险对于在长期提供最低回报保障的保险公司来说尤其重要，保险公司往往通过投资固定收益证券，包括政府债券和固定收益衍生品，以及具备更高收益的公司债券和证券化产品，来管理和缩小利率风险；第二，信用风险是所有资产类产品所具有的风险，对保险公司而言在再保险和衍生品交易中以交易对手风险的形式存在；第三，根据业务组合的不同，保险公司还可能涉足股票市场、房地产市场和投资基础设施以对冲通胀风险，套期保值对保险公司很重要，这是由收益的指数化，以及索赔处理和结算过程与通胀之间的关系决定的；第四，相对而言，由于监管要求与外汇风险管控，保险公司所面临的外汇风险通常相对较弱。

保险公司集中风险会同时影响资产和负债，因为保险公司的资产可能集中在特定的资产类别，而负债可能来自较小范围的风险敞口，当意外的索赔发生，如灾难性事件、退保/失效浪潮等，导致无法由保险公司长期投资提供常规现金流支付即时流动性需求时，此时保险公司就会面临流动性风险。

4. 证券部门系统性风险分析

从整体来看，近年来行业直接融资规模占社会融资总规模的比例处于持续上升的状态，证券行业对于金融体系的影响力不断增强，同时证券行业进入严监管周期，监管环境变化导致的估值变动加剧了证券板块调整，证券行业受监管政策的影响较大。

我国证券行业自身主要面临承销风险、自营风险、内部管理风险、流动性风险、市场风险、信用风险、操作风险、声誉风险等。证券公司在开展经济业务时，面临承销风险是指当公司成为主承销商以后面临能否实现承销计划，以及在市场低迷情况下由于外部认购不足，不得不自行认购的风险，在包销配售的情况下，面临对认购的转配股作长期投资，即面临配股承销风险。同时在开展资产管理业务时由于市场波动，可能面临客户的挤兑，遭受流动性风险等，进而引发行业系统性风险。

证券部门作为金融体系的重要组成部分，风险生成机制主要来源于两方面：一方面是市场波动引发的资产清偿风险，另一方面是内部管理触发的合规风险（见图 1-4）。其风险因子主要包括监管约束和市场冲击两个来源：一是由于经营不合规，受到监管部门的处罚，引发声誉风险，严重者甚至破产；二是由于市场波动，自营业务亏损，资产管理业务被挤兑，引发资产贱卖，最终将风险传导至资本市场，引发整个金融体系的风险。

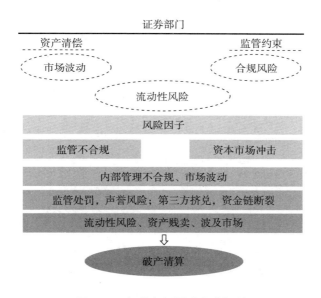

图 1-4　证券部门风险生成机制

5. 信托部门系统性风险分析

截至 2018 年第三季度，信托行业固有资产规模达到 6903.63 亿元，信托资产超过 26 万亿元。信托部门最主要的资金投向是贷款和投资两部分，二者合计超过 80%，其中投资具体包括投资交易性金融资产、可供出售和持有至到期投资、长期股权投资等。投资和贷款在资金投向中的占比整体呈上升趋势，其中投资所占比重略微有所上升，贷款所占比重基本保持不变，从侧面反映了信托资金对资本市场和经济体系的直接影响力度在加大。

信托公司面临的主要风险包括信用风险、管理风险、流动性风险、违规风险。信用风险具体表现为企业不景气，受信者情况发生恶化无法按时还款，导致信贷公司坏账比例过高，影响公司盈利；管理风险具体是指公司缺乏内部配套的管理条例和实施细则，内部管理不规范，风险意识淡漠忽视资产质量，导致负债比例过高等；流动性风险具体是指资本金不足、资本信用程度低，削弱了机构整体的抗风险能力，资产与负债不对称，导致支付困难等；违规风险具体是指由于监管机构在管理规则的完善上处于被动状态，未明确监管的新业务具有违规风险。

信托部门面临的风险主要包括贷款清偿和投资收益两部分，具体的风险因子包括客户违约和市场冲击，客户违约主要影响贷款的收回，市场冲击主要影响投资收益（见图1−5）。在风险暴露下，信托机构可能面临资金回款滞后，坏账比例激增，在市场影响下可能导致收益降低，亏损严重，入不敷出，最终出现流动性风险，资金错配的现象，致使公司破产清算，进而引发系统性风险。

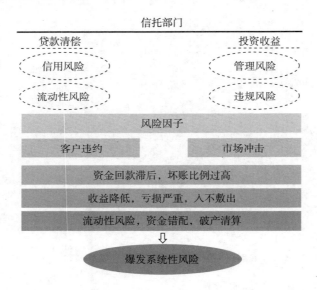

图1−5　信托部门风险生成机制

1.3.2　各部门系统性风险传导机制

社会各部门的资金通过金融实体得以流通，同时资金的流通也可能积累风险。银行部门、保险部门、基金部门、证券部门、信托部门是整个金融体系的主体，搭建了企业部门、住户部门、资本市场之间的资金流通渠道，使得整个经济体系形成一个有机整体，资金得以顺利流通，住户部门和企业部门的闲散资金得以汇集，同时汇集的资金得以服务实体经济发展。然而实体经济和资本市场之间发展的不平衡可能滋生风险，而潜在的风险又可能由于金融体系某个环节资金链的断裂而引发全行业的系统性风险。因此，控制系统性风险一方面需要夯实实体经济基础，另一方面需要识别和防控金融体系内部的潜在风险点。

其中金融体系内部存在各类金融机构之间的合作，最主要的是以银行部门为中心的银证模式、银基模式、银保模式、银信模式等。整个金融体系的风险传导路径主要包括直接风险敞口通道、资产负债关联通道、投资者通道（包括个人投资者通道和企业投资者通道）、流动性争夺通道等（见图1-6）。

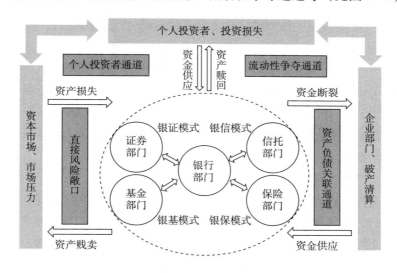

图1-6 各部门风险传导机制

1. 个人投资者通道

个人投资者通道通过基金部门、银行部门和资本市场与金融体系联系在一起。个人投资者的风险路径有三条：一是通过向基金部门投资，基金部门再向实体经济部门和资本市场投资，此时如果资本市场出现波动或者实体经济部门不能按时向基金部门偿还贷款则会引发危机，个人投资者为了止损会提前向基金公司赎回资产，基金部门为了应对流动性需求会贱卖资产，这会导致资本市场进一步恶化，于是流动性风险会不断累积，最终可能引发系统性风险；二是个人投资者通过将资金投入银行部门，银行部门通过购买基金进行投资或者直接向企业部门放贷，此时如果经济增长疲软，企业部门不能按时偿还贷款，或者由于资本市场波动，资本市场的风险通过基金部门传导至银行部门，银行部门就可能因为资金错配面临挤兑风险，进而引发系统性风险；三是个人投资者直接投资于资本市场，但由于资本市场波动和投资者个人情绪，如果一旦悲观

情绪累积，就很可能出现羊群行为，加之中国资本市场个人投资者占比超过
80%，市场影响力大，最终可能由于个人投资者使得资本市场波动加剧，进而
把风险传导至基金、证券、信托等部门（见图1-7）。

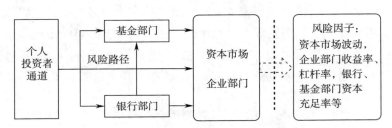

图1-7   个人投资者通道风险路径

影响个人投资者通道的风险因子主要包括资本市场波动，企业部门收益
率、杠杆率，以及银行部门和基金部门的资本充足率等。当企业部门的收益率
越高，杠杆率越高，银行部门和基金部门的资本充足率越高，则个人投资者通
道的风险传播能力越弱。

2. 资产负债关联通道

资产负债关联通道可以分为金融体系内部的资产负债关联路径和金融体系
与企业部门之间的资产负债关联路径（见图1-8）。金融体系内部通道主要包
括四种资金模式：一是银保模式，指银行和保险部门向同一目标客户群提供银
行理财产品和保险产品，银保合作模式增强了彼此的竞争优势，同时也加大了
彼此之间的关联性；二是银基模式，指银行和基金部门之间资源共享、互相资
金委外、投资顾问互助、银行理财配置基金产品、银行资管转型合作、金融科
技发展技术共享、创投基金与产投基金合作等，银行和基金部门之间的合作增
加了资金流通的复杂性，增加了监管难度，提升了爆发系统性风险的可能性；
三是银证合作，是指货币市场与资本市场一定程度的融合，能提升资金流动
性，增强金融体系的竞争力，提高金融市场化程度，加深对实体经济的服务，
同时也提高了银行和证券部门之间的业务联动性；四是银信合作，是指银行获
取信托部门的高质投资对象，信托部门获取银行的资金，双方发挥各自业务优
势和资源禀赋，提高资金利用效率。

金融体系与企业部门和住户部门之间的资金通道主要指金融机构向企业和
住户等部门进行资金投资，双方建立资产负债关系打通风险传播路径，当住户
和企业部门由于经营不善，无法达到预期收益或按时偿还贷款时，金融部门便
会蒙受损失，进而引发系统性风险。

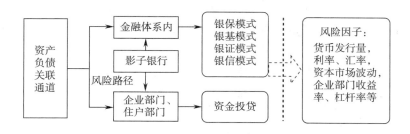

图 1 - 8　资产负债关联通道风险路径

在主流金融部门和实体经济部门之间还存在各类影子银行，它们丰富了社会资金，在社会资金供不应求时，影子银行能够补充社会资金供给，在一定程度上能促进经济发展，但由于影子银行游离于监管的边缘，且业务嵌套复杂，杠杆率不受控制，往往孕育着严重的违约风险。一旦爆发风险，影子银行将首先受到冲击，并加速风险传播，放大危机破坏力度。

由于资产负债关联通道几乎涵盖了金融体系所有金融机构和各实体经济部门，因此其风险因子广泛，包括货币发行量、货币政策、利率、汇率、资本市场波动、企业部门的收益率以及杠杆率等。当经济发展向好，社会各部门杠杆率得到有效控制，汇率稳定，则资产负债关联通道对风险的传导效应将减弱。

3. 流动性争夺通道

流动性争夺战往往发生在经济低迷时期，此时可能伴随着全社会的钱荒、资产荒和资金荒。一方面，资本市场表现不佳，个人投资者和机构投资者回笼资金的动机增强，资金流动性减弱；另一方面，由于经济发展疲软，各金融机构资金难以寻找到优质项目，相应的企业部门难以寻找到资金支持创新发展，全社会陷入资金荒和资产荒的尴尬境地。流动性争夺通道主要包括三条风险传播路径：一是通过资本市场回笼资金，降低资金流动性；二是银行等金融机构面临资产荒，不得不囤积资金；三是企业部门融资难，面临资金荒（见图 1 - 9）。

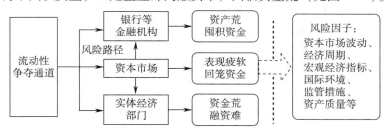

图 1 - 9　流动性争夺通道风险路径

流动性争夺通道的风险因子包括资本市场波动、经济周期、宏观经济指标、国际环境、监管措施、资产质量等。其中，市场波动会影响资本市场的表现，从而使得资本市场的资金流出，流动性减弱；经济周期和宏观经济指标决定了经济发展势头，当经济发展动力不足时，资金活力也会降低，企业对资金的需求更旺盛，但供给却不足；监管措施决定了资金流动制度障碍的大小；国际环境决定了国家之间的流动性争夺战。面临美联储的加息，2018 年，中国人民银行两次定向降准，合计向社会释放增量资金近 9500 亿元。目前，我国为引导社会资金向实体经济部门流动，出台了一系列政策鼓励和支持民营企业尤其是中小企业的发展，旨在提高社会资金活力，鼓励企业发展，夯实经济基础。

1.4　我国金融系统性风险及关联性的实证分析

1.4.1　模型设定

目前，关于金融系统性风险的研究方法主要包括两大类。一类是从下而上的方法，主要包括网络模型法、条件在险价值（CoVaR）法等。其中网络模型法基于财务报表和金融机构间金融交易数据进行识别，这些数据往往属于金融机构的私密数据，金融机构不想暴露自身经营问题，可能会伪造或隐瞒相关数据，不利于数据采集；CoVaR 法采用金融市场公开股价数据，相比上述其他方法，CoVaR 法所需数据易于收集，模型计算简便，但 CoVaR 法未考虑到分位数以下的极端尾部风险，指标不满足可加性。另一类是从上而下的方法，主要包括 Shapley 值法、边际预期损失（MES）法、系统风险指数（SRISK）法、成分期望损失值（CES）法等，其中 Shapley 值法利用 Shapley 分解理论，把系统性风险分配给单个金融机构，计算量大；MES 法计算相对简单，且能测度金融机构单位资产面临的资本短缺状况，能捕捉资本损失的极端尾部风险，满足可加性；SRISK 法可以衡量危机中金融机构资本缺口，其中 SRISK 指数越大，资本缺口越大，表明金融机构系统性风险贡献度越大；CES 法可以计算出每个金融机构期望损失占总损失的百分比。目前我国利用 MES 法、SRISK 法和 CES 法较多，这三种方法估计简单，计算量小，可以比较不同类别金融机构的系统重要性，进行压力测试等。综合比较来看，MES 和 CES 指标基于公开股价数据评估金融机构系统重要性，数据易获得，时效性较高，SRISK 指标涵盖了规模、杠杆率等更多信息，其使用长期期望损失计算金融机构资本缺口，避免了股市短期波动对金融机构系统重要性排名的影响。因此，在金融机构系统重要性评估方面，SRISK 指标的有效性要高于 MES 和 CES 指标，但 SRISK 指标有一个明显缺陷，其部分金融机构资本缺口为零，无法比较其系统重要性。

本章拟采用的综合性多部门分析工具（SyRIN）整体以从上而下的视角研究金融体系中的系统性风险，综合分析金融体系中的重要金融部门，避免从单个金融机构角度分析问题的局限性，能从全局把控系统金融风险，同时本章的数据采用的是公开交易数据，避免了 SRISK 法收集数据的难题；除此之外，本章通过构造多元概率密度函数分析各金融部门之间的风险关联性，深入研究风险在各部门之间的传染状况，也具有从下而上的研究思想，能够从整体上把控系统风险状况，分析各金融部门对系统风险的贡献度，同时也能深入分析各部门之间的风险关联性，实为一种综合性多部门分析工具。SyRIN 将金融系统概念化为一个实体投资组合，包括银行、保险、基金、信托、证券等金融实体，对银行和非银行金融机构进行统一研究，力争将银行和非银行金融机构当成一个综合整体来分析。通过将金融系统各实体部门视为投资组合，该工具可以在系统性风险的衡量中综合分析各部门的资产价值，以及银行和非银行金融机构之间的相互联系。

1. 综合性多部门分析工具的基本原理

以前大多数关于系统性风险度量的实证文献都倾向于关注单个金融部门，并且通常是银行部门。Avdjiev 等（2007）研究了关于系统性风险在银行部门内传染的问题。Segoviano 和 Goodhart（2009）研究了银行业系统性风险度量方法。Allen 和 Gale（2000）的研究理论表明，一家银行的流动性风险会由于网络结构影响到整个银行系统的流动性。Freixas 等（2000）研究了单个银行破产对整个银行系统的风险冲击。

对于非银行金融机构相关风险的研究同样重要，一些研究者证明了保险行业同样会引发系统性风险。Fenn 和 Cole（1994）研究了风险在寿险公司之间的传染。Fields 和 Sutton – Bell（1998）表明资本市场的冲击会对保险公司产生负面影响。Chernenko 和 Sunderam（2014）曾研究了共同基金之间的风险传染。Hau 和 Lai（2012）研究了共同基金如何将冲击扩散到整个金融系统。Billio 等（2012）分析了银行、个人投资者、对冲基金和保险公司之间的风险传导机制。

通过构建金融系统性风险的先验多元概率密度函数（FSMD），通过拉格朗日函数，进而得到最优一致信息多元概率密度函数（CIMDO）。基于 CIMDO 模型，并将条件概率密度函数引入 FSMD 中，于是可得到综合性多部门分析工具（SyRIN）。先验多元概率密度函数（FSMD）可以建立一套系统的金融分析方法，从不同但互补的角度评估金融稳定性，通过多元概率密度函数可以得到一系列衡量指标，包括金融稳定指标和系统损失指标等。金融稳定指标（FSI）由 FSMD 的联合概率和条件概率计算得到，风险关联矩阵（DiDe）和脆弱性指标（VI）都可以通过联合概率密度得到。

综合性多部门分析工具的核心是基于先验多元概率密度函数（FSMD），通过求解拉格朗日函数得到最优一致信息多元概率密度函数（CIMDO）。为了便于说明，我们首先定义了一个由三个部门组成的金融系统实体。金融实体投资组合的资产价值用随机变量 x,y,r 表示，我们可定义 CIMDO 密度函数，其方程形式为

$$\hat{p}(x,y,r) = q(x,y,r)\exp\{-[1 + \hat{\mu} + \hat{\lambda}_1\chi[x_d^x,\infty) + \hat{\lambda}_2\chi[x_d^y,\infty) + \hat{\lambda}_3\chi[x_d^r,\infty)]\}$$

$$(1-1)$$

于是基于最优一致信息多元概率密度函数（CIMDO）而建立的综合性多部门分析工具（SyRIN）的研究结构如图 1-10 所示。

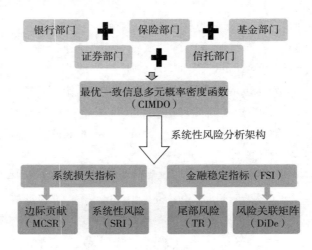

图 1-10 SyRIN：综合性多部门分析工具研究框架

综合性多部门分析工具（SyRIN）首先是基于三个部门构建多元密度函数，然后得到 CIMDO 模型，最后在多元密度函数（FSMD）的基础上求解两大指标体系。其中，系统损失指标包含风险边际贡献指标（MSCR）和系统性风险指标

（SRI），金融稳定指标（FSI）包含尾部风险（TR）和风险关联矩阵（DiDe）。

2. 最优一致信息多元概率密度函数（CIMDO）

多元概率密度函数是计算各类风险指标的基础，因此推导和求解多元概率密度函数是本章理论模型的关键。求解多元概率密度函数可分为两部分，一部分是通过参数假设得到含参数的密度函数，另一部分是通过变量输入，做参数拟合求解参数值。

具体而言可分三步来求解最后的密度函数（见图 1 - 11）：第一步，假设多元概率密度函数服从多元卡方分布，并通过拉格朗日函数求解最优解；第二步，通过默顿模型计算各部门爆发风险的概率，以及通过历史数据求解阈值作为参数拟合的输入变量；第三步，输入参数做参数拟合，求解变量，得到最优的多元概率密度函数。

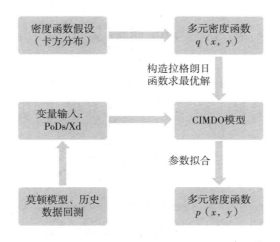

图 1 - 11　CIMDO：多元概率密度函数的求解过程

（1）推导最优一致信息多元概率密度函数。研究领域提出了不同的参数分布来对收益率分布进行模拟，其中最常见的用来衡量信用风险的是正态分布和 T 分布。在 Danielsson 和 De Vries（1997）的研究中，对带有 T 形尾部分布的收益进行了建模论证。Glasserman（2000）提出了多元 T 分布的建模框架。Mina（2001）提出了用多元 F 分布模拟投资组合的信用风险。本章采用的 CIMDO方法选用多元卡方分布作为爆发风险概率的先验密度函数。

其中 CIMDO 是基于最小交叉熵方法演变而来，CIMDO 的原始模型由

Segoviano（2006）[1] 提出，Segoviano 等（2017）进行了改进并做了鲁棒性检验。下面将重点推导一个包含两种资产的投资组合模型，描述它们的对数收益的随机变量为 x 和 y，于是定义 CIMDO 的目标函数如下：

$$C(p,q) = \iint p(x,y)\ln\frac{p(x,y)}{q(x,y)}dxdy; p(x,y)\&q(x,y) \in R^2 \quad (1-2)$$

方程中 $q(x,y)$ 是先验含参概率分布，本章假设 $q(x,y)$ 服从卡方分布，参考相关文献，卡方分布与各部门的风险概率分布较为一致，并与理论模型推导相符合。然而参数分布 $q(x,y)$ 与真实的概率分布之间仍然存在差距，因此需要通过参数估计，并经过各金融部门历史风险状况进行经验测度，从而得到后验分布。为了将历史信息纳入后验密度函数，下面通过优化 CIMDO 模型来满足一致性约束要求。这些约束作用于多元后验密度的边缘密度，其方程形式如下：

$$\iint p(x,y)\chi[x_d^x,\infty)dxdy = POD_t^x, \iint p(x,y)\chi[x_d^y,\infty)dxdy = POD_t^y$$

$$(1-3)$$

其中，$p(x,y)$ 是多元后验概率分布，需要通过历史数据模拟求解未知参数。POD_t^x、POD_t^y 代表各个部门爆发系统性风险的概率，其中 $\chi[x_d^x,\infty)$、$\chi[x_d^y,\infty)$ 代表阈值的参数：

$$\chi[x_d^x,\infty) = \begin{cases} 1, x \geq X_d^x \\ 0, x < X_d^x \end{cases}; \chi[x_d^y,\infty) = \begin{cases} 1, y \geq X_d^y \\ 0, y < X_d^y \end{cases} \quad (1-4)$$

为了保证 $p(x,y)$ 的解释有效，添加约束条件 $p(x,y) \geq 0$，且概率密度的积分 $\iint p(x,y) = 1$，于是为了得到最优解，可构造下面的拉格朗日函数：

$$\begin{aligned} L(p,q) &= \iint p(x,y)\ln p(x,y)dxdy - \iint p(x,y)\ln q(x,y)dxdy \\ &+ \lambda_1 \left[\iint p(x,y)\chi[x_d^x,\infty)dxdy - POD_t^x \right] \\ &+ \lambda_2 \left[\iint p(x,y)\chi[x_d^y,\infty)dydx - POD_t^y \right] \\ &+ \mu \left[\iint p(x,y)dxdy - 1 \right] \end{aligned} \quad (1-5)$$

其中，λ_1,λ_2 代表一致性约束的拉格朗日乘子，μ 代表可加性约束条件的拉格朗日乘子。利用变分法进行求解可以得到下面的计算过程：

---

[1]　Segoviano 在本章中推导了最优一致信息多元概率密度函数，是本章数理方法的基础。

$$L(p,q) = [\ln p(x,y) - \ln q(x,y)]dxdy$$

$$+ \iint p(x,y)[\lambda_1\chi[x_d^x,\infty) + \lambda_2\chi[x_d^y,\infty) + \mu]dxdy - \lambda_1 POD_t^x$$

$$- \lambda_2 POD_t^y - \mu \qquad (1-6)$$

通过对 $x,y,\lambda_1,\lambda_2,\mu$ 求导变换：

$$\partial L(p,q) = \frac{dL(p,q)}{d\vartheta} = 0 \qquad (1-7)$$

通过求解可得到含参方程：

$$\widehat{p(x,y)} = q(x,y)\exp\{-[1 + \hat{\mu} + \widehat{\lambda_1}\chi[x_d^x,\infty) + \widehat{\lambda_2}\chi[x_d^y,\infty)]\}$$

$$(1-8)$$

方程（1-8）中含有 λ_1,λ_2,μ 三个参数，通过输入变量拟合可以得到参数值，下面介绍变量的求解过程。

（2）推导输入变量。SyRIN 模型是一个基于风险概率的结构化风险模型。输入变量是风险概率，可以使用不同的模型和数据类型进行评估，然而对系统性风险的影响不仅包括信用违约，还包括债务重组、政府干预、资本重组、信贷机构评级下调等。这些危机事件的一个共同特征是造成金融实体的资产价值显著降低。关于金融实体部门爆发风险的概率可以通过以下的方法来估算。

基于市场信息主要有默顿模型、CDs 利差、债券利差等，基于非市场信息包括市场监督信息等。本章采用默顿模型估计各部门风险发生概率（PoDs），在默顿模型中，风险相当于违约概率，正如默顿模型（1974）所阐述的那样，该模型关注的是金融机构的偿债能力，即信贷风险。

假设各部门资产价值变动服从几何布朗运动，其资产价格变化和对数收益率服从正态分布，即收益率 $V \sim N(\mu,\sigma)$，则违约概率 $PoDs = \text{Prob}(V_t \leqslant D)$。通过观察历史违约事件，可以得到 POD_t^x、POD_t^y，再通过反解概率分布函数可以得到阈值 X_d^x,X_d^y。

（3）参数拟合。如方程（1-8）中多元概率密度函数中的参数，本章通过 Matlab 迭代法求解下面的方程得到参数值。

$$\begin{cases} \iint_{X_d^x}^{\infty} \widehat{p(x,y)}dxdy = POD_t^x \\ \iint_{X_d^y}^{\infty} \widehat{p(x,y)}dydx = POD_t^y \\ \iint \widehat{p(x,y)}dydx = 1 \end{cases} \qquad (1-9)$$

通过代入上面所求的 POD_t^x、POD_t^y，再求解方程（1-9）可以得到参数值 λ_1,λ_2,μ，便可得到不含参数的多元概率密度函数 $p(x,y)$，在此基础上再引入条件概率，便可计算系统损失指标、风险边际贡献指标（MSCR）、系统性风险指标（SRI）、金融稳定指标（FSI）、尾部风险（TR）和风险关联矩阵（DiDe）等指标。

3. 相关风险指标设计

（1）风险关联矩阵（DiDe）。对于金融系统中的每一个实体，其中一个部门爆发风险引起其他部门爆发风险的可能可通过条件概率来描述，具体而言可在风险关联矩阵中反映，风险关联矩阵包含各金融实体部门爆发风险的概率。虽然条件概率并不意味着因果关系，但却反映了系统中实体之间风险传染的可能性。风险关联矩阵（DiDe）见表1-1。

表1-1 风险关联矩阵

相关性	金融实体 X	金融实体 Y	金融实体 R
金融实体 X	1	P（X|Y）	P（X|R）
金融实体 Y	P（Y|X）	1	P（Y|R）
金融实体 R	P（R|X）	P（R|Y）	1

金融实体 X 爆发风险的概率 POD_t^x 引发金融实体 Y 爆发风险的概率可表示为

$$P(X \geqslant X_d^x \mid Y \geqslant X_d^y) = \frac{P(X \geqslant X_d^x, Y \geqslant X_d^y)}{P(Y \geqslant X_d^y)} \qquad (1-10)$$

（2）风险关联性指标

第一，系统关联指标（SCI）。SCI 反映了风险在整个金融系统中的传染性，SCI 值表示当某个部门爆发风险时，其他部门被感染风险的平均个数，金融稳定指标衡量的是整个金融系统的抗风险能力。SCI 可通过条件概率计算得到，SCI 的数值越大说明某个部门爆发风险引起的连锁反应越大，金融系统越不稳定。SCI 的计算如下所示：

$$SCI = \frac{P(X \geqslant X_d^x) + P(Y \geqslant X_d^y)}{1 - P(X < X_d^x, Y < X_d^y)} \qquad (1-11)$$

第二，风险传染指标（RCI）。RCI 是指单个部门爆发风险对其他部门的影响情况，RCI 反映了单个部门爆发风险引发其他部门爆发风险的概率大小，可通过条件概率计算得到。

$$RCI(X) = P(Y \geqslant X_d^y \mid X \geqslant X_d^x) + P(R \geqslant X_d^r \mid X \geqslant X_d^x) \qquad (1-12)$$

第三，风险感染指标（RII）。RII 反映了单个部门免疫其他部门风险感染的能力，RII 越高说明该部门越容易受到其他部门的影响，越容易感染风险。

$$RII(X) = P(X \geq X_d^x | Y \geq X_d^y) + P(X \geq X_d^x | R \geq X_d^r) \qquad (1-13)$$

第四，风险贡献率（CDV）。风险贡献率首先基于金融脆弱性指标（VI），可利用风险依赖指数计算所得，定义为联合概率之和，具体表示如下：

$$VI(X) = P(X \geq X_d^x | Y \geq X_d^y) P(Y \geq X_d^y) +$$
$$P(X \geq X_d^x | R \geq X_d^r) P(R \geq r_d^r) \qquad (1-14)$$

脆弱性指标（VI）是指由其他部门的风险引发该部门爆发风险的概率之和，其值的范围为 [0，1]，脆弱性指标反映了金融部门抗击外部风险的能力。脆弱性指标（VI）是对风险爆发原因的总结，以量化一个实体的风险依赖性。在金融系统中，某个部门对金融系统风险的贡献可用风险贡献百分比表示，例如金融系统 Y 中实体 X 的风险贡献度可以简单地表示为

$$CDV = \frac{P(X \geq X_d^x | Y \geq X_d^y), P(Y \geq X_d^y)}{VI(X)} \qquad (1-15)$$

（3）系统损失指标设计

第一，对系统风险的边际贡献率（MCSR）。MCSR 的求解需要模拟整个金融系统的系统性损失分布。通过求解概率分布，应用尾部风险可以刻画金融系统的损失，度量了每个金融部门或实体对整个金融系统风险的贡献度，且在本章中分析了金融实体部门对金融系统风险贡献有两条路径，一条来源于该金融实体部门的直接风险贡献，另一条来源于通过影响其他部门间接将风险传递给系统。

第二，系统性风险指标（SRI）。通过对未来预期损失指标的应用，可以得到金融系统的系统性风险指标（SRI）。通过运用综合性的部门分析工具（SyRIN），可以分析各金融实体部门之间复杂的相互联系和量化各实体之间的风险影响因子，包括各金融实体部门内部和各部门之间易受危机影响的大小。

具体而言，应用 SyRIN 分析框架可以解决以下关键问题：一是系统性风险随着时间变化的趋势，包括系统性风险指标、金融稳定指标等；二是分析哪些部门对系统性风险的贡献较大，测算各部门对系统性风险的边际贡献率，各部门对系统性风险的贡献度体现在两方面，包括贡献绝对量与贡献比率（边际贡献/规模）；三是哪些部门的风险易损点容易传导到其他部门，各部门 PoDs 如何影响其他部门的 PoDs；四是系统性风险水平如何决定危机爆发点。

为此，下面的实证部分将通过对综合性多部门分析工具（SyRIN）的应

用，分析我国各金融部门系统性风险的演变过程，研究系统性风险在各部门之间的影响机制，以及各部门的金融脆弱性对整个金融系统性风险的贡献度，并挖掘风险背后的原因和监管当局相关措施对风险传导的影响。通过将银行部门、保险部门、基金部门、证券部门、信托部门看成投资组合中的实体，用边际概率来描述各部门的风险特征，条件概率来分析风险之间的传染性。下面将通过四部分来完成整个实证研究，第一，计算各部门爆发风险的概率，作为先验多元概率密度函数的输入变量；第二，通过研究单个部门的风险，得到输入变量 PoDs，借助 Matlab 工具进行参数拟合，得到后验多元概率密度函数，进而进行整个金融系统的风险研究；第三，通过边际概率和条件概率研究各部门之间的风险关系，分析风险贡献度；第四，研究重要历史时期，政府当局的相关政策对金融系统风险的影响。

1.4.2 各部门风险概率评估

1. 数据选择及预处理

本部分选取了 2007 年 1 月至 2018 年 12 月银行指数（882115. WI）、保险指数（882246. WI）、基金指数（399379. SZ）、证券指数（CI005165. WI）、信托指数（CI005347. WI）的日交易数据作为研究对象，同时选取中证全指行业指数系列中的全指金融（000992. SH）作为金融系统的原始数据。银行指数包含了国有大型商业银行、城市商业银行、股份制商业银行等各种类型的银行，能较好地反映整个银行业的收益状况；保险指数涵盖了保险业各大上市保险公司，其业务囊括了商业保险、社会保险、人寿保险、产业保险等各类业务，能较好地反映保险行业资产价值变化情况；基金指数涵盖了各类基金的价格变化情况，其标的涵盖近 1200 只各类基金，能较好地反映整个基金行业的整体价格变化情况；证券指数涵盖了国内 41 家上市券商，反映了大、中、小各类型券商在市场中的综合表现情况；信托指数涵盖了主要的上市信托及相关上市公司。

为使收益率数据更加平滑，克服数据本身的异方差，于是通过 $R_t = \ln(P_t/P_{t-1})$ 来计算各指数的对数收益率以作为进一步分析问题的基础数据。同时为了实证研究的稳定性，首先对收益率数据做了平稳性检验，得到其检验结果见表 1-2。

表1-2   收益率数据平稳性检验结果

金融部门	ADF 统计量
银行	-24.4309
基金	-22.5367
保险	-29.0377
证券	-22.9673
信托	-23.3428
金融系统	-23.6429

通过对银行部门、保险部门、基金部门、证券部门、信托部门、金融系统收益率数据做了 ADF 检验，滞后阶数为 10，p 值为 1% 时 ADF 统计量的临界值为 -3.4324，表1-2 中得到的 ADF 统计量远远小于临界值，说明各部门的收益率数据在 1% 的显著性水平上是显著的，各对数收益率数据平稳性较好。

为了解数据特性，下面通过计算各组数据的均值、方差以及各组数据之间的相关系数等基本统计参数，来加深对数据的初步认识（见表1-3）。

表1-3   部门收益率数据基本统计参数

金融部门	银行	基金	保险	证券	信托	金融系统
收益率均值	0.03%	0.03%	0.08%	0.02%	0.05%	0.02%
方差	0.0193	0.0149	0.0306	0.0281	0.0281	0.02

为进一步得到过去 12 年间各指标随时间变化的整体趋势，于是选取了移动区间套来分段处理数据，移动区间套的区间长度为 50 个交易日。通过基本分析可以看出，保险部门平均收益率相对较高，基金部门收益率的波动性相对较小。图1-12通过移动区间套考察在时间序列上银行部门与各部门收益率之间的相关性。

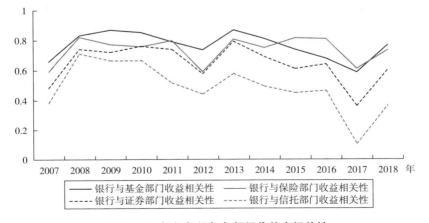

图1-12   银行部门与各部门收益率相关性

整体平均水平而言，银行部门与基金部门的收益率相关性整体较高，而与信托部门的收益率相关性最低，各部门收益率之间的相关性变化趋势具有一致性，说明各部门的收益率受整个资本市场和金融体系的影响较为明显。

2. 各部门风险概率

通过上面的数据预处理，初步了解各部门对数收益率的基本情况，确定了时间序列数据的平稳性。下面进一步对各部门在整个样本区间内的收益率数据做正态经验分布测试，检验整个样本区间内收益率数据的正态性，结果如表1－4所示。其中p值接近于0，说明各部门的收益率数据不服从正态分布。

表1－4　　　　　　　　　各部门收益率数据正态性测试

金融部门	J－B统计量	p值
银行	2512. 92	0
基金	4653. 76	0
保险	5626. 71	0
证券	679. 55	0
信托	663. 03	0
金融系统	1334. 21	0

为了增加数据的可操作性，提高极值理论的有效性，下面通过 AR（1）模型对收益率数据进行过滤，使残差数据近似服从独立同分布，以便利用极值理论对收益率数据的尾部分布进行建模。为了对移动区间套内收益率尾部数据进行参数假设，表1－5分别对危机时期、股灾时期、正常时期移动区间套内的尾部收益率数据进行正态性检验。

表1－5　　　　　　移动区间套内收益率残差数据 J－B 检验

金融部门	危机时期		股灾时期		正常时期	
	J－B统计量	p值	J－B统计量	p值	J－B统计量	p值
银行	0. 3182	0. 848	1. 2016	0. 5264	1. 2895	0. 5248
基金	0. 6396	0. 7381	2. 0778	0. 4648	1. 2498	0. 5353
保险	0. 0291	0. 9857	0. 6178	0. 737	1. 0661	0. 6559
证券	0. 6001	0. 7584	0. 5894	0. 7446	0. 5896	0. 7447
信托	0. 8464	0. 6972	0. 5835	0. 7678	1. 3994	0. 5191
金融系统	0. 3312	0. 8474	1. 154	0. 5892	0. 8169	0. 6926

检验结果发现，通过 AR 模型过滤的单个移动区间套内的尾部收益率数据

基本符合正态分布，且整体而言危机时期的正态性效果更好。为了确定各部门在时间序列上爆发危机的可能性，需要估计两个参数，一个是确定每个移动区间套内其收益率尾部值的分布，另一个是确定各部门爆发风险的阈值。通过上面的数据过滤，可以假设在某个移动区间套内（即50个交易日长度）的收益率尾部值是服从正态分布的，其均值和方差可通过这段时间内收益率尾部值的历史数据计算得到；风险阈值通过2007—2018年的历史收益率取最后5%的分界点作为阈值，其中银行部门收益率阈值为 − 0.0293，基金部门阈值为 − 0.0226，保险部门阈值为 − 0.0384，证券部门阈值为 − 0.0454，信托部门阈值为 − 0.0455。每个移动区间套内，其收益尾部值分布小于阈值的概率即为爆发风险的概率，于是通过移动区间套可以得到各个时期爆发风险的概率，其时间序列如图 1 − 13 所示。

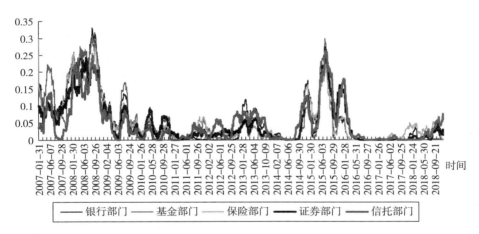

图 1 − 13 各部门爆发风险概率（PoDs）

从图 1 − 13 可以看出，2007—2018 年，各部门在两个时间段爆发危机的概率比较大。第一个时间段是 2007 年下半年到 2009 年上半年，这段时间正是美国次贷危机引发国际金融危机的时间段；第二个时间段是 2015 年，这是中国股市下跌的时期。对比两个时间段可以看出，2008 年国际金融危机的影响大于 2015 年股市下跌的影响，无论是冲击强度还是影响的持久性，国际金融危机的影响均更为强烈。从各部门来看，爆发风险概率的变化具有同步性，在危机时期信托部门爆发危机的可能性较高，相对而言银行部门爆发风险的概率波动相对较小，抗风险能力相对较强。

1.4.3   系统性风险概率评估

1. 假设检验

为了提高参数估计的稳定性，先对各部门爆发风险的概率进行卡方分布检验，检验结果见表 1 – 6。各部门的 p 值均小于 0.05，因此拒绝原假设，各部门爆发风险概率的时间序列数据服从卡方分布。

表 1 – 6   各部门爆发风险概率数据卡方检验

对象	参数	Value	方差	p 值
银行部门	NU	0.3683	0.0067	0.0000
基金部门	NU	0.1661	0.0031	0.0000
保险部门	NU	0.4299	0.0078	0.0000
证券部门	NU	0.3926	0.0071	0.0000
信托部门	NU	0.4194	0.0076	0.0000

为了进一步得到多元概率密度函数，需要进一步求解各个部门概率分布的分位点（见表 1 – 7）。

表 1 – 7   各部门风险概率分布分位点

参数	银行部门	基金部门	保险部门	证券部门	信托部门
危机时期风险概率	0.2254	0.2249	0.1953	0.1741	0.1609
全时间段风险概率均值	0.0544	0.0522	0.0529	0.0496	0.0480
全时间段风险概率方差	0.0728	0.0755	0.0612	0.0605	0.0591
分位点	0.1360	0.1310	0.1240	0.1180	0.1090

以 2008 年国际金融危机时期的违约概率 PODs、均值和方差作为输入值，通过 Matlab 求解得到银行部门、基金部门、保险部门、证券部门、信托部门各分位点分别为：$X_d^x = 0.136, X_d^y = 0.131, X_d^r = 0.124, X_d^z = 0.118, X_d^t = 0.109$。整体而言，各部门阈值的大小和自身爆发风险的均值以及方差有关，均值和方差越大，阈值越高。

2. 参数估计

通过求解拉格朗日方程，得到含参多元密度函数，通过输入初始变量用 Matlab 进行参数拟合，得到参数 $\lambda_1, \lambda_2, \mu$，如表 1 – 8 所示。通过代入参数可以得到非参多元密度函数，再通过代入参数求解积分就可得到相关部门爆发风险的概率。

表 1 - 8			参数估计结果		
参数	ρ	μ	λ_1	λ_2	R^2
银行和基金部门	0.9238	0.864	-1.474	-1.005	0.004
银行和保险部门	0.9616	0.96	-1.558	-1.035	0.002
银行和证券部门	0.9191	0.913	-1.584	-0.131	0.004
银行和信托部门	0.8398	0.894	-1.556	-0.914	0.0104
基金和保险部门	0.906	0.767	-1.482	-1.227	0.0141
基金和证券部门	0.8853	0.939	-1.344	-0.777	0.0131
基金和信托部门	0.8095	0.704	-1.36	-0.248	0.0081
保险和证券部门	0.91	0.75	-1.652	-0.68	0.0101
保险和信托部门	0.8093	0.843	-1.887	-1.116	0.005
证券和信托部门	0.9048	0.7370	-1.0290	-0.6780	0.006

表 1 - 8 给出了通过迭代法求得的参数，其中 ρ 是两个部门爆发风险概率之间的相关性，λ_1，λ_2，μ 为估计的参数值，R^2 为残差，其值越小表示拟合程度越好。

3. 系统性风险概率

通过对金融指数尾部收益率数据运用极值理论进行计算，可得到整个金融系统爆发风险的概率，计算得到整体的金融系统风险概率指数如图 1 - 14 所示。

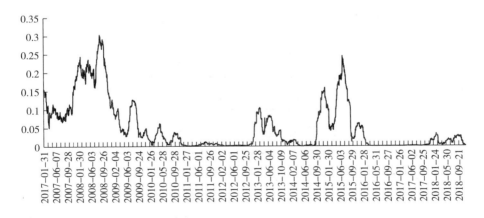

图 1 - 14　金融系统各时期的风险概率指数

如图 1 - 13 和图 1 - 14 所示，金融系统的风险概率指数与各部门的风险概率指数具有基本一致的变化趋势，整个金融系统爆发风险的概率趋势与各部门的风险指数变化也具有同步性，其中 2008 年国际金融危机时期的风险指数最高，其次是 2015 年下半年中国股市下跌期间的风险指数较高。仅仅通过金融体系指数收益率数据计算的风险概率指数不能准确地反映各部门之间的内在联系，因此下面借助条件概率密度函数，通过系统性风险的关联性挖掘整个金融系统风险的内在联系。

1.4.4 系统性风险关联性评估

1. 风险关联性分析

通过多元概率密度函数计算边缘概率密度函数和条件概率密度函数，可以得到各部门之间的风险关联矩阵，风险关联矩阵反映了单个部门爆发风险引发其他部门爆发风险的可能性，体现了各部门之间的风险关系，具体如表 1 - 9 所示。

表 1 - 9　　　　　　　　　　各部门风险关联矩阵

相关性	银行部门（X）	基金部门（Y）	保险部门（R）	证券部门（Z）	信托部门（T）
银行部门（X）	1	P（X|Y）= 0.05509	P（X|R）= 0.06148	P（X|Z）= 0.06131	P（X|T）= 0.06991
基金部门（Y）	P（Y|X）= 0.07887	1	P（Y|R）= 0.06479	P（Y|Z）= 0.08781	P（Y|T）= 0.04654
保险部门（R）	P（R|X）= 0.07446	P（R|Y）= 0.06878	1	P（R|Z）= 0.04279	P（R|T）= 0.05082
证券部门（Z）	P（Z|X）= 0.07578	P（Z|Y）= 0.08611	P（Z|R）= 0.04805	1	P（Z|T）= 0.05962
信托部门（T）	P（T|X）= 0.07580	P（T|Y）= 0.05504	P（T|R）= 0.06001	P（T|Z）= 0.06688	1

通过分析发现，基金部门和证券部门之间的风险相关性是最大的，基金部门爆发风险导致证券部门爆发风险的概率为 8.61%，证券部门爆发风险引发基金部门爆发风险的概率为 8.78%，原因可能是基金部门和证券部门资金交流频繁，业务相互渗透程度高；相对而言，证券部门和保险部门之间的风险关联性较小，证券部门爆发风险引发保险部门爆发风险的可能性仅为 4.28%，保险部门爆发风险导致证券部门爆发风险的概率为 4.81%，这与证券部门追求高利润、保险部门追求稳妥的特点有关系。

基于风险关联矩阵，可以进一步计算系统关联指标（SCI）。系统关联指标反映了当某个部门爆发风险时，其他部门被感染风险的平均个数，其值越大，说明单个部门爆发风险造成的破坏性越强，整个金融系统的风险关联性也越强（见图 1 – 15）。

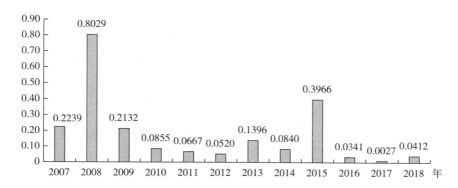

图 1 – 15 系统关联性指标

通过分析发现，在 2008 年国际金融危机时期金融系统的系统关联性更强，一旦有一个部门爆发危机，金融系统中平均将有 0.8029 个金融实体爆发风险。从时间趋势来看，在 2008 年国际金融危机时期和 2015 年中国股市下跌时期，金融系统的风险传染性相对较高，比较分析发现风险传染指标与各部门的风险概率指标具有一致变化趋势。

下面进一步通过计算风险传染指标（RCI），研究单个部门爆发风险对其他部门的影响情况。风险传染指标（RCI）反映了单个部门爆发风险引发其他部门爆发风险的概率大小，可通过条件概率计算得到。

分析发现，银行部门爆发风险引发其他部门爆发风险的平均概率为 7.62%，基金部门爆发风险引发其他部门爆发风险的平均概率为 6.63%，证券部门爆发风险引发其他部门爆发风险的平均概率为 6.47%，保险部门爆发风险引发其他部门爆发风险的平均概率为 5.86%，信托部门爆发风险引发其他部门爆发风险的平均概率为 5.67%（见图 1 – 16）。其中，银行部门爆发风险可能引发系统性风险的可能性最大。原因可能有以下三点：一是银行部门资产规模大，对市场的影响力更强；二是银行与各部门的联系最为紧密，是市场调节资金的核心部门；三是银行受到的监管更严格，发展更成熟，防控风险的能力更强，一旦银行爆发风险，说明市场状况已经比较糟糕。

以风险关联矩阵为基础，除了计算风险传染指标还可以计算各部门的风险感染指标（RII）。风险感染指标（RII）反映了单个部门免疫其他部门风险感染的能力，风险感染指标（RII）越高说明该部门越容易受到其他部门的影响，越容易感染风险。

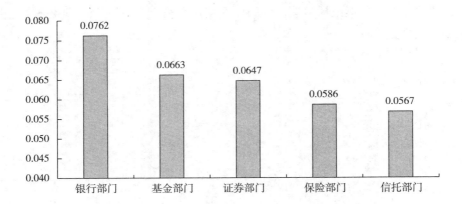

图 1 - 16　风险传染指标

分析发现，基金部门最容易受到其他部门风险的感染，受感染的平均概率为 6.95%，证券部门受其他部门风险感染的平均概率为 6.74%，相对较高；保险部门受其他部门风险感染的平均概率为 5.92%，银行部门受其他部门风险感染的平均概率为 6.19%，相对较低（见图 1 - 17）。基金部门和证券部门易受其他部门风险感染的原因是这两个部门资金活跃度较高，流动性较强，与资本市场联系紧密；而银行部门风险抵抗能力较强的原因是银行部门业务发展成熟，风险防控能力较强；保险部门不易受风险感染的原因是业务开展较为保守，资金投向以银行存款和贷款为主，受资本市场波动的影响较弱。

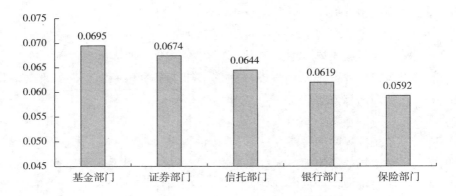

图 1 - 17　风险传染指标

2. 金融系统性风险指标

通过多元概率密度函数和条件概率密度函数可求得衡量整个金融体系的系统性风险指标（SRI）。不同于系统风险概率指数，系统性风险指标考虑了各

实体金融部门之间的风险关联性，从实体金融机构的角度出发，以从下而上的
视角计算。系统性风险指标的构成主要包括两部分，一部分是金融实体部门直
接向金融体系贡献的风险，另一部分是金融实体部门通过将风险传染给其他金
融实体部门然后间接贡献给金融体系的风险。同时单个金融实体部门的风险也
分为两部分，一部分来自该金融实体部门所面临的直接风险因子而滋生的风
险，另一部分是受其他金融实体部门的风险感染而滋生的风险。因此，系统性
风险指标反映的不是各类金融实体风险的简单加成，而是考虑了各部门之间的
风险关联性，通过有机合成得到的。

如图 1-18 所示，通过分析可以发现，金融稳定指标的趋势和金融系统性
风险指标的趋势基本一致，在 2008 年国际金融危机时期和 2015 年中国股市下
跌时期金融稳定指标相对较高，金融体系爆发系统性风险的可能性较大。

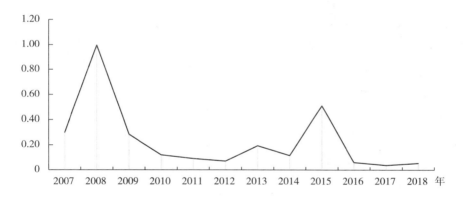

图 1-18　系统性风险指标（SRI）

3. 风险贡献率分析

2007—2018 年，各部门对金融稳定指标的贡献率如图 1-19 所示。各部门平均
风险贡献率排序为：银行部门 44.47%，基金部门 18.52%，证券部门 15.49%，保
险部门 13.55%，信托部门 7.96%。其中，银行部门的贡献率较高，信托部门的贡
献率较低，基金部门、证券部门、保险部门的风险贡献率较为平均。

从各部门的整体风险贡献率来看，银行部门的平均风险贡献率较高，其原
因可能有两方面：一方面，银行部门资产规模巨大，对整个金融体系的影响效
应更大，同时银行部门收益率指数与整个金融指数的相关性更强；另一方面，
银行部门作为整个金融体系的核心部门，与其他部门的资金往来更加密切，风
险传染指标更高，银行部门通过间接通道将风险传导至金融体系的比率较高。
信托部门的整体风险贡献率较低。一方面，信托部门的整体规模较小，在金融

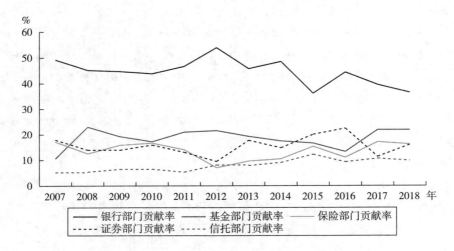

图1-19　各部门对系统性风险指数的贡献率

体系中的市场地位和影响力不够；另一方面，信托系统的风险传染指标较低。

从各部门贡献率的变化趋势来看，银行部门的贡献率呈下降趋势，尤其在2015年之后，风险贡献率下降趋势较大，而信托部门的贡献率整体呈上升趋势，这源于2014年之后我国信托行业的蓬勃发展。

虽然银行部门的平均贡献率也相对较高，但是银行部门的资产规模远远大于其他部门，为了更好地反映各部门的风险贡献比率，下面考虑单位资产规模的风险贡献量。

如图1-20所示，通过分析结果发现，如果考虑资产规模，则银行部门的风险贡献比率远远低于资产规模比率，这得益于银行部门庞大的资产规模，单位资产的风险贡献度较小。相对而言，信托部门单位资产的风险贡献率较高，说明银行部门的资产质量较好，而信托部门的资产质量较低。

各金融实体部门风险贡献比率一方面取决于资产质量，即收益率的高低，另一方面取决于资产规模，即该部门体量的大小。正常情况下当某个部门资产规模急速增加时，往往会积累风险，当资产规模的增速大于风险积累速度时，风险贡献比率将呈下降趋势；反之，风险贡献比率将呈上升趋势。银行部门经过长期的发展，风险总量得到了有效的控制，但资产规模却在长年累月中不断增大，于是银行部门单位资产的风险贡献比率较低，而其他部门虽然风险总量比银行部门小，但资产规模与银行部门却相去甚远，所以其他部门单位资产的风险贡献比率相对较高。

银行部门的风险贡献比率较小，且2012年以后整体呈下降趋势，银行作

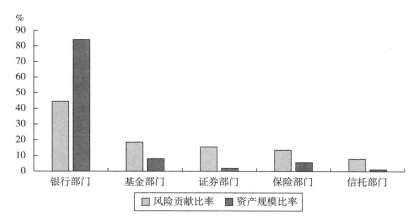

图 1-20 2018 年第三季度各部门风险贡献比率与资产比率比较

为市场上体量最大、与各部门联系最为紧密的金融实体，下面重点分析各部门对银行部门风险的贡献度。

如图 1-21 所示，通过分析发现，在其他各金融实体部门中，基金部门对银行部门的平均风险贡献率最高，为 28.91%；其次是证券部门，平均贡献率为 27.20%；保险部门对银行部门的平均风险贡献率为 25.54%；信托部门对银行部门的平均风险贡献率最低，仅为 18.36%，且在过去 10 年内，其贡献率一直低于其他部门的风险贡献率。其主要原因是，基金部门、证券部门和保险部门与银行部门的资金往来更为密切，相对而言，信托部门与企业和资本市场资金往来更为密切，与银行部门的直接资金往来相对较小。

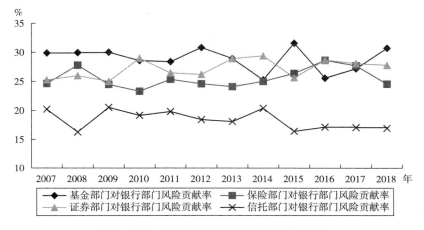

图 1-21 各部门对银行部门的风险贡献率

1.4.5   我国经济政策对系统性风险的效果评估

过去十年，我国重大宏观经济政策大概可分为三个阶段。第一阶段，在 2008 年国际金融危机日趋严峻，世界经济增速放缓趋势越来越明显，中国经济遭受冲击日益显现的背景下，中国决定对宏观调控政策作出重大调整，实行积极的财政政策和适度宽松的货币政策，财政政策由"稳健"转向"积极"，货币政策从"从紧"转为"适度宽松"，同时公布了之后两年总额达 4 万亿元的庞大投资计划；第二阶段，为促进我国经济结构性改革，提高经济发展质量，2015 年的中央经济工作会议提出"三去一降一补"，对社会经济发展影响深远；第三阶段，进入 2018 年，资管新规落地，监管全面趋严，对资本市场产生了巨大影响。

下面将借助事件研究法分析三个阶段的宏观经济政策对各部门爆发系统性风险的影响。为了便于计量分析，下面对时间段进行定义：第一阶段，积极的刺激政策，将 2008 年 3 月 30 日至 2008 年 12 月 31 日共 9 个月定为事前估计期，由于此轮刺激政策持续时间较长，将 2009 年 1 月 1 日至 2011 年 12 月 31 日共 36 个月定为事后观察期；第二阶段，经济调整期，将 2015 年 3 月 30 日至 2015 年 12 月 31 日共 9 个月定为事前估计期，将 2016 年 1 月 1 日至 2016 年 9 月 30 日，共 9 个月定为事后观察期；第三阶段，监管趋严阶段，将 2017 年 7 月 30 日至 2018 年 4 月 30 日共计 9 个月定为事前观察期，将 2018 年 5 月 1 日至 2018 年 12 月 31 日共 8 个月定为事后观察期。

套用资本资产定价模型（CAPM）计算各部门预期风险概率（PoDu），定义各部门实际的风险概率为 PoDs，则超预期风险概率 AP = PoDu – PoDs，定义观察期内累计超预期风险概率 $AAP_i = \sum AP_{i,t}$，观察期内平均超预期风险概率 $CAP_i = \sum AP_{i,t}/n$。通过对累计超预期风险概率（AAP）与平均超预期风险概率（CAP）是否区别于 0 进行假设检验，若 AAP 和 CAP 显著区别于 0，则说明该阶段的宏观经济政策对各部门爆发风险存在显著影响，反之则不存在显著影响。

1. 积极刺激阶段（2008—2011 年）

2008 年第四季度中国宏观经济的下行速度超出了人们的预期，针对宏观经济形势这一变化，中央政府开始全面地进行政策转向，2009 年实施了扩张性的财政政策、宽松的货币政策、全面回调的贸易政策以及十大产业振兴计划和"四万亿"政府刺激计划，2010 年中国经济面临较好的发展机遇，经济增长速度依然较快，但经济发展仍面临着结构性、发展性和体制性等诸多矛盾，特别是投资与消费比例不协调，产能过剩问题突出，内外需不平衡依然存在，就业形势不容乐观，价格总水平稳定性欠佳，于是 2010 年宏观经济调控政策总体保持宽松，财政政策更加注重调结构、惠民生。2011 年宏观经济政策的基本取向要积极稳健、审慎灵活，重点是更加积极稳妥地处理好保持经济平稳较快发展、调整经济结构、管理通胀预期的关系，加快推进经济结构战略性调整，把稳定价格总水平放在更加突出的位置，切实增强经济发展的协调性、可持续性和内生动力。

国际金融危机之后，一系列整体积极的刺激政策对各金融实体部门的风险概率到底具有怎样的影响？通过对累计超预期风险概率以及平均超预期风险概率做假设检验，发现累计超预期风险概率（AAP）与平均超预期风险概率（CAP）均显著区别于 0，且 AAP 与 CAP 均大于 0，各金融实体部门实际爆发风险的可能性小于预期爆发风险的可能性，说明积极的刺激政策在短期内对于防控风险起到了一定的积极作用，且对银行部门的影响最为明显（见图 1 - 22）。

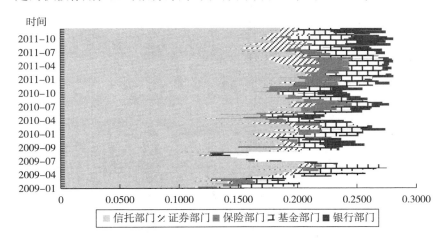

图 1 - 22　积极刺激政策下各部门超预期风险概率情况

从更长的时期来看，当初依靠积极的财政政策刺激下的经济增长，在短时期内的确起到稳增长、提高就业率等正面作用，但却未能改善经济发展环境，对后来的转变经济发展方式、调整经济结构、实现经济发展软着陆提出了更高的要求。

2. 转型调整阶段（2016 年）

2015 年 12 月，中央经济工作会议提出"三去一降一补"，要抓好去产能、去库存、去杠杆、降成本、补短板五大任务，其中"去杠杆"列为 2016 年结构性改革的重点任务之一。积极推动在提高生产效率、推动经济增长的过程中改善债务结构，增加权益资本比重，以可控方式和可控节奏逐步减少杠杆，防范金融风险压力，促进经济持续健康发展，去杠杆对我国实体经济以及金融部门的确带来了巨大的压力。

为了化解经济发展中积累的结构性问题，我国积极改善经济增长环境，转变经济增长方式，提高经济发展质量。2015 年以后，我国稳增长、调结构的政策对各金融实体部门的影响如图 1 - 23 所示，通过对累计超预期风险概率以及平均超预期风险概率做假设检验，发现累计超预期风险概率（AAP）与平均超预期风险概率（CAP）均显著区别于 0，且 AAP 与 CAP 均大于 0，各金融实体部门实际爆发风险的可能性小于预期爆发风险的可能性，且对银行部门的影响最为明显。

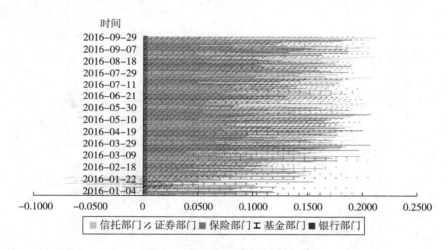

图 1 - 23　转型调整期各部门超预期风险概率情况

由于 2008 年国际金融危机后积极的刺激政策对于经济发展缺乏可持续性，资本市场无业绩支撑的股价高企已经孕育下跌风险，过度杠杆化为爆发危机埋下了伏笔，加之我国资本市场相关制度不健全，因此，2015 年我国股票市场迎来了大面积的下挫。在这样的背景下，中央经济工作会议尤其强调金融去杠杆，调整经济结构，转变经济发展方式，此政策对于控制风险、稳定市场起到了一定的积极作用，从长期来看为经济的可持续发展夯实了基础，但从中期来看为了提高经济发展质量，也必然经历一个阵痛期。

3. 监管约束阶段（2018 年）

2018 年 4 月，资管新规发布实施，对于规范资产管理市场秩序、防范金融风险发挥了重要作用，对指导金融机构规范资产管理业务工作平稳过渡，为实体经济创造良好的货币金融环境等发挥了积极作用，但同时也由于监管趋严，加上经济增速放缓，给社会各界融资带来了更大的压力，对资本市场也产生了一定的冲击。

由于我国经济正处于转型升级的关键时期，以及调结构的阵痛期，内部经济发展困难重重，同时处于中美贸易摩擦的敏感期，外部经济压力巨大，为进一步优化资本市场的投融资环境，2018 年实施的资管新规对资本市场乃至整个实体经济部门影响巨大。通过对累计超预期风险概率以及平均超预期风险概率做假设检验，发现累计超预期风险概率（AAP）与平均超预期风险概率（CAP）均显著区别于 0，且 AAP 与 CAP 均小于 0，各金融实体部门实际爆发风险的可能性大于预期爆发风险的可能性，且对信托部门的影响最为明显（见图 1 – 24）。

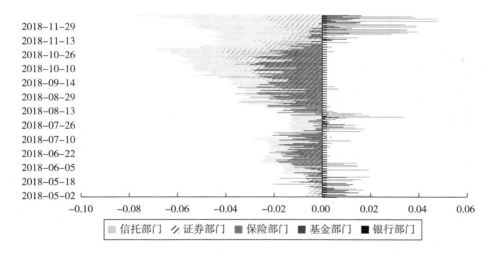

图 1 – 24　监管约束政策下各部门超预期风险概率情况

从长期来看，强监管对于提高经济发展质量、提高资本服务实体经济的效率、防控系统性风险具有积极作用，但在短期内却造成了全社会的资金荒，不仅资本市场，实体经济部门均受到了极大的影响。在我国经济转型升级的关键时期，强监管无异于一剂猛药，具有美好的憧憬，同时也考验着我国经济的承受能力。2018 年，为了缓解经济发展压力，政府将去杠杆转变为稳杠杆以减轻经济发展所面临的内外压力。

通过对 2007—2018 年我国重要宏观经济政策对金融系统性风险的影响进行研究发现，国际金融危机后的积极刺激阶段在短期对各金融实体部门的影响最为明显，政策效果显著且时效性好，扩张性财政政策和宽松的货币政策在短期内对刺激经济增长、降低收益率风险具有显著效果，但却积累了杠杆率风险；转型调结构阶段的宏观审慎政策对于化解杠杆率风险具有显著效果；2018年的强监管政策对于防控通道业务风险具有显著效果，虽然信托部门受影响最为显著，但却增加了流动性风险和收益率风险。

1.5　主要结论与展望

本章通过综合性多部门分析工具（SyRIN）从整个金融系统的角度出发，对银行部门、基金部门、保险部门、证券部门、信托部门等金融实体爆发风险的概率，各金融实体部门之间的风险关联性，以及整个金融体系的系统性风险做了量化研究。

基于各金融实体部门收益率数据，本章首先对各部门爆发风险的概率做了量化分析，发现金融实体部门收益越高、波动越小，则爆发风险的可能性越低，且各金融实体部门风险指标的变化趋势基本具有一致性。通过各部门风险概率的简单合成，得到整个金融体系的系统性风险指标，通过比较分析发现，整个金融体系的风险指标和各部门风险指标的变化趋势基本一致。为了更深入地分析系统性风险和各部门风险之间的关系，以及研究各金融实体部门之间的风险关联性，本章通过构造最优一致信息多元概率密度函数（CMDIO）对各部门之间的相互影响作了量化分析。最终基于各部门之间以及各部门和整个系统之间的相互关系，得到衡量整个金融体系系统性风险的金融稳定指标（FSI）。金融稳定指标与由收益率数据简单得到的系统性风险指标虽然在指标构成原理上不同，但在表现结果上却相近，其变化趋势具有一致性。从2007年至2018年主要有两个时期的风险较高，第一个是2008年国际金融危机时期，第二个是长期积极的刺激政策之后，资本市场泡沫积累达到一定程度，在2015年中国股市下跌的时期。

本章从整个金融体系角度出发，以各金融实体部门为切入点，从上而下规划研究思路，从下而上搭建研究体系，除了分析研究整个金融体系的风险状况，还深入分析了各金融实体部门之间的风险关联性，以及各金融实体部门对整个金融体系系统性风险的贡献率。各金融实体部门之间，基金部门和证券部门之间的风险相关性最大，证券部门和保险部门之间的风险关联性最小，银行部门爆发风险可能引发系统性风险的可能性最大；整体而言，各金融实体部门对金融体系系统性风险的贡献比率相差不大，信托部门的平均风险贡献率略高于其他部门，在风险较高的历史时期，证券部门和基金部门的风险贡献比率较正常时期略有下降，银行部门的风险贡献比率无论是风险时期还是正常时期，变化水平不大，整体较为平稳。考虑到各部门资产规模相差很大，通过计算单位资产的风险贡献比率发现，银行部门单位资产的风险贡献比率远远低于其他部门，而证券部门和信托部门单位资产的风险贡献比率相对较高，但在 2012 年以后，信托部门得益于信托规模的快速增长，单位资产风险贡献比率整体呈下降趋势。

宏观经济政策作为影响金融体系的重要外部因素，也是研究的要点，本章将 2008 年国际金融危机之后 10 年内的宏观经济政策分为积极刺激阶段、转型调整阶段和监管约束阶段。2008 年底，为缓解经济下行压力，我国实行了扩张性的财政政策和宽松的货币政策，通过计算各金融实体部门的超预期风险概率，发现此轮积极刺激政策在短期内对缓解各金融实体部门的压力、降低风险概率起到了积极作用，但是在长期却积累了更多的风险，于是 2015 年在各方压力下中国股市下跌严重。此后我国经济转入调结构的转型升级阶段，这在短期对整个金融体系控制风险起到了一定的积极作用，各部门金融风险指标略有降低，但在中期却让我国经济陷入转型升级的阵痛期。为了布局长期发展，完善资本市场，2018 年资管新规落地，这让经济处于转型升级的关键时期，以及调结构的阵痛期，同时处于中美贸易摩擦的敏感期，内外经济压力巨大的重要时期，全社会陷入了资金荒，监管约束对我国经济的发展提出了巨大的挑战，在短期内使得各部门的风险指数增加，抗风险能力减弱。

综合性多部门分析工具（SyRIN）着眼全局，立足金融实体部门，重点研究关联性，通过实证应用发现，各金融实体部门与整个金融体系的发展息息相关。其中银行部门作为调度资金的枢纽，渗透社会经济的各个部门，与其他金融实体部门的联系最为紧密，应该作为防控风险的基础；信托部门虽然与其他金融实体部门的联系不如银行部门紧密，但对整个金融体系系统性风险的贡献却较大，应该作为监管的重点。宏观经济政策无论是对各金融实体部门还是整个金融体系均有显著影响，为了促进经济的可持续健康发展，应该以经济发展现状和金融体系的风险状况为基础，综合短期和长期发展，制定适宜的调控和监管政策。

2 非利息收入对银行系统性风险影响研究

第 1 章对我国金融系统性风险及其关联性进行了整体评估，通过评估我们发现，影子银行与金融科技的出现，给金融行业发展带来重大变革，也对系统性风险的防范和管理带来了新的挑战。银行业将业务重点逐步从以传统利息收入为代表的存贷业务向非利息业务转型，以期通过业务结构升级和多元化经营获得发展壮大。2008 年国际金融危机提醒我们，对于商业银行的风险除了考虑个体层面，还要防范金融创新导致的系统性风险聚集爆发。在市场或者个体遭受冲击时，银行体系高度的关联性容易引发系统性风险的溢出与传染，最终造成体系崩溃。2008 年国际金融危机后，如何防范系统性风险、加强宏观审慎监管，成为学界和实务界关注的重要问题。学界对系统性风险的产生和测度展开研究，非利息收入与系统性风险之间的关系也成为值得重点关注的问题。

2.1 引言

伴随着经济的快速发展，全球金融环境日益复杂，金融科技的广泛研发与应用给金融行业发展带来重大变革。银行业将业务重点逐步从以传统利息收入为代表的存贷业务向非利息业务转型，以期通过业务结构升级和多元化经营获得新的利润增长点。以美国银行业为例，根据经济合作与发展组织（OECD）数据，20 世纪 80 年代前，银行业非利息收入占比尚不足 20%，到了 2001 年，非利息收入业务的占比已超过 40%。对于我国银行而言，收益和利润增长仍然高度依赖传统的存贷业务赚取利差，业务模式较为单一。近年来，伴随着我国利率市场化进程的推进和金融业改革的深化，金融科技在银行业务开展中扮演着重要角色。

发展非利息业务，加强业务创新，逐步摆脱对传统利差业务的依赖性，进一步推进多元化经营，已成为我国银行业重要的发展方向和目标。如图 2-1 所示，根据 Wind 数据，国内上市商业银行非利息收入占比从 2008 年的 15.93% 猛增至 2018 年的 28.38%。2018 年底，我国上市商业银行实现营业总收入 45841.64 亿元，其中非利息收入达到 13010.74 亿元。非利息收入业务的开展在为商业银行拓宽盈利渠道的同时，也伴随着较高的风险，2008 年国际金融危机的爆发凸显了银行多元化经营收益与风险并存的问题。2010 年，美国《多德—弗兰克华尔街改革和个人消费者保护法》对金融监管提出了更高的要求，针对商业银行的业务经营范围作出了明确的限制以预防系统性风险的累积。而对于我国银行业而言，非利息收入与传统业务高度关联，非利息收入业务的发展对传统业务会产生一定的替代效应，同时非利息收入业务收益高波动性的特征又容易导致银行面临更大的系统性风险暴露。

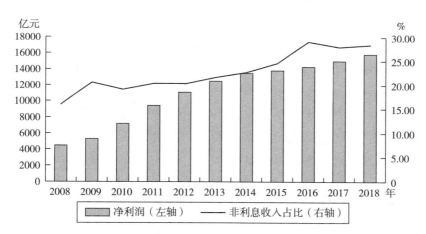

图 2-1　我国上市商业银行净利润和非利息收入占比变化趋势（2008—2018 年）

（数据来源：Wind 数据库）

2008 年国际金融危机提醒我们，对于商业银行的风险关注不能局限于个体层面，由金融业务创新过度引起的系统性风险聚集是危机爆发的重要原因。在市场或者个体遭受冲击时，银行体系高度的关联性容易引发系统性风险的溢出与传染，最终造成体系崩溃。2008 年国际金融危机后，如何防范系统性风险、加强宏观审慎监管，成为学界和实务界关注的重要问题，对于系统性风险的产生和测度也进行了深入研究。在我国，"宏观审慎管理制度"这一概念最早于 2009 年第三季度《中国货币政策执行报告》中提及，旨在发挥政策工具的跨周期逆向调节功能。随着《巴塞尔协议Ⅲ》的发布，中国银监会推出了资本充足率、拨贷比、杠杆率、流动性四大监管工具，并与人民银行联合发布政策引导非利息业务合理发展（见表2-1）。2017年，习近平总书记进一步提出了"牢牢守住不发生系统性金融风险的底线"的目标。可以看出，在关注金融机构个体风险的时候，更要关注其系统性风险溢出效应，银行个体风险并不是互相独立的，银行体系整体系统性风险受到其中个体的影响。

表 2-1　　　　　　　　　关于引导非利息收入业务发展的政策

年份	机构	政策	主要内容
2012	中国银监会	《商业银行资本管理办法（试行）》	推动银行业资本工具创新，引导商业银行转型
2013	中国人民银行	《关于进一步推进利率市场化改革的通知》	取消贷款利率管制，推进利率市场化改革
2015	中国人民银行	基本放开利率管制	取消商业银行与农村合作社等金融机构的存款利率上限管制

在转型发展的趋势下，商业银行在逐步探索多元化经营，提高非利息收入占比，通过金融业务创新、优化产品结构等方式保持新的发展动力。如何在充分发展非利息收入业务的同时保持内部结构合理，风险稳定可控，是所有银行面临的难题之一。对非利息收入与银行系统性风险关系的研究，有助于加强银行系统性风险监测与管理的针对性，降低非利息收入业务发展带来系统性危机的风险。但遗憾的是，关于非利息收入与系统性风险之间的关系，国内文献研究尚有不足。从国外研究成果来看，2007年美国次贷危机后，系统性风险受到广泛关注，国外部分学者利用金融市场银行公开数据对商业银行非利息收入与银行系统性风险的影响关系进行探究，目前尚未形成一致的看法。鉴于我国银行业非利息收入发展阶段相对落后于国外银行业，国外学者对于非利息收入与银行系统性风险关系的研究无法直接反映我国的实际情况。因此，针对我国银行业非利息收入与银行系统性风险关系的理论机制分析与实证探究值得关注。

与以往文献相比，本章的贡献在于：第一，本章除了对非利息收入占比总体进行研究外，还尝试将非利息收入拆分为手续费及佣金收入、投资损益和其他非利息收入三个部分，分别考察非利息收入的各个构成部分对银行个体风险承担、系统性风险溢出效应和银行系统性风险的影响。第二，本章考虑了资产规模和负债结构异质性在非利息收入对银行系统性风险影响中的作用。同时，本章还根据非利息收入业务的发展历程对样本进行分阶段实证探究。第三，本章从系统性风险测度的不同角度出发，分别选取边际期望损失（MES）和成分期望损失（CES）指标进行考察，以增强实证结果的稳健性。

本章剩余部分安排如下：2.2 节为文献综述，2.3 节为理论机制与研究假设，2.4 节为实证分析，2.5 节为基本结论与展望。

2.2 文献综述

2.2.1 非利息收入与商业银行个体风险承担

银行个体风险的累积和溢出，往往是最终诱发系统性风险的原因。因此，我们首先对非利息收入与银行个体风险承担之间的关系进行文献梳理。在这一领域，已有不少学者展开研究，形成了不同观点。

部分学者认为，发展非利息业务提高了银行个体风险承担，加剧了其破产风险。Lepetit 等（2007）对 1996—2002 年欧洲银行业银行产品多样化与风险之间的关系分析后指出，金融创新业务可能带来更高的破产风险。Calmes 和 Theoret（2010）研究了表外活动对银行收益风险权衡的影响后发现，非利息收入增长带来的波动性使银行表外业务规模扩大，这加剧了银行经营风险。黄隽和章艳红（2010）通过美国商业银行 2000—2008 年的数据考察非利息收入与银行风险间的关系，结果发现，非利息收入在拓宽银行盈利渠道的同时，也带来了更大的破产风险。

持相反观点的学者认为，发展非利息业务的风险分散效应，有助于降低银行个体风险承担。Lee 等（2014）采用动态面板广义矩量法对亚洲 22 个国家和地区 1995—2009 年的银行业数据研究后发现，亚洲商业银行发展非利息业务能够分散风险，降低个体风险承担。赵胜民和申创（2016）基于 2005—2014 年我国 49 家商业银行的面板数据，从收益、风险和收益风险综合角度研究发现，对于农村商业银行，非利息业务的发展能有效降低其风险，而对于股份制银行和城市商业银行，这一关系并不显著。

也有学者认为，二者之间存在更为复杂的关系。顾晓安和王鹏程（2015）基于投资组合理论和边际效益递减理论，选取 5697 家美国银行 2006—2013 年的年度数据，对非利息收入占比与风险分散效应之间的关系进行研究，得出结论：非利息收入占比与风险分散效应呈现"横向 S 形"特征。

2.2.2　非利息收入与商业银行系统性风险溢出效应

首先关注银行系统性风险溢出效应，主要聚焦在以下三个方面：一是基于"左尾风险管理"视角，如 Christiansen 和 Ranaldo（2009）使用极端值对溢出效应进行测度分析。二是基于左尾关联性，从金融机构收益率测度系统性风险溢出效应，如 Adrian 和 Brunnermeier（2009）基于条件 VaR 和压力测试法发展的 CoVaR 方法，测度金融机构间的系统性风险溢出效应。三是网络模型法，如欧阳红兵和刘晓东（2015）通过最小生成树和平面极大过滤图方法，建立可以动态识别系统重要性节点的金融市场网络，对系统性风险传导机制进行全面而直观的展示。

在非利息收入与银行系统性风险溢出效应之间关系方面，国内外学者进行了一定研究。Stiroh（2004）在对 2000 年之后的美国商业银行的研究中发现，非利息收入占比越高的银行其系统性风险溢出效应越显著。Brunnermeier 等（2012）利用 ΔCoVaR 对美国 1986 年以来 22 年间 538 家银行面板数据进行量化，研究发现交易类收入和投资类收入是导致系统性风险溢出效应加强的主因。史仕新（2019）使用 ΔCoVaR 方法对 2007 年第一季度至 2018 年第三季度我国 20 家上市银行的系统性风险溢出效应进行了测度，研究表明，中间业务的发展具有显著为正的系统性风险溢出效应。

2.2.3　非利息收入对商业银行系统性风险的影响

1. 非利息收入整体与商业银行系统性风险

2008 年国际金融危机的爆发使人们意识到系统性风险防范的重要性，学界也开始关注非利息收入业务对其的影响，目前国内外学界已取得一定成果，国外研究较多，国内较少，学者们观点总体可以分为以下几类。

部分学者认为非利息收入占比的提升能有效降低银行系统性风险。Pennathur（2012）对印度银行收入多元化与银行风险的研究中发现，非利息收入能有效降低银行系统性风险。张晓玫和毛亚琪（2014）首次运用各银行季度 LRMES 数据对二者的关系展开研究，结果发现，非利息收入与银行系统性风险显著负相关。黄秀路和葛鹏飞（2018）在研究债权激励与银行系统性风险关系时，发现非利息收入与系统性风险呈负相关关系。

也有学者认为，非利息收入占比的提升会导致银行系统性风险升高。De Jonghe（2009）使用极值分析生成基于市场的银行系统性风险敞口度量值，针对差异化经营战略和银行系统性风险之间的关系展开研究，结果显示，非利息收入业务带来的规模效应能降低经营成本，但会加剧系统性风险波动性。Raffestin（2014）研究认为，投资组合的多元化使得个体风险降低，但持有共同资产头寸加强了银行间业务的关联和传染性，非利息收入业务会加剧系统性风险暴露与溢出，进而增加银行系统性风险，因此金融创新不总是有效的。Williams（2016）利用边际期望损失（MES）对澳大利亚银行业进行研究发现，非利息收入水平较低且收入集中度较高的银行风险较小，非利息收入的提高会增加银行系统性风险，但考虑到银行专业化效应，某种类型的非利息收入会降低银行系统性风险。而国内研究方面，王淼晶（2010）采用滚动回归方法对双因子模型进行研究，发现非利息收入占比提高会增加市场系统风险。

2. 非利息收入结构与商业银行系统性风险

Brunnermeier 等（2012）将非利息收入分为交易类非利息收入和投资类非利息收入，考察其对银行系统性风险的贡献，发现二者影响方向一致，都与银行系统性风险呈正相关。Deyoung 和 Torna（2013）运用多期 Logit 模型对非利息收入与金融危机期间美国数百家倒闭商业银行的关系进行研究，发现非利息收入中不依赖于资产的证券经纪和保险销售业务能降低银行系统性风险，而依托于资产的诸如风险投资、投资银行等非利息收入业务会加剧系统性风险。张晓玫和毛亚琪（2014）认为各类非利息收入业务风险水平存在差异，手续费及佣金收入能分散系统性风险，而其他非利息收入会加剧系统性风险。王晨宇等（2017）研究发现，银行资产充足率较高时，手续费及佣金净收入与银行系统性风险呈正相关，反之则呈负相关。

3. 资产规模、负债结构异质性下非利息收入与商业银行系统性风险

关于资产规模异质性在非利息收入对银行系统性风险影响中作用的研究，已取得一定成果。Jonghe 等（2015）研究认为，非利息收入对银行系统性风险的影响随着银行规模的变化而有所差异，非利息收入增加能减少大型银行的风险敞口，降低其系统性风险，但对小型银行而言，结果相反。朱波等（2016）对我国 14 家上市商业银行 2008—2014 年的数据进行分析，发现二者并非是完全线性的，资产规模较大的银行非利息收入与系统性风险呈负相关，而规模较小的银行结果则相反。持相似观点的还有王晨宇等（2017），区别在于后者是通过构造银行资产规模与非利息收入交叉项进行实证探究。

目前，考虑债务结构异质性的研究较少，当前研究主要关注的是债务结构与系统性风险的相关性。Allen 等（2002）关注了负债结构失衡给历史上发生金融危机的国家带来的风险，研究发现高负债结构往往是一国系统性危机爆发

的重要原因。Cecchetti 等（2011）对 1980—2010 年 18 个经合组织国家的债务结构进行研究后发现，过高的债务杠杆会拖累经济，同时诱发系统性风险。

2.2.4　文献评述

梳理国内外研究成果，不难发现：

第一，现有文献关于非利息收入与银行系统性风险之间影响的研究还不够充分，国内研究更为少见。在金融改革不断深化的背景下，应重点关注非利息收入对银行系统性风险的影响。

第二，目前学者关于商业银行系统性风险溢出效应的研究，更多关注的是系统性风险溢出效应的测度和系统重要性银行的筛选，尚未有文献深入考察银行系统性风险溢出效应在非利息收入与银行系统性风险影响中的作用。

第三，近年来国内外学者尝试对非利息收入与银行系统性风险的关系进行实证分析，但仍未形成一致的看法，还有一系列尚未明确的问题。比如，非利息收入业务发展是否会显著影响银行系统性风险水平？对其影响方向如何？其他控制变量（如资产规模、负债结构、杠杆率）等是否会影响作用效果？不同时期二者之间关系是否存在显著差异？

第四，大多数学者在研究非利息收入与银行风险相关问题时，通常以非利息收入整体作为研究对象，少有涉及其他细分构成（如投资损益、汇兑损益、公允价值变动损益等）的考察。

本章将针对以上问题，借鉴国内外学者研究的方法与思路，选取适当的变量测度指标，以理论机制为基础进行实证探究，对非利息收入与银行系统性风险研究的文献做了一定补充。

2.3　理论机制与研究假设

2.3.1　非利息收入对商业银行个体风险影响机制

宏观经济政策调整和市场环境变化都会使银行面临风险波动，对我国商业银行而言，传统利息收入业务仍占据重要地位，而利息收入业务对资产规模和宏观政策具有很强的依赖性，外部宏观环境和利率政策的调整可能影响其经营决策，商业银行开始探索更多的盈利渠道，非利息收入业务开始受到关注。商业银行发展非利息收入业务的理论基础及其影响如下。

1. 投资组合理论

商业银行发展非利息收入业务有利于分散非系统性风险。根据 Markowitz 投资组合理论，商业银行所面临的风险与收益可以看成利息收入与非利息收入两类业务的简单组合，银行所面临的个体风险承担就可写为 $\sigma_P^2 = \omega_A^2 \sigma_A^2 + (1 - \omega_A)^2 \sigma_B^2 + 2\rho_{AB} \omega_A (1 - \omega_A) \sigma_A \sigma_B$。投资组合理论认为，由于投资组合中各类资产不完全呈正相关关系，不同类型的资产共同配置能够起到分散非系统性风险的作用，传统利息收入业务高度同质化，抗风险能力较弱，发展非利息收入业务有利于提高风险分散效应，降低个体风险承担。

2. 规模经济与范围经济理论

非利息收入业务带来的规模经济和范围经济效应有利于摊薄经营成本，降低破产风险。商业银行通过金融创新和产品设计为客户提供全面综合的金融服务，可以利用现有丰富资源，使非利息收入业务的发展产生规模经济和范围经济效应。

从规模经济角度来看，一方面，商业银行以往传统存贷业务的开展，已经投入大量人力、设备、市场拓展成本，积累了大量的市场资源，在此基础上开展非利息收入业务，可以充分依托现有资源，提高经营效益。另一方面，非利息收入业务对资产规模的依赖性较小，单位成本低，非利息收入业务有助于提高利润水平。

从范围经济角度来看，非利息收入业务带来更广的金融服务范围，综合金融服务的收益将超过单独经营一种业务的收益之和，产生"1 + 1 > 2"的效果，客户也更倾向于能够提供全面金融服务的银行。

综上所述，发展非利息收入业务带来的规模经济和范围经济效应，有利于提高经营效益，降低个体风险承担。

3. 非利息收入业务波动性较强

虽然非利息收入业务能在一定程度上分散非系统性风险，但相较于传统利息收入业务，非利息收入业务的收益波动性明显更大（周好文和王菁，2008）。在非利息收入的组成中，投资损益、公允价值变动损益、汇兑损益和其他净收益与金融经济市场关系紧密，收益方差较大，这意味着提高非利息收入占比会导致经营收益整体波动性增加。此外，银行业在实际业务开展过程中往往采用交叉销售的业务推广模式发展创新业务，也就是在传统利息收入的基础上向客户提供衍生的其他金融服务，与传统利息收入的相关性削弱了非利息收入的风险分散效果。

4. 非利息收入业务伴随着风险

非利息收入业务的发展伴随着金融创新和金融复杂化，可能带来杠杆风险、市场风险等。杠杆风险的产生主要是由于商业银行追逐利润的策略以及监管体制不健全，以金融衍生品为例，此类业务属于资产负债表外业务，关于资本金的要求不受现行监管限制，且易受到宏观经济、利率和汇率市场波动影响。商业银行若采取激进的经营策略，则可能放大杠杆效应，导致杠杆风险上升。市场风险主要源自投资损益、汇兑损益等受宏观经济与金融市场影响较大的非利息业务。

本书认为，商业银行发展非利息收入业务有利于分散非系统性风险，降低单位经营成本，提高盈利能力，降低个体风险承担（见图 2 - 2）。

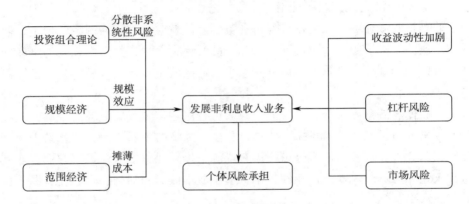

图 2 - 2　非利息收入业务对银行个体的影响机制

通过以上分析，本书提出以下假设：

假设 H1：非利息收入整体增加带来的风险分散效应，有助于降低商业银行个体风险承担。

2.3.2　非利息收入对商业银行系统性风险溢出效应的影响机制

1. 非利息收入整体对商业银行系统性风险溢出效应的影响

前文提到，单个金融机构可以通过金融创新等方式发展非利息收入业务来控制自身风险，但整个金融体系的风险并不会因此消失，只是在系统内部进行转移与重新分配，银行个体表外业务规模和杠杆率的升高，使得系统性风险不断累积（范小云等，2011）。银行系统性风险与银行个体风险承担之间不是简单的加总关系，单个银行的稳定经营与风险控制并不等价于整个银行体系的稳定。

本书认为，非利息收入主要通过系统性风险溢出效应对商业银行体系传导系统性风险（见图 2 - 3）。商业银行系统性风险的溢出效应，指的是当银行面

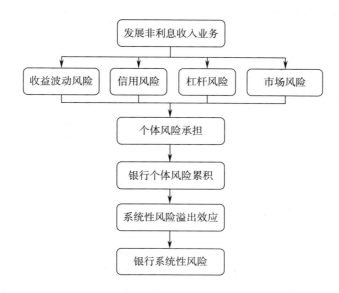

图 2 - 3 非利息收入业务对银行系统性风险的传导机制

临由于期限错配、多层嵌套、高杠杆等银行产生的风险暴露时，这一风险不仅会在个体累积，还会溢出到其他金融机构或金融市场。进一步地，个体累积的风险所造成的系统性风险溢出效应还会通过银行间关联传染机制和信息传播机制进一步加强，最终传导至整个银行体系，引发系统性危机。银行系统性风险溢出效应在非利息收入业务对银行系统性风险的传导过程中扮演重要角色。一方面，我国银行体系内部联系紧密，各银行间存在高度关联性，随着非利息收入占比的不断上升，银行经营范围逐步多元化，会导致风险暴露累积。另一方面，在非利息收入业务发展的早期阶段，各银行开展非利息收入业务的形式可能差异较大，在中后期，对利润的追逐将使非利息业务逐渐同质化，银行业务重点将集中于少数几类非利息收入业务，如交易性金融资产、保险、投资银行等，这无疑将增加各银行共同的风险暴露，加剧系统性风险溢出效应。

基于以上分析，本书提出以下假设：

假设 H2：非利息收入整体增加将加剧银行系统性风险溢出效应。

2. 非利息收入结构对商业银行系统性风险溢出效应的影响

（1）关联传染机制

关联传染机制加快银行系统性风险溢出效应传递。随着非利息收入业务的发展，金融服务模式不断创新，银行间紧密的业务往来和各类新兴金融业务的开展，加速了个体风险在银行体系的传染，一旦某个银行面临破产风险，银行间的风险溢出和传染可能导致"多米诺骨牌"效应，最终对银行业乃至宏观经济系统性风险产生影响。

（2）信息传播机制

银行系统性风险溢出效应通过信息传播机制在系统内扩散。信息不对称是金融市场普遍存在的问题，在银行体系中信息不对称问题尤为突出。商业银行非利息收入业务的快速发展使得金融产品的形式日益复杂，加剧信息不对称性，一旦投资者意识到风险，便很容易由于恐慌情绪收回投资，众多投资者短时间内收回投资将给银行带来严重的流动性风险。银行若没有足够的流动性资金储备，将面临经营困难甚至破产的局面，而银行个体风险的爆发将加剧系统性风险溢出，同时通过信息传播机制快速扩散，最终导致整个银行系统陷入危机。

为此，本书将非利息收入分为三大类，即手续费收入、投资损益和其他非利息收入。其中，投资损益和其他非利息收入主要是各类金融衍生工具和金融同业业务，这类业务的发展使银行间的关系更为紧密，若面临外部经济环境或监管政策的冲击，由于投资收益业务和其他非利息收入面临的关联传染性和信息不对称性更强，系统性风险溢出效应会通过关联传染性放大，又进一步通过信息不对称性在银行体系内扩散，因此投资损益和其他非利息收入占比的升高是系统性风险溢出效应上升的主要原因。

基于以上分析，本书提出以下假设：

假设 H3：非利息收入中各类收入对系统性风险溢出效应的影响不同，投资损益和其他非利息收入占比的提升是导致银行系统性风险溢出效应上升的主要原因。

2.3.3　非利息收入对商业银行系统性风险的影响机制

1. 非利息收入整体对商业银行系统性风险的影响

非利息收入对银行系统性风险的传导，主要是个体风险累积产生的风险暴露，通过银行系统性风险溢出效应的传导，以及关联传染与信息传播机制的扩散，最终影响系统性风险水平。但目前国内外学界关于非利息收入对银行系统性风险的影响，观点尚未统一。本书认为，非利息收入对银行系统性风险的影响效果可能会受其业务发展水平影响。在初级阶段，非利息收入业务与利息收入业务相关性较小，各银行间非利息收入业务关联度较低，发展非利息收入业务带来的风险分散效应较强，且系统性风险溢出效应较弱。随着非利息业务规模的扩大和产品种类的丰富，各银行非利息收入业务逐渐同质化，关联性不断加强，这将不可避免地造成个体风险累积、风险分散效应减弱以及系统性风险溢出效应加强，最终导致系统性风险水平上升。根据我国非利息收入业务发展背景和产品模式变化，将其分为四个阶段：

第一阶段（2008 年之前），萌芽期。此阶段非利息收入业务主要依托传统业务资源实行流动性管理，代表产品有信用拆借、质押式回购、转贴现等。

第二阶段（2008—2013 年），非标发展期。这个时期行业信贷规模受限，非利息收入业务模式由依托于传统信贷资产向资产负债表外转移，产品模式也更加复杂，金融机构之间的合作也更为频繁。代表产品有信托受益权、同业代付以及各类资管、信托计划。

第三阶段（2014—2017 年），主动负债期。这个时期市场流动性环境宽松，商业银行开始尝试扩张负债以拓宽业务范围，业务涉及同业理财、基金和委外投资等。

第四阶段（2018 年至今），金融去杠杆。2018 年以来，金融去杠杆的深入和资管新规的落地，对银行业务发展的规范性提出更高要求，引导资金流向实体经济成为重点目标。

总体来看，非利息收入对银行系统性风险的影响不能直观判断。本书认为，现阶段，我国银行非利息收入业务对银行个体风险承担仍具较强分散效应，而我国商业银行关联紧密，银行个体风险的累积和系统性风险溢出效应将加强商业银行风险暴露，最终加剧系统性风险溢出效应。

基于以上分析，本书提出如下假设：

假设 H4：非利息收入整体增加将引发银行个体风险累积并加剧系统性风险溢出效应，最终提高银行系统性风险水平。

2. 非利息收入结构对商业银行系统性风险的影响

不同银行经营特点的差异导致其非利息收入结构也存在较大差异。大型银行如国有商业银行和股份制商业银行，自身资本充足，资产规模较大，非利息收入业务中手续费及佣金净收入占比较大。而小银行如地方商业银行，受自身规模和经营区域限制，在追逐高收益的动机下，倾向于发展非利息业务中收益较高的投资业务和金融同业业务等。

非利息收入业务的类别与比重是影响其作用效果的主要因素。Stiroh（2004）研究发现投资类非利息收入业务发展较好的银行往往关联性较强，同时系统性风险水平更高。肖崎和邓旭婧（2016）研究了 7 家非利息收入增长较快的股份制商业银行非利息业务发展历程，发现非利息收入结构中，投资损益和公允价值损益波动性明显强于手续费及佣金收入，风险更高。Lepetit 等

（2007）研究了1996—2002年欧洲银行业银行产品多样化与风险之间的关系，发现手续费及佣金收入的增加，会导致银行风险的上升，在规模较小的商业银行中，这种现象更为突出。

本书认为，投资损益和手续费及佣金收入是影响银行系统性风险的关键因素。从投资损益类业务分析，其业务主要是各类金融衍生工具和金融同业业务，这类业务的发展使得银行间的关系更为紧密，在为商业银行创造高收益的同时伴随着较高的风险累积与暴露，若面临外部经济环境或监管政策的冲击，由于投资收益业务和其他非利息收入面临的关联传染性和信息不对称性更强，系统性风险溢出效应会通过关联传染性放大，又进一步通过信息不对称性在银行体系内扩散，最终导致银行系统性风险水平的升高。从手续费及佣金收入业务来看，一方面，手续费及佣金收入通常与传统业务交叉销售，关联度较高，若经济环境恶化，易导致风险累积与暴露。另一方面，手续费及佣金收入中，托管及其他受托业务、投行类业务比例较高，这类业务与经济环境和监管政策息息相关，波动性较高，风险水平也较高。

基于以上分析，本书提出以下假设：

假设 H5： 非利息收入结构中各类收入对银行系统性风险的影响不同，投资损益和手续费及佣金收入波动性与风险更大，对银行系统性风险具有显著影响。

3. 资产规模、负债结构异质性下非利息收入对银行系统性风险的影响

巴塞尔银行监管委员会制定的全球系统重要性银行（G－SIBs）评估方法将资产规模列入评估系统重要性银行的关键指标。研究非利息收入对银行系统性风险的影响时，资产规模是不可忽视的重要控制变量，但对于资产规模异质性下非利息收入对银行系统性风险的影响差异，目前学界尚未定论。

一方面，资产规模较大的银行开展非利息业务的规模效应一般也较强。规模经济效应来自商业银行以往在传统业务上投入的人力、设备与资源，大型商业银行在规模经济效应方面要强于小型商业银行。以手续费及佣金收入为例，大型商业银行依托自身丰富的市场资源和资产规模，能全面地在市场中推进非利息收入业务，市场竞争优势明显。同时，相比于小型商业银行，大型商业银行在业务创新和多元化经营方面更具优势，小型商业银行受制于自身资金规模、经营地域和金融创新的不足，不具备完善的多元化收入结构条件（陈一洪，2015）。

另一方面，小规模银行通过非利息收入业务提高经营效益的动机更强。与大规模商业银行相比，小型商业银行不具备资金优势，在传统业务上无法与大

规模商业银行竞争，通过发展非利息收入业务获取市场份额，成为可能的发展路径。对利润的追逐促使小型商业银行开展更高风险的非利息收入业务，而小型商业银行风险管理能力较弱，对外部冲击更敏感，最终将导致系统性风险水平升高。

与资产规模相对应的，是商业银行的负债结构。传统银行业务主要依靠赚取利息价差收益，对商业银行个体而言，负债越多、杠杆率越高，意味着有更多的资金可用于经营业务，带来高收益的同时也伴随着较高的经营风险。而发展非利息收入业务与传统业务经营模式存在较大差异，非利息收入业务收益对银行负债杠杆的依赖性不强，主要取决于银行业务模式的创新和产品服务等。现有文献已说明债务结构与系统性风险具有一定相关性，但对于负债结构异质性在非利息收入对银行系统性风险中的影响，尚未有明确的结论。

本书认为，从资产规模异质性来看，对于我国银行体系而言，大规模商业银行开展非利息收入业务优势明显，能够丰富自身产品体系，分散风险。从负债结构异质性来看，结合非利息收入业务对负债结构没有显著依赖性的特点，负债结构在非利息收入对系统性风险影响中的作用不显著。

基于以上分析，本书提出以下假设：

假设 H6：银行资产规模和非利息收入的共同作用，有利于降低系统性风险，负债结构与非利息收入的共同作用，对系统性风险影响不显著。

2.4 非利息收入与商业银行系统性风险的指标选取与测度

2.4.1 非利息业务收入指标构建

1. 非利息收入的构成

张晓艳（2006）结合我国会计准则相关会计科目，以银行财务报表为基础，将非利息收入分为手续费及佣金收入、投资损益、公允价值变动损益、汇兑损益和其他净收益五大类。这一划分方式，能够较为全面地涵盖非利息收入的种类，同时与我国上市商业银行对非利息收入的界定标准基本一致，方便学者进行数据搜集，是较为常见和通用的分类方式。借鉴这种方法，本章对非利息收入的界定如表 2 - 2 所示。

表 2 - 2   商业银行非利息业务收入具体构成

非利息业务收入	定义	举例说明
手续费及佣金收入	为客户办理业务而收取的手续费及佣金	银行卡、托管及其他受托业务、投行类业务和代理业务等手续费及佣金
投资损益	在资本市场或资金市场进行投资获得的收益或损失	银行交易性金融资产、债权投资、基金投资等获得的收益
公允价值变动损益	以公允价值计量的资产价值变动时产生的损益	交易性金融资产、衍生金融工具等
汇兑损益	汇兑及汇率变动过程中的损益	外汇衍生金融工具等
其他净收益	除上述业务外的其他非利息业务收入	保险、租赁业务等

下面我们首先对样本中 16 家上市商业银行非利息业务收入各组成部分规模趋势进行一个直观判断。

如图 2 - 4 所示，非利息收入中最主要的部分是手续费及佣金净收入，其规模和增速均超过其他非利息业务收入组成部分，说明近年来，商业银行基于传统业务模式进行产品和服务升级，不断探索多样化的金融产品，提供更高效便捷的金融服务。投资收益是非利息收入的另一个重要构成部分，商业银行交易和投资类业务水平越高，其带来的收益也越高。近年来投资业务发展迅速，在外部宏观经济的变化下，投资业务在给银行带来高收益的同时也伴随着较高的风险承担。

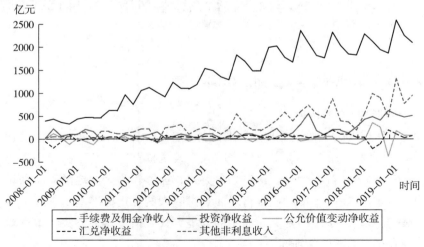

图 2 - 4   16 家上市商业银行非利息业务收入

各组成部分规模季度值走势（2008 年 1 月至 2019 年 9 月）

公允价值变动净收益和汇兑净收益在商业银行非利息收入业务中的规模与占比均较小，且增长趋势不显著，波动幅度较大，这反映出其变化与收益水平依赖于外部宏观经济和市场环境。

2. 非利息收入业务收入指标构建

根据前一节对样本银行各类非利息收入业务变化情况的介绍，接下来进行指标构造。

本节首先选用银行非利息收入占比（周开国和李琳，2011；张雪兰，2011），作为银行非利息收入的第一个代理变量。

$$\text{非利息收入占比（NII）} = \frac{\text{非利息业务净收入}}{\text{营业总收入}}$$

除了对非利息收入整体占比考察其影响，本节进一步对非利息业务进行拆分。当前我国商业银行非利息收入的主要来源仍是手续费及佣金收入，这是商业银行重要的业务模式，也是学者们研究非利息收入时重点关注的指标（张晓玫和毛亚琪，2014；赵胜民和申创，2016；黄国妍，2018），故非利息收入第二个代理变量为手续费及佣金收入占比。

$$\text{手续费及佣金收入占比（FVI）} = \frac{\text{手续费及佣金净收入}}{\text{营业总收入}}$$

投资净收益作为商业银行非利息收入中的另一个重要组成部分，将作为第三个代理变量。

$$\text{投资净收益占比（IVI）} = \frac{\text{投资净收益}}{\text{营业总收入}}$$

通过前一小节的分析可以发现，公允价值变动净收益和汇兑净收益在商业银行非利息收入业务中的规模与占比均较小，且变化趋势不显著。本节在构建非利息收入度量指标时，将其一并归入其他非利息业务收入中进行考察，其占比作为银行非利息收入的第四个代理变量。

$$\text{其他非利息收入占比（OVI）} = \frac{\text{非利息业务净收入} - \text{手续费及佣金净收入} - \text{投资净收益}}{\text{营业总收入}}$$

3. 非利息业务收入指标测度结果分析

如图 2 - 5 所示，从时间序列来看，手续费及佣金净收入仍是非利息收入的主要构成部分，其占比呈现逐步上升的趋势，但近年来增速有所下降。投资净收益占比在 2008—2009 年达到较高水平后迅速下降，之后一直在低位波动，2017 年以来，投资净收益占比显著上升，这反映出其变化与宏观经济环境紧密联系的特点。其他非利息收入占比总体处于波动状态，趋势不显著，2018 年以来有所上升。

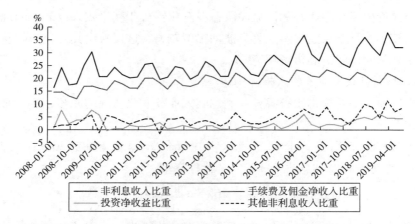

图 2-5　16 家上市商业银行非利息收入结构变化（2008 年 1 月至 2019 年 9 月）

如图 2-6 所示，从截面维度看，不同银行间非利息收入业务发展情况存在一定差异。不难发现，股份制银行和城市商业银行非利息收入占比较高，其中民生银行非利息收入占比最高，超过 40%，反映出其业务发展的多样化与丰富程度。城市商业银行中宁波银行非利息收入的比重最高，与平安银行非利息收入占比持平，具体差异体现在非利息收入结构的不同。宁波银行各项非利息业务发展较为均衡，投资净收益和其他非利息收入也占据一定比重，而平安银行主要依赖于手续费及佣金收入。大型国有银行中，中国银行非利息收入占比最高，这与银行自身经营特点有关，中国银行是国有银行中国际化程度最高的银行，在我国外汇业务中占据重要地位。农业银行非利息收入比重最低，占比不超过 20%，业务多元化程度有待进一步提高（见图 2-6）。

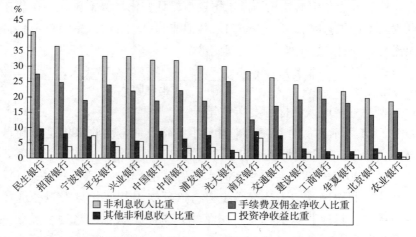

图 2-6　16 家上市商业银行非利息收入结构（2008 年 1 月至 2019 年 9 月均值）

2.4.2　商业银行系统性风险测度方法介绍

1. 商业银行系统性风险测度指标的选取

现有测度银行系统性风险的方法大致可以分为三种，分别是指标法、网络模拟法和市场数据法。其中，指标法（郭卫东，2013）主要利用商业银行报表数据进行系统性风险指标构造，优点是计算简单，缺点是指标和权重的选取受主观因素影响较大。网络模拟法（Mistrulli，2011；隋聪等，2014；李程枫等，2015）主要基于银行双边敞口数据进行风险测度，优点在于考虑了银行之间的网络关联效应，缺点在于网络模拟法一般基于银行破产进行风险分析，数据难以获取，未发生危机时，无法考察市场冲击形成的系统性风险水平。

第三种银行系统性风险测度方法是市场数据法，这种方法基于各金融机构市场收益率数据进行测算。Acharya（2010）基于期望损失（ES）方法提出边际期望损失（MES）方法，将银行对整体系统性风险的贡献作为银行系统性风险的衡量指标。Banulescu 和 Dumitrescu（2015）基于 MES 方法提出了成分期望损失（CES）方法，加入了规模、市值等因素考察银行的系统重要性，可用于评估某一时点银行的系统性风险贡献，同时也具有良好的预测功能。朱波等（2016）利用 CES 法测度 2008—2014 年我国 14 家上市银行的系统性风险并进行排名，结果显示 CES 法具有较好的适用性。

鉴于我国没有发生过实质性的银行危机，无法利用危机发生时的实际数据进行分析，因此本章采用基于市场数据的方法对系统性风险进行测度。本章分别选取边际期望损失（MES）指标和成分期望损失（CES）指标测度系统性风险。其中，MES 指标能在未发生金融危机时预测当面临极端危机时金融机构的损失；而 CES 对 MES 进行了优化，引入规模、市值等因素对单个金融机构的系统性风险贡献比率进行测度。本章认为采用 MES 和 CES 指标对中国银行业的系统性风险进行度量是较为合适的。

2. MES 测度方法介绍

Acharya 等（2010）基于期望损失（ES）提出边际期望损失（MES）。MES 衡量的是未发生系统性危机时，在市场表现最差的 $\alpha\%$ 状况下（I_α，α 通常取 5%），单个金融机构对整个金融系统风险的边际贡献，比如 $MES^i_{5\%}$ 表示未发生金融危机时的一段时间内市场日收益处于最坏的 5%（即 $\alpha=5\%$）时，单个金融机构的边际风险贡献为

$$MES_{5\%}^i = -E\left[\frac{w_1^i}{w_0^i} - 1 \mid I_{5\%}\right] \qquad (2-1)$$

具体来看，借鉴 Acharya 等的做法，MES^i 的计算过程如下：首先设定 α 通常为 5%，在给定的时间区间里找出市场收益率最差的 5% 对应的日期，然后计算最差 5% 对应日期里给定银行的股票平均收益率，由于市场收益率最差的 5% 时一般为负值，为了便于计算与观察，对其取绝对值处理。同时，本章样本数据均为季度数据，因此对计算出的日度 MES 指标进行季度均值化处理，具体计算过程由 Matlab 编程实现，日度 MES 可表示为

$$MES_{5\%}^i = -\frac{1}{\text{number of days}_{\{t:\text{system is in its } 5\% \text{ tail}\}}} \sum R_t^i \qquad (2-2)$$

3. CES 测度方法介绍

Banulescu 和 Dumitrescu（2015）基于边际期望损失（MES）提出成分期望损失模型（CES 模型），CES 模型可用于测度单个机构对系统性风险的贡献，识别出系统重要性金融机构。

CES 模型以 MES 方法为基础，一方面可以度量系统重要性金融机构太关联而不能倒的特征，另一方面又引入金融机构的规模因子（规模权重），同时捕捉到金融机构太大而不能倒的特性。另外，由于 CES 指标满足线性可加性，整个金融体系的期望损失（ES）即可表示为单个金融机构的成分期望损失（CES）加总，这些优良特性能够直观地反映金融体系系统性风险水平，为监管部门风险控制提供更直观的参考依据。

CES 模型定义式和表达式为

$$CES_{i,t} = \omega_{i,t} \frac{\partial ES_{m,t-1}(C)}{\partial \omega_{i,t}} = -\omega_{i,t} E_{t-1}(r_{i,t} \mid r_{m,t} < C) \qquad (2-3)$$

其中，$ES_{m,t-1}(C)$ 表示金融市场 $t-1$ 时刻的条件期望损失，衡量金融市场整体风险，其条件期望定义式如下：

$$ES_{m,t-1}(C) = -E_{t-1}(r_{m,t} \mid r_{m,t} < C) \qquad (2-4)$$

C 为设定的金融机构系统性风险临界值，常取为 5% 分位数的金融市场收益率。

$r_{i,t}$ 为单个金融机构 i 在 t 时刻的收益率。

$r_{m,t}$ 为金融市场 m 在 t 时刻的收益率，由单个金融机构收益率加权平均得到。

$w_{i,t}$ 为单个金融机构 i 的规模权重因子，一般为金融机构 t 时刻的资产规模或市值。

本章在测度银行业金融机构 CES 指标时，选取市值作为规模因子，各上市银行收盘价数据来自 Wind 数据库，银行日收盘价进行向前复权处理，日度收益率计算公式为：$r_{i,t} = \ln(P_{i,t}) - \ln(P_{i,t-1})$。由于本章采用的是季度数据，因此对计算出的日度 CES 指标进行季度均值化处理，具体计算过程由 Matlab 编程实现。

2.4.3　商业银行系统性风险测度结果分析

1. MES 方法测度结果分析

通过测算得到 16 家上市银行 2008 年 1 月至 2019 年 9 月扣除缺失值共计 732 个季度的 MES 均值，下面从时间和截面两个维度对 MES 均值进行初步分析。

如图 2－7 所示，从时间维度来看，MES 均值在过去的 10 余年（2008 年 1 月至 2019 年 9 月）走势中能够较好地反映金融行业发生的重大风险事件，能够较好地识别和测度我国上市银行系统性风险水平。从样本 MES 指标均值走势来看，样本区间内，我国上市金融机构系统性风险大致经历了四个阶段。

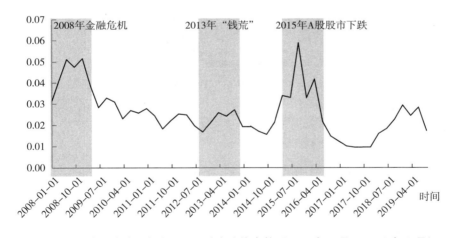

图 2－7　16 家上市商业银行 MES 季度均值走势（2008 年 1 月至 2019 年 9 月）

第一个阶段（2008 年至 2009 年），2007 年爆发的美国次贷危机，引起全球金融市场的剧烈震荡，受美国金融危机的波及，2008 年我国 16 家上市商业银行系统性风险水平大幅走高，并在高位震荡。

第二个阶段（2009 年至 2013 年），2008 年国际金融危机后大规模经济刺激政策的推出，缓解了商业银行的流动性压力，降低了系统性风险水平。2013 年，前期大规模经济刺激政策的副作用开始凸显，部分行业面临产能过剩的困境，不良贷款余额的上升，对商业银行经营效益和风险体系产生冲击。2013年"钱荒事件"的发酵，使得 16 家上市商业银行系统性风险持续走高。

第三个阶段（2014 年至 2017 年），2014 年以来在"房地产化"经济持续低迷的情况下，2015 年 A 股股市下跌事件成为金融市场风险的集中爆发时点，随后趋于稳定。

第四个阶段（2018 年至今），2018 年以来，金融去杠杆持续推进，监管政策趋严，另外受全球股市波动和中美贸易摩擦的影响，我国上市金融机构系统性风险水平又呈现上升趋势。

可以看出，MES 指标所反映的系统性风险变化趋势与我国现实情况相符。

如表 2 - 3 所示，从截面数据来看，不同银行的系统性风险水平有一定差异。具体来看，宁波银行的 MES 季度均值排名第一，其系统性风险水平较高；农业银行 MES 季度均值水平最低，系统性风险水平最小。考察其原因，可能与银行自身规模有关。宁波银行 MES 均值水平较高的原因是其差异化竞争策略，通过大力推进创新金融服务开拓市场，而自身规模和内部治理受限，新业务的推进导致风险累积与溢出，从而系统性风险水平较高。农业银行 MES 均值水平较低，一方面由于其非利息收入占比较低，风险可控，另一方面是农业银行自身规模较大，内部风控体系较为完善，风险抵御能力更强。

表 2 - 3　　　　　　　　16 家上市商业银行 MES 季度均值排名

（2008 年 1 月至 2019 年 9 月）

排名	银行	MES 均值
1	宁波银行	0.03343
2	平安银行	0.03178
3	华夏银行	0.03123
4	兴业银行	0.03091
5	南京银行	0.03015
6	浦发银行	0.02999
7	北京银行	0.02872
8	民生银行	0.02870
9	中信银行	0.02862
10	招商银行	0.02801
11	交通银行	0.02656
12	建设银行	0.02145

续表

排名	银行	MES 均值
13	光大银行	0.02060
14	中国银行	0.01961
15	工商银行	0.01854
16	农业银行	0.01430

2. CES 方法测度结果分析

如图 2 - 8 所示，从时间维度来看，与 MES 均值走势相似，CES 均值在过去的 10 余年（2008 年 1 月至 2019 年 9 月）走势中较好地反映了 2008 年金融危机、2013 年"钱荒"、2015 年 A 股股市下跌及 2018 年中美贸易摩擦等金融行业重大风险事件，体现了良好的风险识别能力和适应性。可以看出，CES 指标所反映的系统性风险变化趋势与我国现实情况相符。

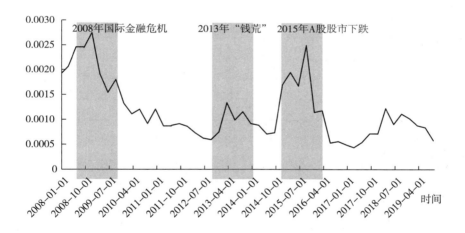

图 2 - 8　16 家上市商业银行 CES 季度均值走势（2008 年 1 月至 2019 年 9 月）

如表 2 - 4 所示，从截面数据来看，CES 指标反映各银行在银行系统中的系统重要性，突出"太大而不能倒"的特性。排名靠前的多为国有大型商业银行，其中工商银行排名第一；排名靠后的为股份制商业银行与城市商业银行。从这个角度看，规模因素在我国银行业系统重要性金融机构的度量中不可忽视，影响显著。

表 2－4　　　　　　　　　　16 家上市商业银行 CES 季度均值排名
（2008 年 1 月至 2019 年 9 月）

排名	银行	CES 均值
1	工商银行	0.00414
2	建设银行	0.00397
3	中国银行	0.00247
4	农业银行	0.00201
5	招商银行	0.00131
6	交通银行	0.00128
7	中信银行	0.00087
8	兴业银行	0.00074
9	光大银行	0.00039
10	平安银行	0.00039
11	宁波银行	0.00039
12	浦发银行	0.00039
13	华夏银行	0.00028
14	北京银行	0.00028
15	民生银行	0.00028
16	南京银行	0.00012

对比 MES 指标和 CES 指标季度均值排名可以发现，CES 刻画的系统性风险水平与 MES 指标侧重点有所差异。MES 指标侧重反映"太关联而不能倒"，样本期排名靠前的大部分为股份制商业银行和城市商业银行，强调了小银行自身规模较小且风险管理能力较低，但与其他金融机构紧密关联的特点。而 CES 指标侧重反映"太大而不能倒"的特性，国有大型商业银行由于其规模较大，对银行系统性风险的贡献突出，因此排名靠前。

总体来看，上述实证结果发现：（1）手续费及佣金净收入仍是非利息收入的主要构成部分，其占比呈现逐步上升的趋势，但近年来增速有所下降；投资损益占比和其他非利息收入占比波动性较强，近年来占比逐步提升。（2）股份制商业银行和城市商业银行非利息收入占比较高，其中民生银行非利息收入占比最高，超过 40%。（3）MES 和 CES 指标走势较好地反映了 2008 年金融危机、2013 年"钱荒"、2015 年 A 股股市下跌及 2018 年中美贸易摩擦等金融行业重大风险事件，体现了良好的风险识别能力和适应性。

2.5 非利息收入对商业银行系统性风险影响的实证分析

通过本章 2.3 节理论机制的分析，本书认为，非利息收入业务的开展，有助于降低其个体破产风险，而商业银行个体风险的累积与暴露，会形成对系统性风险的溢出效应，进而加剧系统性风险水平。本节将结合 2.3 节理论机制的分析，从非利息收入对商业银行个体风险承担、系统性风险溢出效应和系统性风险的影响三个层次进行实证探究，验证本书的研究假设，同时尽量全面地考察非利息收入与银行系统性风险之间的关系。

2.5.1 非利息收入对商业银行个体风险承担影响的实证分析

1. 模型设定

（1）变量选取

第一，被解释变量设定。对于银行个体风险承担，本章借鉴 De Nicolo（2000）对银行个体风险测度的方法。De Nicolo 用破产风险来衡量商业银行个体风险承担水平，破产风险指的是商业银行因外部冲击而出现净资产或股本无法抵补亏损的概率，即

$$P(\pi \leqslant -E) = P(r \leqslant -K) = \int_{-\infty}^{-k} F(r)\,\mathrm{d}r \qquad (2-5)$$

其中，$K = E/T$，E 为净资产，T 为总资产，π 为税后利润，$r = \pi/T$ 为税后利润/总资产，银行利润的分布为 $F(r)$。用 μ 和 ∂^2 分别表示 r 的期望和方差。

如果 μ 和 ∂^2 存在，则根据切比雪夫不等式：

$$P(r \leqslant -K) \leqslant \frac{\partial^2}{(\mu + K)^2} = \frac{1}{Z^2}$$

$$Z = \frac{\mu + \dfrac{E}{A}}{\partial} \qquad (2-6)$$

其中，μ 为 r 的期望，也就是 ROA（总资产收益率），∂ 为标准差，衡量收益的波动性。用 Z 来度量银行的破产风险，Z 值越高，破产风险就越低。在 ∂ 的处理上，本章参考黄隽和章艳红（2010）对标准差的计算方法，采用 16 季度移动平均方法得到 ROA 的标准差，然后得出相应的 Z 值。

第二，解释变量设定。解释变量主要选择反映非利息收入总量和各组成部分占比的指标，具体包括非利息收入占比（NII）、手续费及佣金收入占比

（FVI）、投资收益占比（IVI）、其他非利息收入占比（OVI），指标具体构建和初步测度分析结果已在本书第4章中进行详细阐述。

第三，相关控制变量设定。结合相关文献与理论基础，选取银行层面的控制变量有资产规模（LNA）、贷存比（LTN）、资本充足率（CAR）、不良贷款率（NPL）。宏观层面控制变量为GPD增长率（GDPG）。

（2）样本选择与数据来源

样本选择方面，考虑到2008年金融危机后系统性风险逐步受到关注，同时2008年后我国上市商业银行数量较多，本章时间区间设定为2008年第一季度至2019年第三季度，同时考虑财务数据的可得性，采用季度数据进行研究，研究对象为我国16家上市商业银行，包含我国主要国有大型商业银行、股份制商业银行以及城市商业银行，样本具有一定代表性，具体样本对象的选择见表2－5。

表2－5 样本内上市银行基础信息

排序	证券代码	证券简称	上市日期
1	000001. SZ	平安银行	1991－04－03
2	002142. SZ	宁波银行	2007－07－19
3	600000. SH	浦发银行	1999－11－10
4	600015. SH	华夏银行	2003－09－12
5	600016. SH	民生银行	2000－12－19
6	600036. SH	招商银行	2002－04－09
7	601009. SH	南京银行	2007－07－19
8	601166. SH	兴业银行	2007－02－05
9	601169. SH	北京银行	2007－09－19
10	601288. SH	农业银行	2010－07－15
11	601328. SH	交通银行	2007－05－15
12	601398. SH	工商银行	2006－10－27
13	601818. SH	光大银行	2010－08－18
14	601939. SH	建设银行	2007－09－25
15	601988. SH	中国银行	2006－07－05
16	601998. SH	中信银行	2007－04－27

数据来源方面，本书股票市场交易数据及GDP增长率来自Wind数据库，相关银行层面控制变量来自Wind数据库及各上市商业银行年报季报。

（3）模型构建

第一，基准模型构建。通过前文变量选取，基于假设H1，构建非利息收入对银行个体风险承担影响的非平衡面板回归模型，基准模型如下：

$$M_{i,t} = \alpha_0 + \alpha_1 Y_{i,t} + \sum_{m=1}^{n} \beta_m A_{i,t}^m + \varepsilon_{i,t} \quad (2-7)$$

其中，$M_{i,t}$ 是银行 i 在 t 期的个体风险承担的代理变量破产风险（Z 值）。

$Y_{i,t}$ 是非利息收入指标的代理变量，基准模型中该指标为非利息收入占比 NII。

$A_{i,t}^m$ 表示银行 i 在 t 期的一系列相关控制变量，包括：（1）资产规模（LNA）；（2）存贷比（LTN）；（3）资本充足率（CAR）；（4）不良贷款率（NPL）；（5）GDP增长率（GDPG）。

$\varepsilon_{i,t}$ 为扰动项。

第二，考察非利息收入结构对银行个体风险承担影响的模型设定。在基准模型中，非利息收入指标的代理变量为非利息收入总体占比。为了更加详细地考察非利息收入的不同组成部分对银行个体风险承担的影响，本节将非利息收入进一步细分为手续费及佣金净收入、投资净收益和其他净收益，并构建相关非利息收入代理变量，建立模型如下：

$$M_{i,t} = \alpha_0 + \alpha_1 Y_{i,t} + \sum_{m=1}^{n} \beta_m A_{i,t}^m + \varepsilon_{i,t} \quad (2-8)$$

其中，$Y_{i,t}$ 是非利息收入指标的代理变量，具体包括：（1）手续费及佣金收入占比（FVI）；（2）投资收益占比（IVI）；（3）其他非利息收入占比（OVI）。除此之外，其他变量定义与基准模型（2-7）一致。

2. 数据描述性统计

表 2-6 为相关变量的描述性统计结果，重点对 Z 值进行分析。Z 值分布区间为 -0.1539 到 44.8782，分布差异较大，其中最小值出现了负数。考察发现，负值出现于民生银行 2008 年第四季度，该季度非利息收入为负值，是由于次贷危机期间银行亏损所致。

表 2-6　　　　　　　　　　变量描述性统计

变量	样本数	均值	标准差	最小值	最大值
Z	732	9.8095	5.5369	-0.1539	44.8782
NII	732	0.2589	0.1272	-0.0337	0.7935
FVI	732	0.1784	0.0714	0.0230	0.3675
IVI	732	0.0285	0.0490	-0.1444	0.3090
OVI	732	0.0520	0.0720	-0.1875	0.4971
LNA	732	28.8049	1.2654	25.1371	31.0463

续表

变量	样本数	均值	标准差	最小值	最大值
LTN	732	0.7241	0.1087	0.4268	1.0998
CAR	732	0.1247	0.0194	0.0811	0.2559
NPL	732	0.0122	0.0050	0.0034	0.0515
GDPG	732	0.0794	0.0163	0.0600	0.1220

3. 面板数据检验

（1）数据平稳性检验

与前文一致，本节根据变量的变化趋势分别选择了 LLC 检验、IPS 检验、ADF – Fisher 检验和 PP – Fisher 检验进行单位根检验，结果见表 2 – 7。

表 2 – 7　　　　　　　　　各序列变量的平稳性检验结果

变量	LLC	IPS	ADF – Fisher	PP – Fisher
Z	– 8.7352 ***	– 10.4895 ***	182.181 ***	179.941 ***
NII	– 3.3033 ***	– 4.4762 ***	98.1668 ***	154.564 ***
FVI	– 3.5260 ***	– 3.6182 ***	80.1705 ***	107.177 ***
IVI	– 7.3947 ***	– 7.5245 ***	129.002 ***	239.073 ***
OVI	– 10.0234 ***	– 8.4860 ***	133.836 ***	285.513 ***
LNA	– 2.6783 ***	– 5.9857 ***	95.4006 ***	253.351 ***
LTN	2.7841	1.7132 ***	28.1385	209.164 ***
CAR	– 0.2262	– 3.1351 ***	61.6847 ***	105.804 ***
NPL	– 5.5640 ***	– 3.2424 ***	69.8684 ***	290.656 ***
GDPG	– 17.6099 ***	– 17.7678 ***	309.067 ***	85.3913 ***

注：*、**、*** 分别表示在 10%、5%、1% 水平下显著，表内为 t 值。

由表 2 – 7 可得，在常见的四种序列变量平稳性检验方法下，各变量中，除了存贷比（LTN）和资本充足率（CAR）未能通过所有检验，其他变量在四种检验方法下均表现出良好的平稳性。

（2）模型设定形式检验

对模型进行 F 检验和 Hausman 检验确定模型设定形式，若 F 检验通过了 5% 的显著性水平，则拒绝原假设，选择固定效应模型，若未通过，则选择混合回归模型。随后 Hausman 检验判断是选用固定效应模型还是随机效应模型检验，随机效应的 Hausman 检验统计量若通过了 5% 的显著性水平检验，拒绝原假设，选择固定效应模型，若未通过，则选择随机效应模型。对各个回归模型设定的具体检验结果见表2-8。

表2-8 回归模型设定的检验结果

核心解释变量	被解释变量	F 检验统计量	Hausman 检验 Chi - Sq 统计量
NII	Z	24. 2600 ***	2. 5548
FVI	Z	25. 5547 ***	9. 1334
IVI	Z	24. 0420 ***	2. 2358
OVI	Z	23. 7111 ***	2. 3486

注：* 、** 、*** 分别表示在10%、5%、1%水平下显著。

4. 实证回归结果及分析

（1）非利息收入整体对银行个体风险承担的影响

针对公式（2-7）的实证回归结果如表2-9所示。

表2-9 非利息收入整体对银行个体风险承担影响的实证结果

变量	Z 值
NII	3. 0146 * （1. 842）
LNA	− 0. 3900 （− 0. 675）
LTN	0. 2891 （0. 1175）
CAR	− 32. 4645 *** （− 3. 446）
NPL	− 212. 8867 *** （− 2. 759）
GDPG	− 47. 0676 ** （− 2. 143）
常数项 C	30. 3807 （1. 599）
R^2	0. 0635
调整后的 R^2	0. 0558
F 统计量	8. 1967 ***

注：回归系数下括号中的值为稳健标准误，* 、** 、*** 分别表示在10%、5%、1%水平下显著。

　　下面对模型（2-7）实证结果进行分析。从回归结果来看，样本区间内，银行非利息收入占比（NII）与 Z 值之间存在显著的正相关关系。具体来说，非利息收入占比的提高会有效提高商业银行的 Z 值，而 Z 值越高，商业银行破产的风险越低，即非利息收入占比的提高能有效降低商业银行个体的破产风险。这与本章 2.3 节理论假设一致，从个体风险承担的角度来看，非利息收入业务的开展能有效分散非系统性风险，从而降低破产风险。

　　在本章 2.3 节理论分析中，根据我国非利息收入业务发展背景和产品模式变化，将其分为四个阶段：第一阶段（2008 年之前），萌芽期。此阶段非利息收入业务主要依托传统业务资源实行流动性管理，代表产品有信用拆借、质押式回购、转贴现等。第二阶段（2008—2013 年），非标发展期。这个时期行业信贷规模受限，非利息收入业务模式由依托传统信贷资产向资产负债表外转移，产品模式也更加复杂，金融机构之间的合作也更为频繁。代表产品有信托受益权、同业代付以及各类资管、信托计划。第三阶段（2014—2017 年），主动负债期。这个时期市场流动性环境宽松，商业银行开始尝试扩张负债以拓宽业务范围，业务涉及同业理财、基金和委外投资等。第四阶段（2018 年至今），金融去杠杆。2018 年以来，金融去杠杆的深入和资管新规的落地，对银行业务发展的规范性提出更高要求，引导资金流向实体经济成为重点目标。

　　结合本章所选取样本区间，接下来本书将样本分为 2008q1—2013q4、2014q1—2017q4 和 2018q1—2019q3 三个阶段，对样本进行分阶段回归以探究非利息收入变化对商业银行个体风险承担的影响是否存在差异，结果如表 2-10 所示。

表 2-10　非利息收入整体对银行个体风险承担影响的分阶段实证结果

变量	Z 值		
	2008q1—2013q4	2014q1—2017q4	2018q1—2019q3
NII	3.8968	6.1654 ***	2.4461
	(1.069)	(2.762)	(0.708)
LNA	1.3601 **	0.4211	-0.5281
	(2.185)	(0.369)	(-0.891)
LTN	12.6201 **	-6.5091	-0.3637
	(2.185)	(-1.368)	(-0.070)
CAR	0.1114	-54.4969 ***	1.0883
	(0.010)	(-3.834)	(0.064)
NPL	-115.7076	103.8181	-29.9342
	(-1.486)	(0.800)	(-0.121)

变量	Z 值		
	2008q1—2013q4	2014q1—2017q4	2018q1—2019q3
GDPG	− 52. 4874 *	358. 4534 ***	34. 5243
	(− 1. 922)	(3. 037)	(0. 451)
常数项 C	− 32. 2857	− 18. 8994	22. 2417
	(− 1. 580)	(− 0. 520)	(1. 356)
R^2	0. 0917	0. 1851	0. 0245
调整后的 R^2	0. 0765	0. 1655	− 0. 0313
F 统计量	6. 0097 ***	9. 4289 ***	0. 4390

注：回归系数下括号中的值为稳健标准误，＊、＊＊、＊＊＊分别表示在10%、5%、1%水平下显著。

从分阶段实证结果来看，非利息收入占比（NII）在 2014q1—2017q4 的 Z 值模型中通过了 1% 水平的显著性检验，说明在 2014q1—2017q4 期间内，非利息收入占比的提高对银行个体风险承担的风险分散效应显著，这一阶段市场流动性宽松，商业银行通过扩张负债以拓宽业务范围，非利息收入业务快速发展。而在 2008q1—2013q4 和 2018q1—2019q3 期间非利息收入占比与银行个体风险承担间的关系不显著，这与本章 2. 3 节理论分析相吻合，说明从整个样本区间来看，非利息收入提高有助于降低商业银行个体风险承担，但分阶段来看，非利息收入对个体的风险分散效应存在先增强后减弱的过程。

（2）非利息收入结构对银行个体风险承担的影响

上文探讨了非利息收入整体对商业银行个体风险承担的影响，本小节将从非利息收入结构出发，进一步研究非利息收入细分部分的影响效果。接下来针对公式（2 - 8）回归结果进行分析，即分别以手续费及佣金收入占比（FVI）、投资收益占比（IVI）和其他非利息收入占比（OVI）作为核心解释变量进行考察，实证结果如表 2 - 11 所示。

表 2 - 11　　非利息收入结构对银行个体风险承担影响的实证结果

变量	（1）Z	（2）Z	（3）Z
FVI	13. 7250 ***		
	(3. 864)		
IVI		− 3. 2646	
		(− 0. 970)	

变量	(1) Z	(2) Z	(3) Z
OVI			1. 6308
			(0. 9150)
LNA	− 1. 0231 **	− 0. 1830	− 0. 1867
	(− 2. 126)	(− 0. 2992)	(− 0. 307)
LTN	0. 4624	1. 4572	0. 9240
	(0. 1827)	(0. 586)	(0. 352)
CAR	− 29. 0078 ***	− 31. 1969 ***	− 32. 1149 ***
	(− 3. 674)	(− 2. 591)	(− 3. 190)
NPL	− 227. 0549 ***	− 190. 7298 ***	− 198. 7620 ***
	(− 2. 763)	(− 2. 591)	(− 2. 785)
GDPG	− 44. 2447 **	− 50. 6755 **	− 49. 1260 **
	(− 2. 179)	(− 2. 302)	(− 2. 247)
常数项 C	46. 3445 ***	24. 2960	24. 7033
	(2. 948)	(1. 212)	(1. 240)
R^2	0. 0756	0. 0609	0. 0604
调整后的 R^2	0. 0680	0. 0532	0. 0527
F 统计量	9. 8833 ***	7. 8406 ***	7. 774 ***

注：回归系数下括号中的值为稳健标准误，*、**、*** 分别表示在 10%、5%、1% 水平下显著。

下面对模型（2 - 8）实证结果进行分析。手续费及佣金收入占比（FVI）的回归系数在 Z 值模型中通过了 1% 水平的显著性检验，而投资收益占比（IVI）和其他非利息收入占比（OVI）均未通过显著性检验。说明从个体风险承担角度而言，手续费及佣金收入占比的提高对个体风险分散作用最显著，能够有效降低商业银行的破产风险。IVI 与 OVI 均不显著，可能的原因是商业银行投资业务和其他非利息业务较为依赖宏观经济和市场环境，投资业务在给银行带来高收益的同时也伴随着较高的风险承担，而其他非利息收入业务品种多样，包含衍生金融工具等，同样存在较高风险，因此对个体风险的分散作用不显著。通过以上分析可以看出，发展手续费及佣金收入业务能够有效降低银行个体风险承担，而发展投资业务和其他非利息收入业务的风险分散效应不显著。

（3）稳健性检验

为保证实证结果的稳健性，下面对模型（2－7）进行稳健性检验。本节选取总资产收益率标准差（RROA）作为商业银行个体风险承担的替代变量进行稳健性检验，RROA 越高说明资产收益率波动性越大，风险越大。通过 F 检验和 Hausman 检验，对 RROA 模型设定随机效应模型，回归结果如表 2－12 所示。

表 2－12   非利息收入对银行个体风险承担影响的稳健性检验

变量	RROA
NII	－0.0182 ** （－2.344）
LNA	－0.0056 *** （－3.220）
LTN	0.0037 （0.446）
CAR	0.2138 *** （3.598）
NPL	0.5861 ** （3.6838）
GDPG	0.2085 ** （2.028）
常数项 C	0.1555 *** （2.681）
R^2	0.2128
调整后的 R^2	0.2063
F 统计量	32.6714 ***

注：回归系数下括号中的值为稳健标准误，＊、＊＊、＊＊＊分别表示在 10%、5%、1% 水平下显著。

稳健性检验结果表明，非利息收入占比（NII）通过了 5% 水平的显著性检验，系数为负，说明非利息收入占比的提高有助于降低商业银行资产收益的波动性，这与前文假设及实证结果一致。

综上所述，稳健性检验结果表明本小节的实证研究结果是稳健的。

2.5.2　非利息收入对商业银行系统性风险溢出效应影响的实证分析

1. 模型设定

（1）变量选取

第一，被解释变量。对于商业银行风险溢出效应的度量，本节采用 $\Delta CoVaR$ 指标进行测度，下面对 $\Delta CoVaR$ 方法进行简要介绍。条件在险价值（$\Delta CoVaR$）最早可追溯至 JP Morgan（1990s）提出的 VaR（在险价值）方法，该方法衡量的是一定风险水平下金融资产可能面临的最大损失，即

$$Pr(R_i \leq VaR_q^i) = q$$

其中，R_i 为金融机构 i 的资产收益率，q 为置信区间水平，通常取 5%，VaR_q^i 代表置信区间 q 下金融机构 i 的尾部风险，实际中一般为负值。

VaR 方法的缺陷在于没有考虑银行间系统性风险的溢出和传染，无法有效捕捉金融危机发生时在金融体系内迅速扩散的风险溢出的效应，因而不适用于极端市场条件下金融机构的风险测度。为了克服 VaR 无法表示风险溢出的局限性，Adrian 和 Brunnermeier（2009）首次提出了条件在险价值（$\Delta CoVaR$）方法，$\Delta CoVaR$ 能够有效测度金融机构的系统性风险溢出效应，即衡量单个机构破产时给整个金融体系造成的冲击。

定义 $CoVaR_q^{i/j}$ 为条件概率分布的 q 分位数，也就是金融机构 j 的资产收益率处于尾部 VaR_q^i 水平时，机构 i 的在险值 VaR_q^i：

$$\Pr(X^i \leq CoVaR_q^{i/j} \mid X^j = VaR_q^j) = q$$

$\Delta CoVaR$ 是条件金融机构在危机状态和正常状态时 CoVaR 的差值，此处危机状态 q 取值 0.05，正常状态 q 取值 0.5。$\Delta CoVaR$ 用于刻画金融机构 i 陷入危机后对金融机构 j 风险溢出的贡献度，即风险溢出效应强度，用 i 表示单个银行，j 表示整个银行体系，即可测度单个银行对银行业的系统性风险溢出效应。

$$\Delta CoVaR_q^{i \mid j} = CoVaR_q^{i \mid X^j} = VaR_{0.05}^j - CoVaR_q^{i \mid X^j = VaR_{0.5}^j}$$

为了便于计算与观察，本节对 $\Delta CoVaR$ 取绝对值处理，$\Delta CoVaR$ 绝对值越大，说明金融机构的风险溢出效应越强。

第二，解释变量。与前文一致，解释变量包括非利息收入占比（NII）、手续费及佣金收入占比（FVI）、投资收益占比（IVI）、其他非利息收入占比（OVI）。

第三，相关控制变量。结合相关文献与理论基础，选取银行层面的控制变量有资产规模（LNA）、贷存比（LTN）、资本充足率（CAR）、不良贷款率

（NPL）。宏观层面控制变量为 GDP 增长率（GDPG）。

（2）模型构建

第一，基准模型构建。通过前文对变量的选取，基于假设 H2，构建基准模型如下：

$$N_{i,t} = \alpha_0 + \alpha_1 Y_{i,t} + \sum_{m=1}^{n} \beta_m B_{i,t}^m + \varepsilon_{i,t} \qquad (2-9)$$

其中，$N_{i,t}$ 是银行 i 在 t 期的系统性风险溢出效应的代理变量条件在险价值（ΔCoVaR 值）。

$Y_{i,t}$ 是非利息收入指标的代理变量，基准模型中该指标为非利息收入占比（NII）。

$B_{i,t}^m$ 表示银行 i 在 t 期的一系列相关控制变量，包括：（1）资产规模（LNA）；（2）存贷比（LTN）；（3）资本充足率（CAR）；（4）不良贷款率（NPL）；（5）GDP增长率（GDPG）。

$\varepsilon_{i,t}$ 为扰动项。

第二，考察非利息收入结构对银行系统性风险溢出效应的模型设定。在基准模型基础上，对非利息收入进行拆分，基于假设 H3，分别探究不同类型的非利息业务对银行系统性风险的影响，建立模型如下：

$$N_{i,t} = \alpha_0 + \alpha_1 Y_{i,t} + \sum_{m=1}^{n} \beta_m B_{i,t}^m + \varepsilon_{i,t} \qquad (2-10)$$

其中，$Y_{i,t}$ 是非利息收入指标的代理变量，包括：（1）手续费及佣金收入占比（FVI）；（2）投资收益占比（IVI）；（3）其他非利息收入占比（OVI）。除此之外，其他变量定义与基准模型（2-9）一致。

2. 数据描述性统计

表 2-13 为相关变量的描述性统计结果，重点对 ΔCoVaR 值进行分析。ΔCoVaR 的分布区间为 0.0222 到 0.0555，最大值达到了最小值的 2.5 倍，表明不同银行对系统性风险的溢出效应存在明显的个体差异。

表 2-13　　　　　　　　　　　　变量描述性统计

变量	样本数	均值	标准差	最小值	最大值
ΔCoVaR	732	0.0350	0.0047	0.0222	0.0555
NII	732	0.2589	0.1272	-0.0337	0.7935
FVI	732	0.1784	0.0714	0.0230	0.3675
IVI	732	0.0285	0.0490	-0.1444	0.3090
OVI	732	0.0520	0.0720	-0.1875	0.4971

续表

变量	样本数	均值	标准差	最小值	最大值
LNA	732	28.8049	1.2654	25.1371	31.0463
LTN	732	0.7241	0.1087	0.4268	1.0998
CAR	732	0.1247	0.0194	0.0811	0.2559
NPL	732	0.0122	0.0050	0.0034	0.0515
GDPG	732	0.0794	0.0163	0.0600	0.1220

3. 面板数据检验

（1）数据平稳性检验

与前文一致，本节根据变量的变化趋势分别选择了 LLC 检验、IPS 检验、ADF – Fisher 检验和 PP – Fisher 检验四种方法对各个变量进行单位根检验，结果如表 2 – 14 所示。

表 2 – 14　　　　　　　　各序列变量的平稳性检验结果

变量	LLC	IPS	ADF – Fisher	PP – Fisher
ΔCoVaR	– 13.6234 ***	– 10.2270 ***	153.616 ***	117.297 ***
NII	– 3.3033 ***	– 4.4762 ***	98.1668 ***	154.564 ***
FVI	– 3.5260 ***	– 3.6182 ***	80.1705 ***	107.177 ***
IVI	– 7.3947 ***	– 7.5245 ***	129.002 ***	239.073 ***
OVI	– 10.0234 ***	– 8.4860 ***	133.836 ***	285.513 ***
LNA	– 2.6783 ***	– 5.9857 ***	95.4006 ***	253.351 ***
LTN	2.7841	1.7132 ***	28.1385	209.164 ***
CAR	– 0.2262	– 3.1351 ***	61.6847 ***	105.804 ***
NPL	– 5.5640 ***	– 3.2424 ***	69.8684 ***	290.656 ***
GDPG	– 17.6099 ***	– 17.7678 ***	309.067 ***	85.3913 ***

注：*、**、*** 分别表示在 10%、5%、1% 水平下显著，表内为 t 值。

由表 2 – 14 可得，各变量中，除了存贷比（LTN）和资本充足率（CAR）未能通过所有检验，其他变量在四种检验方法下均表现出良好的平稳性。

（2）模型设定形式检验

对模型进行 F 检验和 Hausman 检验确定模型设定形式，具体检验结果如表 2 – 15 所示。

表 2 - 15   回归模型设定的检验结果

核心解释变量	被解释变量	F 检验统计量	Hausman 检验 Chi - Sq 统计量
NII	ΔCoVaR	19. 5000 ***	30. 2810 ***
FVI	ΔCoVaR	16. 3202 ***	10. 3343
IVI	ΔCoVaR	17. 3174 ***	13. 7795 **
OVI	ΔCoVaR	19. 7864 ***	27. 6708 ***

注: * 、 ** 、 *** 分别表示在 10% 、5% 、1% 水平下显著。

4. 实证回归结果及分析

（1）非利息收入整体对银行系统性风险溢出效应的影响

针对公式（2 - 9）的实证回归结果如表 2 - 16 所示。

表 2 - 16   非利息收入整体对银行系统性风险溢出效应的实证结果

变量	ΔCoVaR
NII	0. 0105 ***
	（3. 929）
LNA	- 0. 0049 **
	（ - 2. 174）
LTN	- 0. 0084 *
	（ - 1. 696）
CAR	0. 0118
	（0. 406）
NPL	0. 0449
	（0. 324）
GDPG	- 0. 0160
	（ - 0. 154）
常数项 C	0. 1788 **
	（2. 415）
R^2	0. 4160
调整后的 R^2	0. 3932
F 统计量	18. 2518 ***

注: 回归系数下括号中的值为稳健标准误， * 、 ** 、 *** 分别表示在 10% 、5% 、1% 水平下显著。

　　下面对模型（2-9）实证结果进行分析。可以看出，NII 与 ΔCoVaR 之间存在显著的正相关关系，也就是说，非利息收入占比的提高会引起 ΔCoVaR 的升高，这意味着非利息收入占比的提高会加剧商业银行系统性风险暴露，进而引起系统性风险溢出效应的升高，这验证了假设 H2。本书认为系统性风险不是个体风险的简单加总，从个体角度来看，商业银行开展非利息收入业务有助于个体风险分散，降低破产风险。而从银行系统来看，各银行非利息收入业务所累积的系统性风险暴露通过溢出效应进行扩散，通过银行间关联传染机制与信息传播机制进一步加强，最终引起系统性风险水平的上升。

　　与前文一致，对非利息收入与银行系统性风险溢出效应间的关系进行分段回归，探究非利息收入变化对系统性风险溢出效应的影响是否存在阶段性差异，结果如表 2-17 所示。

表 2-17　　　　非利息收入整体对银行系统性风险溢出效应影响的
分阶段实证结果

变量	ΔCoVaR		
	2008q1—2013q4	2014q1—2017q4	2018q1—2019q3
NII	0.0189	0.0092 ***	-0.0017
	(1.547)	(4.621)	(-0.590)
LNA	-0.0116 *	-0.0072	0.0065
	(-1.883)	(-1.115)	(0.338)
LTN	-0.0464 ***	-0.0162 ***	0.0018
	(-4.948)	(-2.892)	(0.328)
CAR	0.0871 ***	-0.0833	0.0170
	(6.879)	(-1.430)	(0.343)
NPL	0.3503	0.5730 ***	0.5795 *
	(0.996)	(3.200)	(1.797)
GDPG	-0.0652	0.5008	-0.1089
	(-0.569)	(1.349)	(-0.268)
常数项 C	0.3871 **	0.2205	-0.1610
	(2.089)	(1.072)	(-0.278)
R^2	0.5951	0.4302	0.7304

变量	ΔCoVaR		
	2008q1—2013q4	2014q1—2017q4	2018q1—2019q3
调整后的 R^2	0.5450	0.3791	0.6675
F 统计量	11.8962 ***	8.4143 ***	11.6116 ***

注：回归系数下括号中的值为稳健标准误，*、**、*** 分别表示在 10%、5%、1% 水平下显著。

从分阶段实证结果来看，非利息收入对银行系统性风险溢出效应的影响存在由弱变强的过程。非利息收入占比（NII）在 2008q1—2013q4 和 2018q1—2019q3 期间的 ΔCoVaR 模型中未通过显著性检验，而在 2014q1—2017q4 期间的 ΔCoVaR 中通过了 1% 水平的显著性检验，系数为正，说明在 2008q1—2013q4 和 2018q1—2019q3 期间内，非利息收入占比的提高对系统性风险溢出效应作用并不显著。2014q1—2019q3 期间非利息收入占比的升高显著导致 ΔCoVaR 的上升，加强了系统性风险的溢出效应，系统性风险的溢出效应由弱转强。结合非利息收入业务的发展背景来看，2014q1—2017q4 期间商业银行非利息收入业务快速发展，在丰富自身产品、拓宽盈利渠道、降低个体破产风险的同时，非利息收入业务带来的风险累积和系统性风险溢出效应也在加强。

（2）非利息收入结构对银行系统性风险溢出效应的影响

本小节将从非利息收入结构出发，进一步研究非利息收入细分部分对系统性风险溢出效应的影响。具体来看，接下来针对公式（2 - 10）回归结果进行分析，即分别以手续费及佣金收入占比（FVI）、投资收益占比（IVI）和其他非利息收入占比（OVI）作为核心解释变量进行考察，实证结果如表 2 - 18 所示。

表 2 - 18　　非利息收入结构对银行系统性风险溢出效应的实证结果

变量	ΔCoVaR		
	（1）	（2）	（3）
FVI	0.0002		
	(0.029)		
IVI		0.0085 *	
		(1.790)	
OVI			0.0141 ***
			(3.743)

续表

变量	ΔCoVaR		
	(1)	(2)	(3)
LNA	-0.0007	-0.0031	-0.0036*
	(-1.280)	(-1.555)	(-1.671)
LTN	-0.0064	-0.0062	-0.0075
	(-1.287)	(-1.303)	(-1.491)
CAR	0.0170	0.0089	-0.0036
	(0.704)	(0.291)	(-0.119)
NPL	0.0622	0.0894	0.0962
	(0.439)	(0.649)	(0.693)
GDPG	0.0680	0.0083	-0.0022
	(0.913)	(0.078)	(-0.022)
常数项 C	0.0516**	0.1269*	0.1435**
	(2.507)	(1.893)	(1.995)
R^2	0.0668	0.3902	0.4160
调整后的 R^2	0.0567	0.3664	0.3932
F 统计量	6.5948***	16.3955***	18.251***

注：回归系数下括号中的值为稳健标准误，*、**、***分别表示在10%、5%、1%水平下显著。

　　下面对模型（2-10）实证结果进行分析。手续费及佣金收入占比（FVI）在 ΔCoVaR 模型中未通过显著性检验，而投资收益占比（IVI）通过了10%水平的显著性检验，其他非利息收入占比（OVI）通过了1%水平的显著性检验。说明从考察影响银行系统性风险溢出效应的因素而言，投资收益和其他非利息收入业务起到关键作用，而手续费及佣金收入对商业银行系统性风险的溢出效应作用不显著。这不难理解，投资收益主要来源于各类投资交易类业务，其他非利息收入主要由公允价值变动损益、汇兑损益和其他业务收入构成，具体来看，涉及的业务包含交易性金融资产、衍生金融工具、保险及租赁业务等，这些业务受到证券业、保险业等其他金融市场的影响，同时受到外汇市场、利率市场等宏观经济市场影响，一旦发生诸如流动性风险等诱发系统性危机的风险，其系统性风险溢出效应显著。

　　对非利息收入结构对 ΔCoVaR 的影响进行分阶段回归，考察不同非利息收入细分部分对银行系统性风险溢出效应的影响是否存在阶段差异，结果如表2-19所示。

表 2-19 非利息收入结构对银行系统性风险溢出效应影响的分阶段实证结果

变量	(1) 2008q1—2013q4 ΔCoVaR	(2) 2014q1—2017q4 ΔCoVaR	(3) 2018q1—2019q3 ΔCoVaR	(4) 2008q1—2013q4 ΔCoVaR	(5) 2014q1—2017q4 ΔCoVaR	(6) 2018q1—2019q3 ΔCoVaR	(7) 2008q1—2013q4 ΔCoVaR	(8) 2014q1—2017q4 ΔCoVaR	(9) 2018q1—2019q3 ΔCoVaR
FVI	0.0024 (0.181)	0.0058 (0.611)	-0.0082 (-1.087)						
IVI				0.0131 (1.154)	-0.0039 (-0.467)	0.0035 (1.036)			
OVI							0.0184 (1.5646)	0.0076** (1.991)	-0.0031 (-0.805)
LNA	-0.0114* (-1.660)	-0.0004 (-0.483)	-0.0010 (-1.512)	-0.0110* (-1.688)	-0.0003 (-0.434)	-0.0009 (-1.407)	-0.0094 (-1.381)	-0.0005 (-0.620)	-0.0011 (-1.509)
LTN	-0.0535*** (-4.254)	-0.0177*** (-3.514)	-0.0041 (-1.321)	-0.0539*** (-4.313)	-0.0167*** (-3.194)	-0.0058* (-1.677)	-0.0473*** (-4.707)	-0.0165*** (-3.720)	-0.0055* (-1.930)
CAR	0.0833*** (7.123)	-0.0571 (-1.577)	0.0598 (1.207)	0.0825*** (6.453)	-0.0654 (-1.512)	0.0584 (1.065)	0.0783*** (6.913)	-0.0572* (-1.653)	0.0603 (1.124)
NPL	0.3665 (0.999)	0.6157*** (4.263)	0.4229** (2.058)	0.3897 (1.005)	0.6141*** (4.282)	0.4336** (1.973)	0.4049 (1.230)	0.6255*** (4.282)	0.4374** (2.206)
GDPG	-0.0660 (-0.582)	0.8625*** (3.292)	-0.1341 (-0.503)	-0.0632 (-0.5413)	0.8175*** (3.153)	-0.1879 (-0.657)	-0.0469 (-0.405)	0.8625*** (5.799)	-0.1987 (-0.707)
常数项 C	0.3899* (1.939)	-0.0046 (-0.230)	0.0644*** (2.781)	0.3804* (1.9690)	-5.96E-05 (-0.003)	0.0632*** (2.595)	0.3296 (1.603)	-0.0020 (-0.084)	0.0694*** (3.150)
R^2	0.5610	0.2021	0.1258	0.5635	0.2010	0.1156	0.5919	0.2060	0.1211
调整后的 R^2	0.5068	0.1828	0.0759	0.5095	0.1817	0.0651	0.5415	0.1869	0.0709
F 统计量	10.3458***	10.5091***	2.5188**	10.4486***	10.4371***	2.2877***	11.7425***	10.7690***	2.4112***

注：回归系数下方括号中的值为稳健标准误，*、**、*** 分别表示在10%、5%、1%水平下显著。

从分阶段实证结果来看，在 2014q1—2017q4 期间，其他非利息收入占比（OVI）通过了 5% 水平的显著性检验，系数为正，说明其他非利息收入占比（OVI）的提高会导致系统性风险溢出效应的显著加强。结合前文分析可知，2014q1—2017q4 期间其他非利息收入业务的快速发展，是导致样本区间系统性风险溢出效应显著加强的主要原因，而其他非利息收入业务主要为金融同业业务，因此从监管层面来看，需高度关注金融同业业务带来的银行系统性风险的溢出效应。

（3）稳健性检验

为保证实证结果的稳健性，下文对基准模型（2－9）进行稳健性检验。本节选取 CoVaR 作为商业银行系统性风险溢出效应的替代变量进行稳健性检验，同样对 CoVaR 取绝对值处理，CoVaR 绝对值越高，说明系统性风险的溢出效应越强。通过 F 检验和 Hausman 检验，对 CoVaR 模型设定固定效应模型，回归结果如表 2－20 所示。

表 2－20　非利息收入对银行系统性风险溢出效应影响的稳健性检验

变量	CoVaR
NII	0.0148 ***
	(3.594)
LNA	− 0.0086 **
	（− 2.528）
LTN	− 0.0121
	（− 1.282）
CAR	0.0354
	(0.844)
NPL	0.0238
	(0.105)
GDPG	− 0.0600
	（− 0.376）
常数项 C	0.3150 ***
	(2.800)
R^2	0.3257
调整后的 R^2	0.2994
F 统计量	12.3730 ***

注：回归系数下括号中的值为稳健标准误，*、**、*** 分别表示在 10%、5%、1% 水平下显著。

将 CoVaR 作为商业银行系统性风险溢出效应的替代变量进行稳健性检验后，非利息收入占比（NII）通过了 1% 水平的显著性检验，说明非利息收入占比的提高会加剧银行系统性风险的溢出效应，这与前文假设及实证结果一致。

综上，稳健性检验结果表明本小节的实证研究结果是稳健的。

2.5.3 非利息收入对商业银行系统性风险影响的实证分析

1. 模型设定

（1）变量选取

第一，被解释变量。被解释变量与前文一致，选取了 MES 和 CES 指标作为银行系统性风险的测度指标。

第二，解释变量。解释变量与前文一致，包括非利息收入占比（NII）、手续费及佣金收入占比（FVI）、投资收益占比（IVI）、其他非利息收入占比（OVI）。

第三，相关控制变量。一是银行层面控制变量，借鉴张晓玫和毛亚琪（2014）、赵胜民和申创（2016），本书选取银行层面的控制变量有：①资产规模（LNA）。资产规模差异会多方面影响银行业务开展模式，本书引入资产规模，参照文献常规处理方法，对银行总资产取自然对数处理。②产权比率（DE）。产权比率指负债总额和所有者权益的比率，反映商业银行的负债结构，在经济繁荣时，负债经营可以帮助商业银行获得超额利润，而在经济衰退时期，负债比例过高会增加商业银行的破产风险，诱发系统性风险。③贷存比（LTN）。贷存比反映银行的资产使用效率与盈利能力，适当提高存贷比，可以提高资金利用效率，提升经营绩效，而过高的存贷比也可能带来流动性风险。④资本充足率（CAR）。资本充足率反映了银行抵御风险冲击的能力，资本充足率越高，银行抵御风险的能力越强。⑤净资产收益率（ROE）。这一指标是用来衡量银行业务的盈利能力，盈利较好的银行抵御风险的能力更强，陷入危机时能更好地弥补亏损。二是宏观层面控制变量，为 GDP 增长率（GDPG）。银行业是典型的周期性行业之一，宏观经济的平稳发展有利于银行业务的顺利开展，银行稳定性水平与经济环境高度相关（Laeven 和 Levine，2009）。本书选择 GDP 增长率作为宏观因素的代表作为控制变量之一（见表 2 – 21）。

表 2 – 21   变量选取与解释说明

变量类型	变量名称	变量定义
被解释变量	边际期望损失（MES）	未发生金融危机时，单个机构对系统损失的边际贡献
	成分期望损失（CES）	金融市场发生危机时，单个金融机构的贡献度，从而测定其系统重要性
解释变量	非利息收入占比（NII）	非利息净收入/营业总收入
	手续费及佣金收入占比（FVI）	手续费及佣金净收入/营业总收入
	投资收益占比（IVI）	投资净收益/营业总收入
	其他非利息收入占比（OVI）	（非利息净收入 – 手续费及佣金净收入 – 投资净收益）/营业总收入
相关控制变量	资产规模（LNA）	银行总资产（元）取自然对数
	产权比率（DE）	负债总额/所有者权益
	存贷比（LTN）	贷款总额/存款总额
	资本充足率（CAR）	资本净额/风险加权资产
	净资产收益率（ROE）	净利润/银行净资产
	GDP 增长率（GDPG）	GDP 同比增长率

（2）模型构建

第一，基准模型构建。基于假设 H4，构建基准模型如下：

$$RISK_{i,t} = \alpha_0 + \alpha_1 X_{i,t} + \sum_{m=1}^{n} \beta_m C_{i,t}^m + \varepsilon_{i,t} \qquad (2-11)$$

其中，$RISK_{i,t}$ 是银行 i 在 t 期的系统性风险代理变量，包括：（1）边际期望损失（MES 值）；（2）成分期望损失（CES 值）。

$X_{i,t}$ 是非利息收入指标的代理变量，基准模型中为非利息收入占比（NII）。

$C_{i,t}^m$ 表示银行 i 在 t 期的一系列相关控制变量，包括：（1）资产规模（LNA）；（2）产权比率（DE）；（3）存贷比（LTN）；（4）资本充足率（CAR）；（5）净资产收益率（ROE）；（6）GDP 增长率（GDPG）。

$\varepsilon_{i,t}$ 为扰动项。

第二，考察非利息收入结构对系统性风险影响的模型设定。基于假设 H5，建立模型如下：

$$RISK_{i,t} = \alpha_0 + \alpha_1 X_{i,t} + \sum_{m=1}^{n} \beta_m C_{i,t}^m + \varepsilon_{i,t} \qquad (2-12)$$

其中，$X_{i,t}$ 是非利息收入指标的代理变量，具体来看包括：（1）手续费及佣金收入占比（FVI）；（2）投资收益占比（IVI）；（3）其他非利息收入占比（OVI）。除此之外，其他变量定义与基准模型（2-11）一致。

第三，考虑资产规模、负债结构异质性的模型设定。大量文献表明资产规模异质性会对非利息收入与银行风险的关系产生影响，故基于假设 H6，在基准模型（2-11）的基础上，本书借鉴 De Jonghe（2015）的做法，引入资产规模与非利息收入代理变量的交互项进行探究，构建模型如下：

$$RISK_{i,t} = \alpha_0 + \alpha_1 NII_{i,t} + \alpha_2 LNA_{i,t} + \alpha_3 NII_{i,t} \times LNA_{i,t} + \sum_{m=1}^{n} \beta_m C_{i,t}^m + \varepsilon_{i,t}$$

$$(2-13)$$

其中，$NII_{i,t}$ 为银行 i 在 t 期的非利息收入占比，$NII_{i,t} \times LNA_{i,t}$ 为银行 i 在 t 期非利息收入占比与资产规模的乘积，$B_{i,t}^m$ 为银行 i 在 t 期除资产规模（LNA）外的一系列相关控制变量。除此之外，其他变量定义与基准模型（2-11）一致。

同时，为了分析银行规模对收入结构的具体影响效果，从两边对 $NII_{i,t}$ 求导：

$$\frac{d\,Risk_{i,t}}{dNII_{i,t}} = \alpha_1 + \alpha_3 LNA_{i,t} \qquad (2-14)$$

可知，非利息收入占比对系统性风险贡献度的影响效果会受到银行规模的影响，即当 $\alpha_1 + \alpha_3 LNA_{i,t} > 0$ 时，非利息收入占比提升将会增加银行的风险；而当 $\alpha_1 + \alpha_3 LNA_{i,t} < 0$ 时，非利息收入占比提升则有利于降低系统性风险。

本书也对负债结构异质性在非利息收入业务对银行系统性风险影响中的作用进行探究，引入负债结构与非利息收入代理变量的交互项进行探究，构建模型如下：

$$RISK_{i,t} = \alpha_0 + \alpha_1 NII_{i,t} + \alpha_2 DE_{i,t} + \alpha_3 NII_{i,t} \times DE_{i,t} + \sum_{m=1}^{n} \beta_m C_{i,t}^m + \varepsilon_{i,t}$$

$$(2-15)$$

其中，$DE_{i,t}$ 为银行 i 在 t 期的非利息收入占比，$NII_{i,t} \times DE_{i,t}$ 为银行 i 在 t 期非利息收入占比与产权比率的乘积，$B_{i,t}^m$ 为银行 i 在 t 期除产权比率（DE）外的一系列相关控制变量。除此之外，其他变量定义与基准模型（2-11）一致。

2. 数据描述性统计

根据各变量的描述性统计值可知，CES 分布区间为 0.00005 到 0.0122，最大值达到了最小值的 244 倍，MES 的分布区间为 0.0005 到 0.0741，最大值达到了最小值的 148 倍，表明不同银行系统性风险差异悬殊，存在明显的个体差异。同时可以看到银行非利息收入占比（NII）均值为 0.2589，表明我国目前非利息收入占比仍然相对较低，而且非利息收入占比（NII）、投资收益占比（IVI）、其他非利息收入占比（OVI）最小值均为负值，表明曾经发生非利息收入业务经营亏损的现象，这说明非利息收入业务确实存在较大风险。控制变量方面，银行资产规模（LNA）、产权比率（DE）、存贷比（LTN）和净资产收益率（ROE）同样表现出较强的个体差异性，标准差较大。资本充足率（CAR）相对稳定，表现出我国上市商业银行的经营共性（见表 2–22）。

表 2–22　　　　　　　　　　变量描述性统计

变量	样本数	均值	标准差	最小值	最大值
CES	732	0.0012	0.0017	0.00005	0.0122
MES	732	0.0265	0.0134	0.0005	0.0741
NII	732	0.2589	0.1272	− 0.0337	0.7935
FVI	732	0.1784	0.0714	0.0230	0.3675
IVI	732	0.0285	0.0490	− 0.1444	0.3090
OVI	732	0.0520	0.0720	− 0.1875	0.4971
LNA	732	28.8049	1.2654	25.1371	31.0463
DE	732	15.3473	3.9101	7.2592	42.3746
LTN	732	0.7241	0.1087	0.4268	1.0998
CAR	732	0.1247	0.0194	0.0811	0.2559
ROE	732	0.1871	0.0474	0.0418	0.4054
GDPG	732	0.0794	0.0163	0.0600	0.1220

3. 面板数据检验与模型设定

第一，数据平稳性检验。为了确保数据稳定的可靠性，本章根据变量的变化趋势分别选择了 LLC 检验、IPS 检验、ADF – Fisher 检验和 PP – Fisher 检验四种方法，结果如表 2 –23 所示。

表 2 –23　　　　　　　　各序列变量的平稳性检验结果

变量	LLC	IPS	ADF – Fisher	PP – Fisher
CES	− 5.9382 ***	− 3.5283 ***	71.9212 ***	70.6398 ***
MES	− 6.8223 ***	− 4.5401 ***	69.9579 ***	75.9551 ***

续表

变量	LLC	IPS	ADF – Fisher	PP – Fisher
NII	– 3. 3033 ***	– 4. 4762 ***	98. 1668 ***	154. 564 ***
FVI	– 3. 5260 ***	– 3. 6182 ***	80. 1705 ***	107. 177 ***
IVI	– 7. 3947 ***	– 7. 5245 ***	129. 002 ***	239. 073 ***
OVI	– 10. 0234 ***	– 8. 4860 ***	133. 836 ***	285. 513 ***
LNA	– 2. 6783 ***	– 5. 9857 ***	95. 4006 ***	253. 351 ***
DE	– 5. 7364 ***	– 3. 8352 ***	72. 6229 ***	59. 5258 ***
LTN	2. 7841	1. 7132 ***	28. 1385	209. 164 ***
CAR	– 0. 2262	– 3. 1351 ***	61. 6847 ***	105. 804 ***
ROE	– 6. 0441 ***	– 4. 1562 ***	71. 8009 ***	97. 8655 ***
GDPG	– 17. 6099 ***	– 17. 7678 ***	309. 067 ***	85. 3913 ***

注: *、**、*** 分别表示在10%、5%、1%水平下显著,表内为 t 值。

由表 2 – 23 可得,各变量中,除了存贷比(LTN)和资本充足率(CAR)未能通过所有检验,其他变量在四种检验方法下均表现出良好的平稳性。而资本充足率(CAR)在 IPS、ADF – Fisher、PP – Fisher 检验下均表现出良好的平稳性,存贷比在 PP – Fisher 检验方法下显示出良好的平稳性,因此本章认为资本充足率(CAR)序列变量表现平稳。存贷比(LTN)序列只通过了PP – Fisher检验,平稳性不够充足,但考虑到其反映的是比例关系,若进行差分处理,则从现实意义上讲,偏离了我们的研究目标,解释力度降低。因此本章仍然利用原序列进行回归。

第二,模型设定形式检验。对于静态面板数据,在进行回归之前,对模型进行 F 检验和 Hausman 检验,结果如表 2 – 24 所示。考虑到样本存在个体差异性,同时考虑到时间效应,本书最终确定选择双向固定效应模型。

表 2 – 24　　　　　　　　　回归模型设定的检验结果

核心解释变量	被解释变量	F 检验统计量	Hausman 检验 Chi – Sq 统计量
NII	CES	21. 5354 ***	105. 2657 ***
NII	MES	13. 1053 ***	190. 0912 ***
FVI	CES	21. 3064 ***	124. 2898 ***
FVI	MES	11. 9324 ***	172. 6303 ***
IVI	CES	21. 5770 ***	106. 7041 ***

核心解释变量	被解释变量	F 检验统计量	Hausman 检验 Chi – Sq 统计量
IVI	MES	12. 6291 ***	183. 1436 ***
OVI	CES	20. 6216 ***	119. 3734 ***
OVI	MES	11. 8980 ***	172. 0606 ***

注：*、**、*** 分别表示在 10%、5%、1% 水平下显著。

4. 实证回归结果及分析

（1）非利息收入整体对银行系统性风险的影响

针对公式（2 – 11）的实证回归结果如表 2 – 25 所示。其中列（1）考察了以 CES 测度银行系统性风险时非利息收入占比对其的影响，列（2）考察了以 MES 测度银行系统性风险时非利息收入占比对其的影响。

表 2 – 25　　　　非利息收入整体对银行系统性风险影响的实证结果

变量	（1）CES	（2）MES
NII	0. 0013 **	0. 0171 ***
	（2. 517）	（3. 127）
LNA	− 0. 0008 ***	− 0. 0184 ***
	（− 3. 609）	（− 5. 938）
DE	− 4. 20E − 5 **	0. 0003 *
	（− 2. 387）	（1. 668）
LTN	− 0. 0027 ***	− 0. 0176 *
	（− 3. 346）	（− 1. 673）
CAR	− 0. 0131 ***	0. 0082
	（− 3. 381）	（0. 226）
ROE	− 0. 0030	− 0. 0312
	（− 1. 633）	（− 1. 368）
GDPG	− 0. 0032	− 0. 2098 **
	（− 0. 376）	（− 2. 171）
常数项 C	0. 0282 ***	0. 5825 ***
	（3. 571）	（6. 041）
R^2	0. 6061	0. 4580
调整后的 R^2	0. 5939	0. 4412
F 统计量	49. 5942 ***	27. 2348 ***

注：回归系数下括号中的值为稳健标准误，*、**、*** 分别表示在 10%、5%、1% 水平下显著。

下面对模型（2-11）实证结果进行分析，首先关注核心解释变量。非利息收入占比（NII）的回归系数在 CES 和 MES 模型中均为正值，且都通过了 1% 水平的显著性检验，说明非利息收入占比的提高对商业银行系统性风险有显著正向影响，结果具有一定稳健性。这与本章 2.3 节中研究假设 H4 相符，说明我国商业银行发展非利息收入业务存在一定的风险，会导致银行系统性风险水平上升。这也印证了前文的理论分析，系统性风险不是个体风险的简单加总，从银行系统来看，非利息收入业务占比上升所累积的系统性风险暴露通过溢出效应进行扩散，通过银行间关联传染机制与信息传播机制进一步加强，最终引起系统性风险水平的上升。

进一步关注相关控制变量可以发现，银行资产规模（LNA）系数均显著为负，且都通过了 1% 水平的显著性检验，说明银行资产规模越大，商业银行的系统性风险水平越低。这与我们的直观认识相符，商业银行资产规模越大，其自身抵御风险冲击的能力就越强，同时因为"大而不能倒"的特性，大规模商业银行具有较强系统重要性，在金融危机发生时往往受到政府的隐性担保，其风险水平较为稳定。产权比率（DE）在 CES 模型中显著为负，在 MES 模型中显著为正，说明从不同角度考察，负债结构对系统性风险的影响存在差异，产权比率较高的，往往是规模较小的商业银行。从边际期望损失（MES）角度考察，小银行 MES 值较高，因此基于 MES 值刻画的系统性风险水平较高；而 CES 指标体现的是银行"大而不能倒"的特性，系统性重要水平越高的商业银行 CES 值越高，因此产权比率与 CES 存在负向关系。资本充足率（CAR）在 CES 模型中系数显著为负，在 MES 模型中不显著，资本充足率越高，相应的风险准备越充足，抵御风险的能力也越强。净资产收益率（ROE）在 CES 模型中系数显著为负，在 MES 模型中不显著，ROE 水平越高，银行盈利能力越强，抵御风险的能力也越强。GDP 增长率（GDPG）在 CES 模型中不显著，在 MES 模型中显著为负，说明宏观经济形势的回暖有助于降低银行系统性风险。

从上文的实证结果来看，在样本区间里，我国商业银行非利息收入业务的发展，将显著导致银行系统性风险水平上升。根据本章 2.3 节理论机制分析，接下来考察非利息收入对银行系统性风险的分阶段影响，与前文一致，本节将样本分为 2008q1—2013q4、2014q1—2017q4 和 2018q1—2019q3 三个阶段，对样本进行分阶段回归以探究非利息收入变化对系统性的影响是否存在差异，结果如表 2-26 所示。

表 2 - 26　　非利息收入整体对银行系统性风险影响的分阶段实证结果

变量	2008q1—2013q4		2014q1—2017q4		2018q1—2019q3	
	(1)	(2)	(3)	(4)	(5)	(6)
	CES	MES	CES	MES	CES	MES
NII	− 0. 0014 *	0. 0005	0. 0009 *	0. 0156 ***	− 0. 0004	− 0. 0007
	(− 1. 841)	(0. 0857)	(1. 860)	(2. 726)	(− 1. 329)	(− 0. 169)
LNA	− 0. 0017 ***	− 0. 0288 ***	− 0. 0008 ***	− 0. 0191 ***	0. 0009	0. 0183
	(− 6. 233)	(− 7. 006)	(− 3. 798)	(− 5. 997)	(1. 024)	(0. 373)
DE	− 1. 49E − 5	0. 0002 **	− 3. 37E − 05 **	0. 0003 *	− 0. 0003 **	0. 0018 ***
	(− 0. 454)	(2. 322)	(− 2. 046)	(1. 678)	(− 2. 609)	(4. 945)
LTN	− 0. 0099 ***	− 0. 0378 **	− 0. 0031 ***	− 0. 0226 **	0. 0014	− 0. 0113
	(− 4. 114)	(− 2. 206)	(− 3. 265)	(− 1. 998)	(0. 900)	(− 0. 482)
CAR	− 0. 0141 **	− 0. 0053	− 0. 0121 ***	− 0. 0028	− 0. 0407 ***	− 0. 0829
	(− 2. 544)	(− 0. 157)	(− 1. 997)	(− 1. 509)	(− 3. 224)	(− 0. 958)
ROE	− 0. 0034 **	− 0. 0091	− 0. 0037 **	− 0. 0340	0. 0021	− 0. 2748 **
	(− 2. 190)	(− 0. 506)	(− 1. 997)	(− 1. 509)	(0. 271)	(− 3. 451)
GDPG	− 0. 0091 *	− 0. 1883 **	− 0. 0041	− 0. 2160 **	0. 0829 ***	− 0. 4559
	(− 1. 805)	(− 2. 283)	(− 0. 504)	(− 2. 254)	(3. 573)	(− 0. 388)
常数项 C	0. 0611 ***	0. 8875 ***	0. 0291 ***	0. 6098 ***	− 0. 0236	− 0. 4504
	(5. 938)	(6. 959)	(3. 736)	(6. 142)	(− 0. 829)	(− 0. 304)
R^2	0. 7093	0. 7762	0. 6111	0. 4689	0. 9092	0. 5711
调整后的 R^2	0. 6905	0. 7617	0. 5981	0. 4512	0. 8867	0. 4651
F 统计量	37. 8168 ***	53. 7476 ***	47. 2093 ***	26. 5275 ***	40. 4839 ***	5. 3874 ***

注：回归系数下括号中的值为稳健标准误，＊、＊＊、＊＊＊分别表示在 10%、5%、1% 水平下
显著。

从分阶段实证结果来看，非利息收入占比（NII）在 2008q1—2013q4 期间
的 CES 模型中通过了 10% 水平的显著性检验，系数为负，说明在 2008q1—
2013q4 期间内，非利息收入占比的提高会导致系统性风险水平降低，这与整
个样本区间的实证结果相反，验证了本章 2.3 节的理论分析，表明非利息收入
业务发展不同阶段，对银行系统性风险的影响可能存在差异，非利息收入业务
的发展对银行系统性风险可能存在风险分散效应由强转弱、风险溢出效应由弱
转强的过程。前文的实证也印证这一结果，在 2008q1—2013q4 期间内，非利
息收入占比的提高对系统性风险溢出效应的作用并不显著。非利息收入占比
（NII）在 2014q1—2017q4 期间的 CES 模型中通过了 10% 水平的显著性检验，

在 MES 模型中通过了 1% 水平的显著性检验，系数为正，说明在 2014q1—2017q4 期间内，非利息收入占比的提高会导致系统性风险水平升高，这与本书的理论分析一致，同时也与前文的实证结果互相印证，这一阶段非利息收入业务的快速发展，有助于降低其个体破产风险，而商业银行个体风险的累积与暴露，会形成对系统性风险的溢出效应，进而加剧系统性风险水平。

（2）非利息收入结构对银行系统性风险的影响

本小节将进一步研究非利息收入细分部分对银行系统性风险的影响。具体来看，接下来针对公式（2 – 12）回归结果进行分析，即分别以手续费及佣金收入占比（FVI）、投资收益占比（IVI）和其他非利息收入占比（OVI）作为核心解释变量，考察其对银行系统性风险的影响，实证结果如表 2 – 27 所示。

表 2 – 27　　　　　非利息收入结构对银行系统性风险影响的实证结果

变量	（1）CES	（2）MES	（3）CES	（4）MES	（5）CES	（6）MES
FVI	0. 0027 *** (3. 000)	0. 0236 (1. 369)				
IVI			0. 0033 *** (2. 827)	0. 0329 ** (2. 239)		
OVI					– 1. 27E – 05 (– 0. 023)	0. 0108 * (1. 830)
LNA	– 0. 0009 *** (– 3. 568)	– 0. 0185 *** (– 5. 715)	– 0. 0007 *** (– 3. 192)	– 0. 0172 *** (– 5. 730)	– 0. 0007 *** (– 2. 884)	– 0. 0168 *** (– 14. 578)
DE	– 2. 07E – 05 (– 1. 408)	0. 0005 *** (2. 803)	– 5. 21E – 05 *** (– 2. 672)	0. 0002 (1. 378)	– 3. 38E – 05 ** (– 2. 122)	0. 0003 * (1. 798)
LTN	– 0. 0024 *** (– 2. 901)	– 0. 0122 (– 1. 069)	– 0. 0025 *** (– 3. 110)	– 0. 0140 (– 1. 402)	– 0. 0022 *** (– 2. 780)	– 0. 0132 (– 2. 237)
CAR	– 0. 0103 *** (– 2. 940)	0. 0404 (1. 182)	– 0. 0132 *** (– 3. 642)	– 0. 0129 (– 0. 383)	– 0. 0114 *** (– 3. 361)	0. 0183 (0. 565)
ROE	– 0. 0034 * (– 1. 757)	– 0. 0350 (– 1. 438)	– 0. 0025 (– 2. 440)	– 0. 0274 (– 1. 171)	– 0. 0031 (– 1. 601)	– 0. 0322 ** (– 2. 329)
GDPG	– 0. 0039 (– 0. 467)	– 0. 2194 ** (– 2. 239)	– 0. 0028 (– 0. 334)	– 0. 2082 ** (– 2. 132)	– 0. 0037 (– 0. 430)	– 0. 2144 *** (– 5. 701)

变量	（1） CES	（2） MES	（3） CES	（4） MES	（5） CES	（6） MES
常数项 C	0.0295 *** （3.447）	0.5746 *** （5.694）	0.0262 *** （3.271）	0.5480 *** （5.882）	0.0244 *** （2.967）	0.5368 *** （13.984）
R^2	0.6055	0.4495	0.6090	0.4560	0.6014	0.4474
调整后的 R^2	0.5933	0.4324	0.5968	0.4391	0.5891	0.4303
F 统计量	49.4709 ***	26.3131 ***	50.1906 ***	27.0105 ***	48.6309 ***	26.0929 ***

注：回归系数下括号中的值为稳健标准误，＊、＊＊、＊＊＊分别表示在10%、5%、1%水平下显著。

　　下面对模型（2-12）实证结果进行分析，首先关注核心解释变量。手续费及佣金收入占比（FVI）的回归系数在 MES 模型中未通过显著性检验，在 CES 模型中通过了1%水平的显著性检验，系数为正值，说明从成分期望损失（CES）角度来看，手续费及佣金收入占比的提高对商业银行系统性风险有显著正向影响。这与本章2.3节的理论分析一致，手续费及佣金收入与传统业务高度关联，容易导致风险累积暴露，同时，手续费及佣金收入业务中的托管、受托业务以及投行类业务受经济环境和监管政策影响较大，波动性较高，风险较大。投资收益占比（IVI）的回归系数在 CES 模型中通过了1%水平的显著性检验，在 MES 模型中通过了5%水平的显著性检验，系数均为正值，结果具有一定稳健性。商业银行投资业务往往伴随着较高风险，需要商业银行具备良好的风险管理能力，投资收益占比的提高将对商业银行系统性风险产生正向影响。其他非利息收入占比（OVI）在 CES 模型中不显著，在 MES 模型中通过了10%水平的显著性检验，系数为正。其他非利息收入包含了衍生金融工具、资管业务等，波动性和风险较大，因此对商业银行系统性风险的影响显著。

　　进一步关注相关控制变量可以发现，银行资产规模（LNA）在回归结果（1）-（6）中均显著为负，且都通过1%水平的显著性检验，说明银行资产规模越大，商业银行的系统性风险水平越低。其余控制变量在 CES 或 MES 模型中显著，结果与模型（2-11）基本一致但受到系统性风险测度指标选取的影响。

　　与前文一致，进行分阶段回归，考察非利息收入细分部分对银行系统性风险的影响是否存在阶段差异，结果如表2-28、表2-29、表2-30所示。

表 2 - 28　　　非利息收入结构对银行系统性风险影响的实证结果

(2008q1—2013q4)

变量	(1) CES	(2) MES	(3) CES	(4) MES	(5) CES	(6) MES
FVI	-0.0038 (-1.014)	0.0251 (0.929)				
IVI			0.0025* (1.728)	2.05E-05 (0.002)		
OVI					-0.0025*** (-3.061)	-0.0034 (0.5146)
LNA	-0.0015*** (-9.445)	-0.0302*** (-6.958)	-0.0017*** (-6.494)	-0.0288*** (-7.202)	-0.0018*** (-7.122)	-0.0289*** (-7.068)
DE	-3.35E-05 (-1.588)	0.0003** (2.045)	-3.71E-05* (-1.791)	0.0002** (2.135)	-1.32E-05 (-0.752)	0.0003** (2.392)
LTN	-0.0102*** (-2.856)	-0.0367** (-2.182)	-0.0010*** (-2.912)	-0.0378** (-2.217)	-0.0097*** (-2.780)	-0.0374** (-2.146)
CAR	-0.0158*** (-3.349)	-0.0037 (-0.118)	-0.0166*** (-3.318)	-0.0048 (-0.148)	-0.0136*** (-3.157)	-0.0020 (-0.065)
ROE	-0.0032** (-2.117)	-0.0105 (-0.552)	-0.0031** (-1.994)	-0.0091 (-0.501)	-0.0032* (-1.879)	-0.0089 (-0.489)
GDPG	-0.0075 (-1.415)	-0.1905** (-2.234)	-0.0063 (-1.040)	-0.1887** (-2.294)	-0.0032 (-1.643)	-0.1903** (-2.307)
常数项 C	0.0561*** (7.524)	0.9232*** (6.918)	0.0601*** (5.816)	0.8873*** (7.132)	0.0630*** (6.295)	0.8893*** (7.023)
R^2	0.7087	0.7784	0.7086	0.7762	0.7120	0.7764
调整后的 R^2	0.6900	0.7641	0.6898	0.7617	0.6934	0.7620
F 统计量	37.7187***	54.4394***	37.688***	53.7455***	38.3104***	53.8174***

注：回归系数下括号中的值为稳健标准误，*、**、***分别表示在10%、5%、1%水平下显著。

表 2 - 29　　　非利息收入结构对银行系统性风险影响的实证结果

(2014q1—2017q4)

变量	(1) CES	(2) MES	(3) CES	(4) MES	(5) CES	(6) MES
FVI	0.0001 (0.069)	0.01297 (0.3569)				

续表

变量	(1) CES	(2) MES	(3) CES	(4) MES	(5) CES	(6) MES
IVI			0.0025 * (1.862)	0.0167 (1.028)		
OVI					− 0.0003 (− 0.375)	0.0138 * (1.704)
LNA	− 0.0017 ** (− 2.409)	− 0.0569 *** (− 3.222)	− 0.0009 *** (− 3.983)	− 0.01945 *** (− 6.024)	− 0.0012 (− 1.455)	− 0.0455 *** (− 2.644)
DE	4.97E − 05 (0.903)	0.0014 (1.375)	− 4.32E − 05 ** (− 2.355)	0.0002 * (1.742)	2.97E − 06 (0.056)	− 4.83E − 05 (− 0.054)
LTN	0.0011 (0.932)	− 0.0546 *** (− 2.707)	− 0.0043 *** (− 3.304)	− 0.0328 *** (− 3.288)	0.0009 (0.969)	− 0.0344 ** (− 2.140)
CAR	0.0324 *** (2.978)	− 0.1027 (− 0.917)	− 0.0141 *** (− 3.914)	− 0.0027 (− 0.074)	0.0319 *** (3.981)	− 0.1409 (− 1.649)
ROE	0.0067 (0.930)	0.1614 (1.536)	− 0.0038 ** (− 2.011)	− 0.0344 (− 1.463)	0.0069 (1.164)	0.1921 ** (2.592)
GDPG	− 0.0386 (− 0.409)	− 5.4536 *** (− 2.813)	− 0.0056 (− 0.706)	− 0.2355 ** (− 2.498)	− 0.0159 (− 0.204)	− 4.771 *** (− 2.963)
常数项 C	0.0455 * (1.842)	2.0647 *** (3.484)	0.0326 *** (4.006)	0.6316 *** (6.388)	0.0300 (1.097)	1.6919 *** (2.858)
R^2	0.5740	0.4240	0.6091	0.4786	0.6172	0.4051
调整后的 R^2	0.5337	0.3696	0.5947	0.4594	0.5872	0.3585
F 统计量	14.2680	7.7948 ***	42.2846 ***	24.9085 ***	20.5921 ***	8.6980 ***

注：回归系数下括号中的值为稳健标准误，＊、＊＊、＊＊＊分别表示在10%、5%、1%水平下显著。

表 2 − 30　　　非利息收入结构对银行系统性风险影响的实证结果
（2018q1—2019q3）

变量	(1) CES	(2) MES	(3) CES	(4) MES	(5) CES	(6) MES
FVI	− 0.0019 *** (− 4.904)	− 0.0177 (− 1.299)				
IVI			− 0.0001 (− 0.257)	0.0175 * (1.746)		

续表

变量	（1） CES	（2） MES	（3） CES	（4） MES	（5） CES	（6） MES
OVI					− 0. 0002 （− 0. 358）	− 0. 0034 （− 0. 488）
LNA	0. 0013 （1. 345）	0. 0241 （0. 554）	0. 0006 （0. 570）	− 0. 0035 *** （− 11. 002）	0. 0007 （0. 724）	0. 0197 （0. 395）
DE	− 0. 0003 ** （− 2. 345）	0. 0020 *** （4. 931）	− 0. 0003 ** （− 2. 365）	0. 0005 （1. 355）	− 0. 0003 ** （− 2. 576）	0. 0017 *** （4. 637）
LTN	0. 0015 （1. 072）	− 0. 0080 （− 0. 299）	0. 0011 （0. 733）	0. 0114 *** （4. 107）	0. 0013 （0. 725）	− 0. 0096 （− 0. 422）
CAR	− 0. 0383 *** （− 3. 035）	− 0. 0548 （− 0. 571）	− 0. 0416 *** （− 3. 149）	0. 0463 （0. 560）	− 0. 0411 *** （− 3. 059）	− 0. 0791 （− 0. 914）
ROE	0. 0009 （0. 124）	− 0. 2751 ** （2. 601）	0. 0007 （0. 087）	− 0. 0209 （− 0. 455）	0. 0014 （0. 166）	− 0. 2665 ** （− 2. 363）
GDPG	0. 0993 *** （3. 803）	− 0. 2397 （− 0. 217）	0. 0747 *** （2. 773）	− 0. 6364 （− 0. 693）	0. 0777 *** （3. 217）	− 0. 4317 （− 0. 359）
常数项 C	− 0. 0358 （− 1. 205）	− 0. 642 （− 0. 490）	− 0. 0134 （− 0. 402）	0. 1455 ** （2. 461）	− 0. 0180 （− 0. 550）	− 0. 4954 （− 0. 328）
R^2	0. 9103	0. 5760	0. 9083	0. 4030	0. 9084	0. 5720
调整后的 R^2	0. 8882	0. 4712	0. 8857	0. 3629	0. 8858	0. 4662
F 统计量	41. 0757 ***	5. 4966 ***	40. 0837 ***	10. 0310 ***	40. 1369 ***	5. 4059 ***

注：回归系数下括号中的值为稳健标准误，＊、＊＊、＊＊＊分别表示在 10%、5%、1% 水平下显著。

从分阶段实证结果来看，2008q1—2013q4 期间，投资收益占比（IVI）和其他非利息收入占比（OVI）在 CES 模型中分别通过了 10% 水平和 1% 水平的显著性检验，IVI 系数为正，OVI 系数为负，说明在 2008q1—2013q4 期间内，投资收入占比（IVI）的提高会导致风险累积与溢出，系统性风险水平上升；而其他非利息收入占比（OVI）的提高带来的风险分散效应更强，导致系统性风险水平下降。

2014q1—2017q4 期间，投资收入占比（IVI）在 CES 模型中通过了 10% 水平的显著性检验，系数为正，其他非利息收入占比（OVI）在 MES 模型中通过了 10% 水平的显著性检验，系数为正，说明在 2014q1—2017q4 期间，投资收入占比和其他非利息收入占比与系统性风险水平呈显著正相关关系。这与本章2.3节理论分析一致，这期间其他非利息收入占比的提高导致银行系统性风险溢出效应显著增强，最终导致系统性风险水平上升。

2018q1—2019q3期间，手续费及佣金收入占比（FVI）在CES模型中通过了1%水平的显著性检验，系数为负，投资收益占比（IVI）在MES模型中通过了10%水平的显著性检验，系数为正，说明在2018q1—2019q3期间内，随着金融去杠杆的推进，手续费及佣金收入业务的规范发展有助于降低系统性风险，而投资收益业务与系统性风险呈正相关，可能的原因是经济环境的波动和国际局势的不稳定给投资收益业务带来较大的不确定性和波动性，加剧了系统性风险。

（3）考虑规模、负债异质性时非利息收入整体对银行系统性风险的影响

针对公式（2-13）的实证回归结果如表2-31所示。其中列（1）考察了以CES测度银行系统性风险时非利息收入占比和非利息收入与资产规模交叉项对其的影响，列（2）考察了以MES测度银行系统性风险时非利息收入占比和非利息收入与资产规模交叉项对其的影响。

表2-31　　　　　　　考虑规模异质性时非利息收入对

银行系统性风险影响的实证结果

变量	（1） CES	（2） MES
NII	0.0215 ** （2.043）	0.0497 （0.560）
LNA	−0.0006 ** （−2.544）	−0.0181 *** （−5.547）
NII ∗ LNA	−0.0007 * （−1.913）	−0.0011 （−0.358）
DE	−4.69E−05 ** （−2.576）	0.0003 * （1.673）
LTN	−0.0023 *** （−2.784）	−0.0170 （−1.528）
CAR	−0.0139 *** （−3.496）	0.0069 （0.192）
ROE	−0.0029 （−1.606）	−0.0311 （−1.367）

续表

变量	(1) CES	(2) MES
GDPG	−0.0025 (−0.300)	−0.2087** (−2.165)
常数项 C	0.0231*** (2.745)	0.5742*** (5.670)
R^2	0.6088	0.4581
调整后的 R^2	0.5961	0.4405
F 统计量	47.9024***	26.0249***

注：回归系数下括号中的值为稳健标准误，*、**、***分别表示在 10%、5%、1% 水平下显著。

表 2 - 31 展示了引入非利息收入与资产规模交叉项的实证结果，可以看到非利息收入占比（NII）的回归系数在 CES 模型中通过了 5% 水平的显著性检验，但在 MES 模型中不显著。银行资产规模（LNA）系数均显著为负，且都通过了 5% 水平的显著性检验。非利息收入与资产规模的交叉项（NII×LNA）在 MES 模型中不显著，在 CES 模型中通过了 10% 水平的显著性检验，系数为负。可以发现，虽然非利息收入占比的提高会增加商业银行的系统性风险，但由于目前我国大型商业银行往往会得到政策保护倾斜，且由于自身风险管理能力较强，总体来看，商业银行非利息收入和资产规模之间的交互效应有助于降低其系统性风险水平。下面针对 CES 模型回归结果进一步分析。根据公式（2 - 14）可得，$\dfrac{\mathrm{d\,Risk}_{i,t}}{\mathrm{d}NII_{i,t}} = \alpha_1 + \alpha_3 LNA_{i,t} = 0.0215 - 0.0007\,LNA_{i,t}$。对此，本章求得非利息收入占比对系统性风险贡献度影响效果的银行规模的拐点，LNA = 30.71，即银行资产规模为 21.8299 万亿元（约为 21.83 万亿元），结合样本所选 16 家上市商业银行资产规模来看，资产规模超过 21.83 万亿元的均为国有大型商业银行，这进一步反映出国有大型商业银行抗风险能力较强。当银行的资产规模小于 21.83 万亿元时，银行的非利息收入与银行系统性风险呈正相关；当银行的资产规模大于 21.83 万亿元时，结果则相反。因此对于小银行而言，更需关注非利息收入业务带来的系统性风险隐患。

下面针对负债结构异质性进行探究。其中列（1）考察了以 CES 测度银行系统性风险时非利息收入占比和非利息收入与负债结构交叉项对其的影响，列（2）考察了以 MES 测度银行系统性风险时非利息收入占比和非利息收入与负债结构交叉项对其的影响。针对公式（2 – 15）的实证回归结果如表 2 – 32 所示。

表 2 – 32　　　　　　　考虑负债结构异质性时非利息收入对
银行系统性风险影响的实证结果

变量	(1) CES	(2) MES
NII	0.0020 (1.426)	0.0274 ** (2.194)
NII × DE	– 4.78E – 05 (– 0.637)	– 0.0007 (– 0.921)
DE	– 2.97E – 05 (– 1.312)	0.0004 * (1.742)
LNA	– 0.0008 *** (– 3.538)	– 0.0185 *** (– 6.097)
LTN	– 0.0028 *** (– 3.194)	– 0.0185 * (– 1.841)
CAR	– 0.0132 *** (– 3.244)	0.0060 (0.163)
ROE	– 0.0031 (– 1.593)	– 0.0333 (– 1.428)
GDPG	– 0.0033 (– 0.388)	– 0.2115 ** (– 2.197)
常数项 C	0.0284 *** (3.527)	0.5854 *** (6.165)
R^2	0.6063	0.4586
调整后的 R^2	0.5935	0.4410
F 统计量	47.4094 ***	26.0721 ***

注：回归系数下括号中的值为稳健标准误，＊、＊＊、＊＊＊分别表示在10%、5%、1% 水平下显著。

可以看到，非利息收入占比（NII）的回归系数在 MES 模型中通过了 5% 水平的显著性检验，但在 CES 模型中不显著。产权比率（LNA）系数在 MES 模型中通过了 10% 水平的显著性检验，在 CES 模型中不显著。非利息收入与资产规模的交叉项（NII × DE）在 CES 和 MES 模型中均不显著。可以发现，负债结构的变化并不显著影响非利息收入对银行系统性风险的影响水平。

本节考察了引入资产规模、负债结构异质性时非利息收入对银行系统性风险的影响，研究发现，对于我国上市商业银行而言，资产规模异质性仍是影响非利息收入对系统性风险作用的关键因素，负债结构异质性并不显著影响非利息收入对银行系统性风险的影响水平。

（4）稳健性检验

为保证实证结果的稳健性，下文对基准模型（2-11）进行了两项稳健性检验。

一项是考虑滞后期的影响。经济系统中多数经济事件之间的影响存在滞后效应，即被解释变量可能受自身或其他变量前一期或几期影响。因此，本章通过引入滞后项进行稳健性检验，将所有解释变量滞后一期构建模型，通过 F 检验和 Hausman 检验建立固定效应模型，回归结果如表 2-33 所示。

表 2-33　　非利息收入对银行系统性风险影响的稳健性检验（1）

变量	(1) CES	(2) MES
$NII_{i,t-1}$	0.0009 **	0.0130 **
	(2.014)	(2.222)
$LNA_{i,t-1}$	-0.0006 ***	-0.0143 ***
	(-4.663)	(-5.074)
$DE_{i,t-1}$	-4.31E-05 **	0.0001
	(-2.486)	(0.586)
$LTN_{i,t-1}$	-0.0024 ***	-0.0049
	(-3.866)	(-0.383)
$CAR_{i,t-1}$	-0.0095 ***	0.0318
	(-2.850)	(0.931)
$ROE_{i,t-1}$	-0.0013	0.0020
	(-0.919)	(0.091)
$GDPG_{i,t-1}$	0.0007	-0.0866
	(0.183)	(-0.851)
常数项 C	0.0216 ***	0.4402 ***
	(5.207)	(5.237)
R^2	0.5981	0.4006
调整后的 R^2	0.5854	0.3816
F 统计量	46.8794 ***	21.0523 ***

注：回归系数下括号中的值为稳健标准误，*、**、*** 分别表示在 10%、5%、1% 水平下显著。

观察表 2 - 33 稳健性检验结果可以发现，将所有解释变量和控制变量滞后一期后，非利息收入占比（NII）在 CES 模型和 MES 模型中均通过了 5% 水平的显著性检验，且系数均为正值，实证结果与前文一致，具备一定稳健性。其余控制变量的实证结果与前文也基本保持一致。值得一提的是，在 MES 模型中，GDP 增长率（GDPG）由显著变为不显著，说明 GDP 增长率与本期商业银行系统性风险存在显著负相关关系，但对下一期系统性风险水平影响不显著。

另一项稳健性检验是考虑更换被解释变量。用市场收益率测度系统性风险方法中另一个使用频率较高的系统性风险指标是 SRISK，SRISK 测算的是在一个更长的期间内（6 个月），金融体系发生系统性风险（市场收益率下跌 40%）时金融机构面临的资本损失。为保持测度指标的一致性，本书采用系统性风险指标贡献值（SRISK CONTRIBUTION）进行稳健性检验，首先计算出单个金融机构的 SRISK 后，加总得到银行系统的 SRISK，并将单个银行在银行系统 SRISK 中的占比作为系统性风险指标贡献的度量值。通过 F 检验和 Hausman 检验建立随机效应模型，回归结果如表 2 - 34 所示。

表 2 - 34　　　非利息收入对银行系统性风险影响的稳健性检验（2）

变量	(1) SRISK CONTRIBUTION
NII	0. 0800 ***
	(3. 635)
LNA	0. 0170 ***
	(4. 472)
DE	0. 0006 **
	(2. 453)
LTN	0. 0195
	(0. 553)
CAR	− 0. 0985 **
	（− 2. 363）
ROE	0. 0316
	(0. 825)
GDPG	0. 3224 **
	(2. 466)
常数项 C	− 0. 4737 ***
	（− 3. 282）

续表

变量	(1) SRISK CONTRIBUTION
R^2	0.8195
调整后的 R^2	0.8124
F 统计量	114.697***

注：回归系数下括号中的值为稳健标准误，*、**、*** 分别表示在 10%、5%、1% 水平下显著。

观察表 2 – 34 稳健性检验结果可以发现，将被解释变量替换为 SRISK CONTRIBUTION 后，非利息收入占比（NII）通过了 1% 水平的显著性检验且系数均为正值，实证结果与前文一致。

2.6 主要结论与展望

综合实证结果，本章得出以下五个方面的结论：

第一，非利息收入占比的提高能有效降低银行个体风险承担，同时加剧银行系统性风险的溢出效应，最终提高银行系统性风险水平。实证结果显示，样本期间内，非利息收入占比的提高对商业银行系统性风险有显著正向影响，结果在 CES 模型和 MES 模型均显著，具有一定稳健性。这说明现阶段虽然发展非利息收入业务对银行个体风险承担仍具有较强分散效应，但我国商业银行关联紧密，单个银行的风险累积将加剧系统性风险的溢出效应，并通过关联传染机制和信息传播机制放大风险，最终导致系统性风险上升。

第二，非利息收入结构中投资收益和手续费及佣金收入对银行系统性风险的影响显著。商业银行开展非利息收入业务，应重点关注投资交易类业务与手续费及佣金收入中的托管托收、投资银行类业务，尤其是非利息收入占比较高的小规模银行，更应注意风险防控。

第三，银行资产规模和非利息收入的共同作用，有利于降低系统性风险，负债结构异质性并不显著影响非利息收入对银行系统性风险的影响水平。研究发现，商业银行的规模与非利息收入的相互作用有利于降低系统性风险，具体来说，样本区间内，商业银行的非利息收入对系统性风险贡献度的影响以资产规模 21.83 万亿元为拐点：低于 21.83 万亿元的小银行，开展非利息收入业务会提高系统性风险贡献度；而高于 21.83 万亿元的大银行，结果则相反。

第四，非利息收入结构中各类收入对银行个体风险承担和系统性风险溢出效应的影响不同。实证结果显示，从银行个体风险承担角度而言，手续费及佣金收入占比的提高对个体风险的分散作用最显著，能够有效降低商业银行破产风险，而投资收益和其他非利息收入作用不明显。从系统性风险溢出效应角度来看，导致系统性风险溢出效应加强的主要因素是投资损益和其他非利息收入。

第五，非利息收入对银行系统性风险的影响，在不同阶段存在显著差异。2008q1—2013q4 期间，非利息收入占比的提高有利于降低系统性风险水平。而在 2014q1—2017q4 期间，结果则相反，商业银行非利息收入业务快速发展，在丰富自身产品、拓宽盈利渠道、降低个体破产风险的同时，非利息收入业务带来的风险累积和系统性风险溢出效应也在加强，最终导致银行系统性风险上升。

3 我国银行资本缓冲周期性
及其内在形成机制检验

从第 1 章的金融稳健性评估中，我们发现金融体系的顺周期会加大经济波动，也成为当前我国银行系统性风险隐患的关键所在。从国际视野来看，金融体系顺周期性是 2008 年国际金融危机造成严重损失的重要原因。加强金融体系顺周期管理，实施逆周期金融监管成为金融监管的共识。在《巴塞尔协议Ⅲ》框架中，逆周期资本缓冲和资本留存是逆周期监管框架的重要组成部分。从以往文献来看，银行资本缓冲的周期性检验结果并未达成一致意见。更为重要的是，从逆周期监管视角而言，经济周期对资本缓冲所产生的综合反映并不能有效指导宏观审慎管理部门开展逆周期监管工作。邹传伟（2013）认为逆周期资本缓冲对不同驱动因素所导致的信贷顺周期的效果是存在差异的，应对价格驱动信贷顺周期性效果并不明显。因而，判别影响银行资本缓冲周期性的内在形成因素才是逆周期监管有效实施的前提。具体来看，逆周期资本缓冲是针对资本缓冲周期性中由于资本监管所导致的顺周期性。资本留存作用机制在于通过限制银行利润分配来提高银行资本缓冲，故其针对的是繁荣时期资本消耗过大而利润补充资本不足所导致的资本缓冲顺周期性。因此，本章的主要工作是梳理银行体系顺周期性行为形成因素，检验银行资本缓冲周期性，并在此基础上实证分析资本缓冲周期性的内在形成机制。

3.1 银行体系顺周期性行为形成因素

顺周期性是指金融体系与实体经济之间的动态正向反馈，放大繁荣和萧条周期，加剧经济周期性波动，造成金融体系不稳定。在金融体系中，存在着多重顺周期因素，如信息不对称、资产价格、市场短视性等因素均能够导致顺周期性，它们相互作用，进一步扩大经济和金融体系的波动，造成更大的破坏。

防范此类放大效应是防范系统性风险的重要内容之一。分类来看，金融体系的顺周期性有其内在因素所造成，也有外部因素所致。一方面，金融市场不完善、市场参与者的羊群效应和乐观情绪，导致在经济繁荣时期金融体系的繁荣进一步扩大甚至引起泡沫，产生了顺周期性。Katalin Mero（2002）研究了信息不对称所产生的顺周期性。在经济衰退时期，商业银行主要关注贷款偿付问题，因而采取更为紧缩的信贷政策，导致一些风险较低且收益较好的项目因此得不到贷款，从而导致经济进一步紧缩。另一方面，金融机构风险计量、自身短视性、激励机制以及外部的资本监管制度、会计制度均会产生顺周期性。特别是在资本监管中，银行的计量资本要求导致资本监管约束力下降，进一步放大了经济波动。White（2006）认为诸如抵押品、信用评级和资本监管顺周期等导致了商业银行信贷的顺周期性。BIS（2008）认为金融体系顺周期性的来源主要包括风险计量和激励扭曲。逆周期监管政策干预的目的在于限制风险计量和激励扭曲带来的风险扩大机制。在2008年国际金融危机后，国际社会和监管当局主要关注的是资本监管制度在经济周期作用下顺周期性导致的信贷过度增长，并提出了解决顺周期性的工具和实施政策。

3.1.1　资本监管制度顺周期性

国外大量研究认为，《巴塞尔协议》造成了显著的周期性问题。《巴塞尔协议Ⅱ》把资本和风险权重相挂钩，从而促使银行受到经济周期影响，造成银行体系顺周期问题，放大了银行体系的不稳定性和波动性。Bliss和Kaufman（2003）发现由于资本监管是基于风险加权而设定监管标准，其对风险具有敏感性。因此会导致更为严重的银行顺周期效应，并对宏观经济产生冲击。在风险加权资产计量中，《巴塞尔协议》规定了标准法，其风险资产权重是基于外部评级设置。同时，《巴塞尔协议》也提供了内部评级法。内部评级法又分为初级和高级。内部评级法风险权重采用风险参数如违约概率、违约损失率等进行计算。而实践发现，外部评级与经济周期之间有密切的联系。在经济周期中，当经济处于繁荣时期，借款人抵押品价格上升，财务状况改善。这些因素均导致资本监管风险敏感度大为提高，银行资本监管在经济繁荣时期约束力下降，其受到经济周期的影响提高。特别是在内部评级法中违约概率和违约损失率在经济下行过程中可能存在严重的正相关性，而这又进一步放大了经济周期与资本监管的顺周期性。因此，无论是标准法中的外部评级还是内部评级法中风险参数的顺周期性都会导致资本监管的顺周期性。Danielsson等（2001）指出，在《巴塞尔协议Ⅱ》中，无论采用标准法，还是银行内部评级法，信用风险度量都存在顺周期性，相比较而言，内部评级法更有可能产生顺周期性。巴塞尔银行监管委员会（2000）认为在衰退期贷款组合资产质量下降不可避免会增加银行风险暴露和资本要求，而此时资本变得更为昂贵，甚至表现较差的机构可能出现资本不足问题。2008 年国际金融危机发生后，交易账户市场风险资本要求也存在顺周期性。Bernanke 等（1999）认为资本监管体系在经济繁荣时低估了风险，在经济萧条时期又高估风险。Kashyap 和 Stein（2004）认为银行的监管制度能够放大银行贷款行为的顺周期。孙连友（2005）分析了银行内部评级法等风险计量造成的顺周期性。王胜邦和陈颖（2008）分析了内部评级法亲经济周期效应的形成机制和缓解机制。

3.1.2 公允价值易引发顺周期性

会计制度中公允价值同样也会造成顺周期性问题。在国际会计准则中，要求对出售类和交易类的资产采用公允价值计量，以真实反映资产的市场价值。正常情况下，公允价值计量导致银行资产的价值随着市场环境的变化而波动。当经济处于繁荣时期，预期向好，资产价格会被推高，公允价值所计量的资产价值上升，从而增加了抵押品的可贷款金额。在经济下行期，资产价格下降，导致公允价值计量的资产价格发生下跌，从而降低了抵押品的可贷金额。与此同时，如果市场参与者对资产进行抛售，可能又会引发资产价格下行压力。宋科（2015）分析了"制度性顺周期效应"，包括资本监管、贷款损失拨备制度以及公允价值会计准则等三个典型事例对金融体系的制度性顺周期机制进行系统阐述。陈雨露（2009）认为以盯市原则为基础的公允价值计价方法会放大系统性风险。Laeven 和 Majnoni（2003）发现许多银行经验证据表明在衰退阶段到来后，银行会拖延配置不良贷款的损失准备，从而放大经济周期对银行收入和资本的影响。

3.1.3 金融市场计量的顺周期性

银行的风险计量模型中许多指标为市场所反映的指标，其指标本身就含有顺周期性。银行风险管理中计量模型的应用和普及，造成银行风险管理的同质性，促使银行产生相同的风险管理行为，如计提抛售资产等同质化管理，形成"合成谬误"，从而在市场中产生相互强化和自我预期实现，进一步加大银行的顺周期性。

3.1.4　信贷行为顺周期性

在经济繁荣时期，由于抵押资产价格升高、企业违约概率下降和市场向好预期增强等因素，银行有增大信贷投放的冲动，而市场资金需求者同样存在着过于乐观的预期，从而进一步促使经济扩张，但此时贷款在经济萎缩情况下很可能成为不良贷款。Bernanke 和 Gertler（1995）从银行和借款人信息不对称视角出发，利用模型分析了经济和金融体系"金融加速器"效应。在经济恶化情形之下，资产抵押物的价格出现下降，借款人很难获得融资。在信贷市场中，也存在着羊群效应，特别是银行之间的跟随经营策略，进一步放大了金融体系和经济之间的顺周期性。另外，金融机构的薪酬激励机制也是其产生顺周期的原因之一。当银行管理人员的薪酬均由银行当期利润而确定，经济繁荣时期，银行管理人员有激励采取更为激进的经营策略发放贷款以及其他风险业务，以获得高额回报；在经济萧条时期，银行管理人员对于银行的亏损受到的损失和惩罚则较小，因此可能造成银行的管理人员并不关心银行在繁荣时期所积累的风险。Asea（1998）发现银行在繁荣时期改变发放贷款标准，导致在繁荣时期的贷款供给扩张。我国如滑静和肖庆宪（2007）从银行信贷行为视角分析其与经济周期的关系，认为我国银行信贷具有顺周期性。

3.1.5　资本缓冲的周期性

从理论而言，在银行体系中，存在诸多因素可能致使银行产生顺周期性，从而导致银行的资本缓冲也具有周期性。国外许多文献如 Lindquist（2004）、Tabak 等（2011）等均认为资本缓冲具有顺周期性。而 Kim 和 Lee（2006）的实证发现，在经济周期性作用下，发达国家银行资本缓冲与发展中国家银行资本缓冲存在截然不同的表现。另外，也有学者认为，随着经济处于上行，银行扩大贷款，银行潜在的风险在升高，银行也可能会比平常阶段更进一步增加资本缓冲，用于抵御增加的银行风险。Rajan（1994）认为，经济繁荣时期提高了资产价格，产生泡沫。经济下行时期，对银行会造成巨大损失，理性而富有远见的银行会提高资本缓冲，以吸收经济下滑而造成的损失，即资本缓冲存在逆周期特点。Jokipii 和 Milne（2008）利用跨国数据分析，发现一些国家的资本缓冲具有逆周期性。Ayuso 等（2004）建立资本水平的模型，他们认为资本缓冲主要受到资本持有成本、银行风险、资本调整成本以及经济周期等因素的影响。他们发现西班牙银行资本缓冲和经济周期呈现负相关关系，当经济处于上行阶段，资本缓冲将减少，经济处于下行，资本缓冲增加。Stephanie 和 Michael（2005）检验了 1993—2003 年间德国银行缓冲资本、资本和风险加权资产与经济周期的关系，他们发现储蓄银行和合作银行缓冲资本与经济周期呈现负相关。从我国实证文献来看，资本缓冲与经济周期之间的关系不明确。李文泓和罗猛（2010）利用我国 1998—2008 年 16 家银行的数据，实证研究发现资本充足率具有一定的顺周期性。张敏锋（2014）采用我国 37 家银行的数据，实证发现银行资本充足率与经济周期呈现负相关关系。但党宇峰等（2012）对我国 13 家商业银行资本缓冲的周期性行为及其驱动因素进行考察，发现我国上市银行的资本缓冲具有逆周期性，即在经济扩张期，银行资本缓冲水平上升，在经济收缩时期，银行资本缓冲水平下降。柯孔林等（2012）实证同样认为我国上市银行资本缓冲由资本和风险加权资产渠道共同驱动而具有逆周期性，并且上市银行资本缓冲的逆周期性特征并未因商业银行产权性质不同而存在显著差异。蒋海等（2012）研究了我国 16 家上市银行资本缓冲的周期性，发现我国上市银行资本缓冲具有逆周期性。田祥宇（2013）采用我国 16 家银行的季度数据实证研究认为，我国上市银行的资本缓冲具有逆周期性。

3.2 我国银行资本缓冲调整行为分析和检验

3.2.1 我国银行资本缓冲与经济周期的总体情况

由图 3 - 1 可见加权资本充足率（虚线）与经济增长率（实线）总体走势情况。从总体上看，我国银行的资本缓冲在 2003—2008 年与经济增长呈现同方向发展，而在 2008 年后，两者朝着不同的方向发展。我国银行资本缓冲在 2003 年后不断上升。这段时期，经历了我国银行上市补充资本和政府注资，我国银行业资本水平得到了提高。在此期间，商业银行利润逐年增加，为补充资本提供了渠道。而在 2008 年国际金融危机后，监管部门出台了更多资本监管措施，如提高银行资本留存和系统重要性资本附加，并且出台了其他一系列防范金融风险的调控政策，故我国银行资本缓冲保持着持续增加的态势。

本书把银行分为大型银行和股份制银行、城市商业银行和农村商业银行两类分别考察其与经济增长的关系，从图 3 - 2 和图 3 - 3 来看，大体上保持一致。我国大型银行在 2003 年后进行了股权分置改革和注资以及引进投资者。

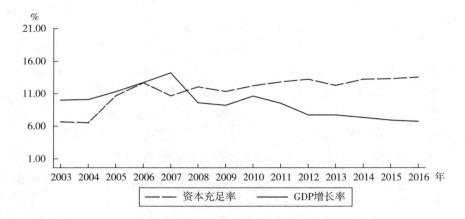

图3-1　我国银行资本缓冲加权平均值与经济增长率

如2004年，汇金公司动用450亿美元向中国银行和建设银行注资，向交通银行注资30亿元人民币。2005年，汇金公司动用150亿美元对工商银行进行注资。2004年，交通银行引入汇丰银行。2005年建设银行引入美洲银行、淡马锡等战略投资者。中国银行也在同年引入苏格兰皇家银行、淡马锡、瑞银、亚洲开发银行等战略合作者。2006年，工商银行也引入了高盛集团、安联集团以及运通公司作为战略投资者。2004年，中国建设银行完成股份制改造，2005年在香港上市。工商银行和中国银行也于2006年成功在上海和香港上市。这些措施极大地提高了我国大型银行的资本充足率。

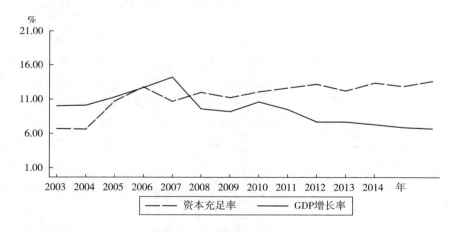

图3-2　我国大型银行和股份制银行加权资本缓冲与经济增长率

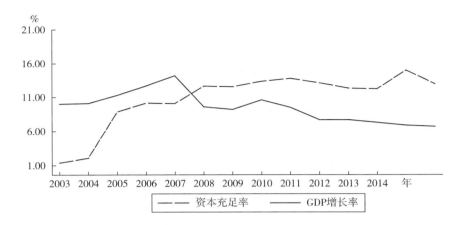

图 3 - 3　我国城市商业银行和农村商业银行加权资本缓冲与经济增长率

3.2.2　模型和变量设定

在实证研究中，周期性检验一般考察金融变量与经济周期变动的关系。对于资本缓冲而言，一般将经济周期与资本缓冲的正相关关系表述为资本缓冲具有逆周期性，将经济周期与资本缓冲的负向关关系表述为资本缓冲具有顺周期性。

Ayuso 等（2004）利用模型分析了资本动态调整过程：

$$(K^* - \overline{K})_t = (K^* - \overline{K})_{t-1} + E_t\left[\frac{1}{\sigma_t}\sum_0^\infty \beta^i(\theta_{t+i})\right] - E_t\left[\frac{1}{\sigma_t}\sum_0^\infty \beta^i\alpha_{t+i}\right] + \zeta_t$$

$$(3-1)$$

其中，K^* 表示银行持有的最优资本，K_{t-1} 表示银行在 $t-1$ 资本持有水平，$\overline{K}$ 表示监管部门设定的最低资本充足率，σ_t 表示资本调整成本，β^i 表示贴现率，α_t 表示资本机会成本，θ_t 表示破产成本。

该模型揭示了银行资本缓冲主要受到上一期资本缓冲、破产风险、持有成本以及调整成本的影响。借鉴 Ayuso 等（2004）及 Terhi Jokipii 和 Alistair Milne（2008）基础上，本章设定以下基准模型：

$$BUF_{i,t} = \alpha_i + \beta_1 BUF_{i,t-1} + \beta_2 GDP_t + \beta_3 CON_{i,t} + \varepsilon_{i,t} \qquad (3-2)$$

其中，BUF 表示总资本充足率与最低监管要求的差值，GDP 表示国内生产总值增长率。

基准模型的主要控制变量包括净资产收益率（ROE），其为资本成本的代理变量，资本成本高，其银行持有意愿下降。另外，有学者如 Nier 和 Baumann（2006）认为资产收益率可能来自银行垄断利润，银行趋向于提高留存收益。

不良贷款率（NPL）越高，代表银行的风险越高。NPL 越高，银行可能通过计提贷款损失准备，从而可能提高银行资本缓冲水平。但与此同时，NPL 越高，也意味着银行风险越高，其承担风险的意愿越强，同时不良贷款会降低银行盈利水平，造成资本缓冲下降。本节模型所估计的银行资本缓冲周期性为控制了银行风险、调整成本和资本成本后，资本缓冲与 GDP 增长率的关系。为了检验资本缓冲周期性行为是不是由信贷顺周期性而引发，本书参照 Ayuso 等（2004），在模型中加入了贷款增长率（$\Delta LOAN_{i,t}$）指标，贷款增加意味着资本要求的增加，而调整资本是有成本的，因此可能导致银行资本缓冲下降。

3.2.3 实证结果和分析

1. 数据来源和样本选择

本书商业银行数据来自 Bankscope 数据库和各商业银行年报。动态面板要求 4 年的连续期，故删除了不满足条件以及不连续的样本。最后筛选出样本区间为 2003—2016 年，共 118 家商业银行的样本数据[①]。相较于以往我国文献，本书研究的数据样本进一步扩大，并进一步考察银行资本补充和资产消耗行为以及平均风险权重对资本缓冲周期性形成机制的影响。

2. 主要变量描述性统计

从表 3 - 1 来看，我国银行资本缓冲的平均值为 5.19%，大大超出最低资本充足率要求，表明我国银行总体上是较为稳健的。

表 3 - 1　　　　　　　　　变量描述性统计

符号	定义	观测值	平均值	标准差	最小值	最大值
BUF	银行资本缓冲（％）	978	5.19	5.91	-23.72	54.62
GDP	国内生产总值增长率（％）	1019	8.72	1.98	6.7	14.2
TA	银行资产规模对数值	1019	18.81	1.72	14.43	23.91
ROE	资本收益率（％）	1019	16.10	11.81	-27.92	293.18
NPL	不良贷款率（％）	948	1.96	2.88	0	41.86
ΔLOAN	贷款增长率	896	0.19	0.13	-0.27	2.01
PRO	银行利润占总资产比重（％）	1004	1.37	0.58	-1.5	3.92

3. 实证分析

从计量模型可以看出，被解释变量为解释变量的滞后一期，故其为动态面

---

① 包括我国国有大型商业银行 5 家（工商银行、农业银行、中国银行、建设银行、交通银行），股份制商业银行 12 家，城市商业银行和农村商业银行 101 家。

板（Dynamic Panel）模型，因此本书选用广义矩估计（GMM）对模型进行估计。由于解释变量中包括被解释变量的滞后一期，基于动态面板的广义矩估计能够有效控制内生性问题。广义矩估计（GMM）在估计中由于并不需要获得随机误差项分布信息，能够得到较为有效的估计量，通过对方差进行一阶差分，采用滞后项作为解释变量的工具变量对模型进行估计，使用了合适的工具变量，故能够有效控制内生性。普通最小二乘法（OLS）的估计系数偏高（Upward Bias），而固定效益（FE）估计系数偏低（Downward Bias），广义矩估计（GMM）的估计系数则介于 OLS 和 FE 之间。因此，本书通过分别用三种方法进行估计，作为对动态广义矩估计的验证。从国内文献来看，以往文献关于资本缓冲周期性的研究样本只包括我国上市银行甚至更少的银行样本，并且以往研究结论还存在分歧，我国银行资本缓冲是否表现为顺周期性还有待进一步实证研究。

从我国实际情况来看，我国银行有着资产规模巨大的国有大型商业银行，也有规模较小、股权分散的中小型银行。大型银行在经营过程中不仅需要考虑股东利益，还需要承担相当程度的社会责任。大型银行需要积极配合政府主导的经济刺激和产业扶持政策等，以发展经济保障民生。不同类型的银行在客户群体、风险偏好、营运能力、货币政策的传导、受监管和干预程度等各个方面存在着差异。在本节中，我们扩大银行样本，并对样本进行分组估计，以检验不同银行资本缓冲周期性是否存在差异。根据检验结果，发现模型扰动项的差分存在一阶自相关，但不存在二阶自相关，并且通过了 Sargan 检验，接受"所有工具变量都有效"，故本书可以采用动态 GMM 进行估计；资本缓冲的滞后一期与资本缓冲当期呈现显著的正相关，估计系数介于 OLS 和 FE 之间（见表 3-2）。

表 3-2　　　　　　　　　　资本缓冲与经济周期模型估计结果

解释变量	模型（1）	模型（2）	模型（3）	模型（4）	模型（5）	模型（6）
$BUF_{i,t-1}$	0.297 ***	0.317 ***	0.308 ***	0.332 ***	0.330 ***	0.334 ***
	(7.687)	(8.484)	(11.698)	(15.201)	(4.432)	(4.482)
GDP_t	-0.064	-0.100	0.155 *	0.121	-0.175 **	-0.189 **
	(-0.903)	(-1.495)	(1.899)	(1.587)	(-1.983)	(-2.356)
$TA_{i,t}$	-0.141	-0.552 **	1.077 ***	0.663 ***	-0.753 **	-1.076 ***
	(-0.467)	(-2.125)	(5.982)	(2.766)	(-2.164)	(-3.591)
$ROE_{i,t}$	-0.013	-0.023	-0.020	-0.027	-0.024	-0.034
	(-0.748)	(-1.356)	(-1.498)	(-1.574)	(-1.005)	(-1.603)

解释变量	模型（1）	模型（2）	模型（3）	模型（4）	模型（5）	模型（6）
$NPL_{i,t}$	-0.433***	-0.440***	-0.126	-0.243**	-0.444***	-0.473***
	（-5.438）	（-5.597）	（-1.355）	（-2.239）	（-4.385）	（-4.623）
$\Delta LOAN_{i,t}$		-3.421**		-3.339***		-3.255**
		（-3.478）		（-2.800）		（-2.321）
AR（2）	0.849	0.775	0.421	0.405	0.902	0.790
Sargan	1.00	1.00	1.00	1.00	1.00	1.00

注：解释变量为 $BUF_{i,t}$；***、**、*分别代表在1%、5%和10%的置信水平下显著；括号内为稳健性标准差调整后的 t 值；数据采用小数点后三位四舍五入。模型（1）和模型（2）为全样本估计结果，模型（3）和模型（4）为大型银行和股份制银行的估计结果，模型（5）和模型（6）是城市商业银行和农村商业银行的样本估计结果。

第一，在全样本下，商业银行资本缓冲与经济周期之间并不存在显著相关关系。在表3-2中模型（1）为全样本下的估计。从表3-2模型（1）可以发现，在控制了模型中其他因素的情况下，我国商业银行资本缓冲与 GDP 增长率并不显著。不良贷款率与资本缓冲呈现显著负相关。这表明银行不良贷款率越高，侵蚀了银行资本，银行的资本缓冲越低。从模型（2）来看，加入贷款增长率控制变量后，资本缓冲与 GDP 增长率没有发生变化。

第二，大型银行和股份制银行的资本缓冲与经济周期的关系并不显著，甚至存在一定的正相关性。从表3-2模型（3）和模型（4）来看，规模越大，银行的资本缓冲越高。从表3-2模型（4）的分样本估计结果来看，对于我国大型银行和股份制商业银行而言，在控制了模型中贷款增长率因素情况下，GDP 增长率的上升，银行资本缓冲并无显著变化。这表明对于我国大型银行和股份制商业银行资本缓冲整体而言，经济周期并未显著影响到其资本缓冲的变化。

第三，城市商业银行和股份制商业银行的资本缓冲与经济周期存在显著负相关性。对于我国城市商业银行和农村商业银行而言，由模型（5）可见，在控制了其他因素的情况下，资本缓冲与 GDP 增长率呈现显著负相关性。在加入贷款增长率控制变量后，资本缓冲与 GDP 增长率之间的显著负向关系未发生变化。

我们的研究结果与 Xiong（2013）存在显著差异，其利用中国银行业数据实证研究认为，资本监管加强了银行信贷的顺周期性，小银行的资本缓冲具有一定前瞻性，而大型银行由于"大而不倒"以及融资成本和融资渠道的多样化，大型银行行为更为短视。我们的研究表明：第一，资本缓冲的变化受到两种力量的制约，一是在经济周期向好的时期，银行会加速信贷的投放，进而导致资本缓冲的下降，二是经济周期向好的时候，银行资产风险权重会降低，导致资本缓冲的上升。第二，城市商业银行和农村商业银行在经济周期上升时，资本缓冲开始下降，主要原因为银行信贷投放的大幅度，表现为城市商业银行和农村商业银行信贷周期与经济周期存在典型的顺周期性。第三，我国大型银行和股份制商业银行资本缓冲与经济周期关系表现并不显著，可能表现为两种力量的对冲，同时也表明了大型银行和股份制银行面临的资本监管压力较小。

3.3　我国银行资本缓冲周期性内在形成机制实证分析

实证估计得出的银行资本缓冲周期性是控制了银行调整成本、资本成本、银行风险等变量后，经济周期对银行资本缓冲所产生的综合反映。顺周期性反映了银行资本缓冲下降，这在客观上扩大了经济波动，而逆周期性则反映了银行在客观上具有逆向操作的特征。但从宏观审慎工具有效实施的角度来看，资本缓冲随经济波动所产生的综合反映并不能有效指导监管部门开展逆周期监管工作。因为不可能存在一种工具能够抑制所有的顺周期性因素。更为重要的是，针对不同因素所导致的银行顺周期性，需要不同逆周期监管工具加以应对。即便从总体而言，银行资本缓冲未表现出顺周期性，也需要进一步分析各类因素对银行资本缓冲周期性的影响，从而判断是否需要或者采取哪些工具实施逆周期调控。为了进一步分析我国银行资本缓冲周期性的内在驱动因素，完善我国逆周期资本缓冲框架，本节分析了银行资本补充、资产配置以及银行平均风险权重因素对银行资本缓冲周期性的影响。我国党宇峰等（2012）从资本和信贷两个驱动因素分别考察资本缓冲的周期性。柯孔林等（2012）也从资本和风险加权资产两方面考察资本缓冲的周期性。张琳和廉永辉（2015）认为以往一些文献仅从实证角度检验了银行资本缓冲的周期性，但未分析资本缓冲周期性特征的内在原因。他们采用我国76家银行的数据实证分析，认为资本补充能力造成了不同银行类型的周期性差异。从逆周期资本缓冲工具视角来看，资本留存主要是通过限制银行利润分配，强制资本补充，从而维护银行资本缓冲水平，因此，本书检验银行利润补充资本渠道对资本缓冲周期性的影响。考虑到单纯考察银行利润补充资本渠道意义有限，繁荣时期银行资本补充提高银行资本缓冲的同时，银行也会加大资产配置力度。因此，在研究银行资本补充机制过程中，需要将资本补充和资本消耗放在一起考虑。故本书在检验银行利润补充资本渠道对资本缓冲周期性影响的基础上，纳入银行资产配置渠道作为银行利润补充资本渠道基准，进一步考察在经济周期作用下，银行资本补充（银行利润）与资本消耗（资产配置）行为对资本缓冲的影响，以检验银行利润补充资本影响资本缓冲周期性作用的大小。由于逆周期资本缓冲工具针对的是资本监管的顺周期性，因此，本书也着重检验了风险加权权重对资本缓冲周期性的影响。

3.3.1　资本补充、资产配置与银行资本缓冲周期性检验

为了进一步考察我国商业银行在经济周期过程中，银行利润是否能够补充资本从而对银行资本缓冲周期性行为产生显著影响，本书在模型中加入了银行利润与经济周期交互项。

从表 3 - 3 的实证结果来看，在全样本的回归中，在控制了经济周期与银行利润的交互项后，银行资本缓冲与经济周期呈现负相关性。这表明在银行总体样本下，在经济周期作用下，银行利润补充资本能够削弱银行资本缓冲顺周期性。银行在经济周期中通过利润能够有效增加银行资本缓冲，一定程度上发挥了逆周期操作的功能，能够起到维护银行稳健性的作用。从大型银行与股份制银行样本来看，我们发现，在控制了经济周期与银行利润的交互项后，银行资本缓冲与经济周期呈现正相关性，但并不显著。通过城市商业银行和农村商业银行的实证结果发现，控制了经济周期与银行利润的交互项后，银行资本缓冲与经济周期呈现显著负相关性。这表明在对城市商业银行和农村商业银行经济周期对银行利润影响后，其与城市商业银行和农村商业银行资本缓冲同样表现出显著的顺周期性。在经济发展繁荣时期，城市商业银行和农村商业银行更偏好降低资本缓冲，加大风险承担。经济周期与银行利润的交互项在 1% 水平下显著，表明城市商业银行和农村商业银行繁荣时期通过利润能够显著提高资本缓冲。经济周期对银行利润的影响可以抵消一部分城市商业银行和农村商业银行资本缓冲与经济周期的顺周期性。

表 3 - 3　　　　　　　　银行利润与资本缓冲周期性模型估计结果

解释变量	模型（1）	模型（2）	模型（3）
$BUF_{i,t-1}$	0. 297 ***	0. 332 ***	0. 302 ***
	（7. 944）	（14. 927）	（3. 843）
GDP_t	- 0. 263 ***	0. 120	- 0. 407 ***
	（- 2. 595）	（1. 557）	（- 3. 045）

续表

解释变量	模型（1）	模型（2）	模型（3）
$GDP_t \times PRO_{i,t}$	10.907 ***	0.260	13.125 ***
	(2.757)	(0.069)	(2.424)
$TA_{i,t}$	-0.546 **	0.688 ***	-1.138 ***
	(-2.068)	(2.826)	(-3.562)
$ROE_{i,t}$	-0.077 ***	-0.028 *	-0.108 **
	(-2.737)	(-1.675)	(-2.529)
$NPL_{i,t}$	-0.389 ***	-0.235 **	-0.449 ***
	(-5.143)	(-2.228)	(-4.700)
$\Delta LOAN_{i,t}$	-2.842 ***	-3.253 **	-2.623 *
	(-2.910)	(-2.645)	(-1.858)
AR（2）	0.74	0.41	0.76
Sargan	1.00	1.00	1.00

注：解释变量为 $BUF_{i,t}$；*** 、** 、* 分别代表在1%、5%和10%的置信水平下显著；括号内为稳健性标准差调整后的 t 值；数据采用小数点后三位四舍五入。模型（1）为全样本估计结果，模型（2）为大型银行和股份制银行的估计结果，模型（3）是城市商业银行和农村商业银行的样本估计结果。

为了进一步考察银行利润补充资本渠道对银行资本缓冲周期性的效应，本书检验银行资本消耗与资本补充综合效应对资本缓冲周期性的影响。本书以银行资本配置（贷款）作为检验银行利润补充资本渠道的基准，考察银行通过银行利润（资本补充）和银行资产配置（资本消耗）两者的综合效应对银行资本缓冲周期性的影响。因此，在模型中加入了银行利润和银行贷款的比率（PROLOAN）与 GDP 增长率的交互项，并在模型中加入资本占总资产的比率（ETA）和贷款占总资产的比率（LOAN）控制变量，以检验经济周期是否通过对银行资本缓冲"分子"项和"分母"项两方面驱动因素所产生的综合效应对资本缓冲产生影响。

从表3-4检验结果来看，在控制了其他变量后，城市商业银行和农村商业银行样本中，GDP 增长率与银行利润和银行贷款比率变量的交互项估计的系数为负，并且统计上显著。这表明，对此类银行而言，经济繁荣时期所带来的贷款增长导致资本缓冲下降压力，显著高于经济繁荣时期所带来的银行利润补充导致的资本缓冲提高效应。此时，GDP 增长率在表3-4的模型（3）中则没有表现出显著性。这说明经济繁荣时期，城市商业银行和农村商业银行通过增加自身风险资产配置，显著降低了资本缓冲水平。我国城市商业银行和农村商业银行在繁荣时期所带来的利润补充资本不足，无法弥补繁荣时期所带来的资本消耗过快，从而导致资本缓冲下降。因此，监管部门需要进一步加强对此类银行利润转增资本的审慎管理，提高银行内源融资比例。商业银行在资本调整过程中，主要通过注资、上市股权融资、利润转增资本等方式提高自身资本。特别是对于我国城市商业银行和农村商业银行而言，缺乏上市融资渠道，甚至难以获得股东的再融资，发债和募集资金方面与大型银行和股份制银行存在较大的差距，资本补充途径相较于大中型商业银行较为狭窄。因此，利润补充资本是城市商业银行和农村商业银行补充资本的一个重要渠道。在《巴塞尔协议Ⅲ》框架中资本留存要求银行通过利润补充资本，限制利润分配。鼓励银行在经济繁荣时期增加资本有利于维护银行的稳健性。在我国逆周期资本缓冲框架中，应进一步加大银行在经济繁荣时期增加资本补充的激励机制，提高银行在繁荣时期通过利润提高资本缓冲的积极性，防范由于经济周期而导致银行波动性加大。对于我国大中型银行而言，在控制了通过银行利润（资本补充）和银行资产配置（资本消耗）两者综合效应对银行资本缓冲周期性的影响因素后，资产缓冲依然显著表现为逆周期性。这表明，经济繁荣时期所反映出的资本缓冲逆周期并不是因大中型银行利润补充和资产配置所致。

表 3 - 4　　　　银行利润补充、资产配置与资本缓冲的周期性

解释变量	模型（1）	模型（2）	模型（3）
$BUF_{i,t-1}$	0.126 ***	0.074 **	0.195 ***
	(4.016)	(1.971)	(4.054)
GDP_t	0.100	0.201 ***	0.183
	(1.253)	(2.817)	(1.393)
$TA_{i,t}$	- 0.700 ***	0.112	- 1.063 ***
	(- 3.539)	(0.446)	(- 3.519)
$ROE_{i,t}$	0.065 **	0.021	0.105 **
	(2.471)	(0.986)	(2.406)
$NPL_{i,t}$	- 0.330 ***	- 0.266 ***	- 0.310 ***
	(- 3.925)	(- 2.734)	(- 3.570)
$ETA_{i,t}$	1.054 ***	1.007 ***	1.250 ***
	(10.547)	(9.635)	(8.471)
$LOAN_{i,t}$	- 9.728 ***	- 5.246 **	- 13.587 ***
	(- 5.270)	(2.5741)	(- 4.644)

解释变量	模型（1）	模型（2）	模型（3）
$GDP \times PROLOAN_{i,t}$	- 2.875	- 3.622	- 5.984 **
	（ - 1.565）	（ - 1.149）	（ - 2.056）
AR（2）	0.622	0.481	0.677
Sargan	1.00	1.00	1.00

注：解释变量为 $BUF_{i,t}$；*** 、 ** 、 * 分别代表在 1% 、 5% 和 10% 的置信水平下显著；括号内为稳健性标准差调整后的 t 值；数据采用小数点后三位四舍五入。模型（1）为全样本估计结果，模型（2）为大型银行和股份制银行的估计结果，模型（3）是城市商业银行和农村商业银行的样本估计结果。

3.3.2　银行平均风险权重与资本缓冲周期性检验

逆周期资本缓冲主要针对资本监管的顺周期性问题。为了更为细致地探寻资本缓冲周期性的内在形成机制，本节在考察 GDP 增长率对资本缓冲的模型中加入银行风险加权资产与银行总资产的比例即银行平均风险权重（WEG），检验资本缓冲与经济周期是否产生变化。

由表 3 - 5 可见，在模型中加入银行平均风险权重后，虽然总样本和分样本中风险平均权重没有表现出显著性，但在资本监管中，随着经济周期的波动，其可能会导致资本监管带来的顺周期性。为了进一步研究经济周期对风险权重的影响，进而对银行资本缓冲造成的影响，我们在模型中加入了经济周期与银行平均风险权重的交互项。

表 3 - 5　　　　　　　　**银行风险权重与资本缓冲的周期性（1）**

解释变量	模型（1）	模型（2）	模型（3）
$BUF_{i,t-1}$	0.281 ***	0.338 ***	0.267 ***
	（7.064）	（13.128）	（3.144）
GDP_t	- 0.093	0.120	- 0.188 **
	（ - 1.372）	（1.557）	（ - 2.230）
$WEG_{i,t}$	- 0.045	1.180	- 0.043
	（ - 0.946）	（ - 0.554）	（ - 0.652）
$TA_{i,t}$	- 0.401	0.725 ***	- 0.915 ***
	（ - 1.591）	（2.812）	（ - 2.935）
$ROE_{i,t}$	- 0.069 ***	- 0.031 *	- 0.118 *
	（ - 3.067）	（ - 1.879）	（ - 3.511）

续表

解释变量	模型（1）	模型（2）	模型（3）
$NPL_{i,t}$	-0.376 *** (-4.789)	-0.223 * (-1.663)	-0.451 *** (-4.622)
$\Delta LOAN_{i,t}$	-2.400 ** (-2.455)	-3.159 ** (-2.408)	-2.284 * (-1.697)
$PRO_{i,t}$	99.270 *** (0.147)	6.447 (0.243)	141.151 *** (3.018)
AR（2）	0.693	0.423	0.698
Sargan	1.000	1.000	1.000

注：解释变量为 $BUF_{i,t}$；***、**、* 分别代表在 1%、5% 和 10% 的置信水平下显著；括号内为稳健性标准差调整后的 t 值；数据采用小数点后三位四舍五入。模型（1）为全样本估计结果，模型（2）为大型银行和股份制银行的估计结果，模型（3）是城市商业银行和农村商业银行的样本估计结果。

由表 3-6 可见，在模型中加入银行风险平均权重以及银行风险平均权重与经济周期的交互项后，本书发现大型银行和股份制银行与城市商业银行和农村商业银行两个样本表现出非常大的差异性。邹传伟（2013）采用拨备作为企业信用变化的替代指标，实证发现拨备的提高会导致银行平均风险权重的提高，从而说明在经济周期下，企业信用变化会导致银行平均风险权重变化，说明资本监管在经济繁荣时期约束力下降。从表 3-6 模型（2）的交互项可见，经济周期对银行资本缓冲的影响受到银行平均风险权重的影响，经济周期和银行平均风险权重存在相互削弱（Compensating）。银行平均风险权重对资本缓冲的影响受到经济周期的影响。随着经济的繁荣，大型银行和股份制银行平均风险权重对资本缓冲的负向影响会减弱。这表明在经济繁荣时期，资本监管对大型银行和股份制银行的约束力下降。从这一点可以看出，对于我国大型银行和股份制银行实施逆周期资本缓冲的必要性，它们在经济繁荣时期随着自身风险权重下降能够显著降低资本约束的效力，而逆周期资本缓冲则是针对资本监管顺周期而提出的资本监管措施。因此，应该尽快对我国大型银行和股份制银行实施逆周期资本缓冲。从表 3-6 模型（3）发现，随着风险权重提高，城市商业银行和农村商业银行资本缓冲并未产生显著影响。从表 3-6 的估计结果来看，不同类型的银行在经济周期中面对平均风险权重表现的行为并不相同。对于大型银行和股份制银行而言，经济繁荣会导致银行资本监管约束力下降，从而提高银行的资本缓冲水平。但这类现象没有发生在城市商业银行和农村商业银行样本中。

表 3 - 6　　　　　　　　银行风险权重与资本缓冲的周期性（2）

解释变量	模型（1）	模型（2）	模型（3）
$BUF_{i,t-1}$	0.287 ***	0.334 ***	0.271 **
	(7.187)	(13.700)	(3.198)
GDP_t	- 0.767 **	- 0.735 **	- 0.558
	(- 2.423)	(- 2.156)	(- 1.151)
$GDP_t \times WEG_{i,t}$	1.306 *	1.759 **	0.705
	(2.113)	(2.358)	(0.749)
$WEG_{i,t}$	- 12.591 **	- 17.641 ***	- 6.814
	(- 2.122)	(- 2.711)	(- 0.754)
$TA_{i,t}$	- 0.347	0.741 **	- 0.846 **
	(- 1.354)	(2.518)	(- 2.453)
$ROE_{i,t}$	- 0.069 ***	- 0.032 *	- 0.111 ***
	(- 3.124)	(- 1.745)	(- 3.056)
$NPL_{i,t}$	- 0.359 ***	- 0.273 *	- 0.421 ***
	(- 4.623)	(- 1.741)	(- 4.586)
$\Delta LOAN_{i,t}$	- 2.761 ***	- 3.602 **	- 2.441 *
	(- 2.616)	(- 2.383)	(- 1.662)
$PRO_{i,t}$	89.891 ***	- 18.080	130.339 ***
	(2.986)	(- 0.677)	(2.652)
AR（2）	0.784	0.322	0.745
Sargan	1.000	1.000	1.000

注：解释变量为 $BUF_{i,t}$ ；*** 、** 、* 分别代表在 1% 、5% 和 10% 的置信水平下显著；括号内为稳健性标准差调整后的 t 值；数据采用小数点后三位四舍五入。模型（1）为全样本估计结果，模型（2）为大型银行和股份制银行的估计结果，模型（3）是城市商业银行和农村商业银行的样本估计结果。

3.4　本章小结

不同驱动因素所导致的商业银行的顺周期性是存在差异的。从逆周期监管角度来看，经济周期对资本缓冲所产生的综合反映并不能非常有效地指导宏观审慎管理部门开展逆周期监管工作。因此，本章阐述了银行顺周期性行为因素，并对我国银行资本缓冲周期性以及内在形成因素进行了实证检验。在检验我国资本缓冲周期性方面，本章发现：

（1）资本缓冲的变化与经济周期的相关性受到两种力量的制约：一是在经济周期向好的时期，银行会加速风险资产的配置，进而导致资本缓冲的下降；二是经济周期向好的时候，银行资产风险权重会降低，导致资本缓冲的上升。从实证我们发现：第一，城市商业银行和农村商业银行在经济周期上升时，资本缓冲开始下降，主要原因为银行信贷投放的大幅度，表现为城市商业银行和农村商业银行信贷与经济周期存在典型的顺周期性。第二，我国大型银行和股份制银行资本缓冲与经济周期关系表现并不显著，甚至表现为一定的正相关性，可能表现为两种力量的对冲，同时也表明了大型银行和股份制银行面临的资本监管压力较小。

（2）我国银行资本缓冲周期性内在形成机制受到三种力量的影响：一是银行利润带来的资本补充；二是信贷等资产配置带来的资本消耗；三是风险权重随经济变化调整带来的资本缓冲变化。实证结果表明：第一，城市商业银行和农村商业银行在经济繁荣时期，资本缓冲显著下降，其与风险权重的关系并不显著，信贷等风险资产的大幅度上升明显抵消了利润对资本缓冲的改善，导致其资本缓冲不断下降，加上其资本补充渠道有限，面临较大的监管压力；第二，大型银行和股份制银行在经济繁荣时期，资本缓冲与经济周期的关系并不显著，其资本缓冲与利润补充及信贷资源的配置并不相关，但资本缓冲却显著受益于风险权重的下降，使其受到的监管压力下降。

（3）在经济繁荣时期，资本监管办法对风险权重的计量办法显著改善了大型银行和股份制银行的资本缓冲，资本监管面临一定的亲周期性，面临的监管压力较小，应对其实施更为严格的逆周期资本管理，全周期平滑其风险资产计算办法。对于城市商业银行和农村商业银行，在经济繁荣时期，其采用了激进的风险资产配置模式，已面临较大的资本监管压力，需要监管部门采用更多辅助监管办法（如信贷增速控制等）来抑制其风险承担冲动，降低其信贷资产与经济周期的顺周期性。

4 逆周期宏观审慎监管框架：目标、工具及传导机制

与货币政策相比，宏观审慎管理政策的研究仍处于起步阶段。为此，本章拟借鉴货币政策的分析范式，对逆周期宏观审慎管理框架的最终目标、中间目标、工具体系及作用传导机制进行深入探讨。

4.1 逆周期宏观审慎监管的内涵与目标

"宏观审慎"于 1979 年被 Cooke 委员会首次提出，适用于国际银行业总体安全问题。但很长一段时间以来，宏观审慎概念并未得到足够重视，直到2007 年爆发次贷危机。2007 年次贷危机后，国际社会开始反思金融体系存在的问题：第一，传统货币政策多以价格稳定为最终目标，多关注于价格信息，而忽略了货币与信贷总量问题，对信贷、杠杆、货币数量以及跨境金融头寸未给予足够重视，也就不能对系统性风险进行有效防范（Adrian 和 Shin，2009）；第二，已有银行监管过多关注于金融机构个体，忽略了宏观经济周期之间以及对实体经济的负外部性问题；第三，金融自由化使得跨境业务快速增加，资本套利和跨境政策套利使得传统金融监管效力大打折扣。为此，2009 年 G20 峰会提出宏观审慎政策框架并在全球进行推广。

宏观审慎监管政策侧重于从其目标定位来进行定义，指为防范系统性风险的各类审慎工具的使用（IMF 等，2016）。Galati 和 Moessner（2018）认为宏观审慎政策旨在用审慎的方式增强金融系统的稳定性，减少由金融困境带来的宏观经济损失。微观审慎旨在提高个体金融机构的稳定性，以保护存款人，而宏观审慎旨在提高整个金融系统的稳定性。这反映了对金融体系系统性风险生成的两种截然不同的看法：在微观审慎监管视角下，系统性风险是

外生的；而宏观审慎视角下，系统性风险是内生的。此外，这种内生的系统性风险有两个维度：一个是时间序列维度，反映了金融体系的顺周期性；另一个是结构维度，侧重于个体金融机构和金融市场之间的联系，以及在日常经济活动中它们面临的相同风险因素。具体而言，宏观审慎监管与微观审慎监管的区别如表 4 - 1 所示。

表 4 - 1　　　　　　　　　宏观审慎管理与微观审慎监管的区别

监管方式	宏观审慎管理	微观审慎监管
直接目标	抑制金融体系的系统性风险	抑制个体机构的异质性风险
最终目标	避免金融不稳定对产出（GDP）成本的影响	保护客户（存款人、投资者）
风险特征	内生：源于机构的集体行为和相互作用 系统性风险	外生：源于个体机构，不考虑集体行为的反馈效应 个体风险
关注问题	机构之间的风险敞口；金融部门间及对实体经济的负外部性；金融失衡引发的内生性风险和过度顺周期风险	个体破产及其对消费者的负外部性
方法	一般均衡视角，采用自上而下方法：根据系统性困境的概率和成本设置审慎控制	局部均衡视角，采用自下而上方法：根据每一机构的风险设置审慎控制
政策重点	赋予大型复杂金融机构更大权重	保护个体机构

数据来源：Crockett，2000；Borio，2003，作者整理而来。

1. 宏观审慎监管的最终目标

从宏观审慎监管的最终目标来看，没有必要将系统性风险的两个维度截然分开，因为两个维度的风险往往交织在一起，不可分割。从既有学者和监管当局的视角来看，宏观审慎监管的核心均为防范系统性风险，其分歧往往在于对系统性风险的解读差异，具体如表 4 - 2 所示。因此，宏观审慎管理的最终目标有两个：第一，防范金融体系的系统性风险，解决金融资产泡沫与金融体系的顺周期问题；第二，避免或减轻金融系统性风险对实体经济的负向外部溢出。

表 4 - 2　　　　　　　　　宏观审慎监管的最终目标

学者	最终目标
CGFS（2012）	1. 增加金融机构弹性和恢复力 2. 降低信贷周期的顺周期性

续表

学者	最终目标
IMF、FSB、BIS（2016）	1. 强化金融体系抵御经济和金融冲击的能力 2. 保证信贷和其他金融服务在不利经济条件下的持续供给①
Lim 等（2011）	1. 限制大范围的金融服务崩溃 2. 最小化金融体系崩溃带来的宏观经济冲击
Landau（2009）	防止泡沫的产生而不是系统性风险
Brunnermeier 等（2009）；Caruana（2010）	有效防范系统性风险，防止金融系统对经济体系的负外部溢出
Claudio Borio（2003）	避免金融体系的风险给实体经济带来破坏，从而给宏观经济带来较大幅度的波动

2. 宏观审慎监管的中间目标

IMF 等（2016）认为宏观审慎监管的中间目标为：第一，有效提升金融系统面临冲击的适应能力和修复弹性；第二，降低资产价格和银行信贷的顺周期性，降低金融体系随时间积累的系统性风险；第三，控制金融体系的结构脆弱性和风险敞口，降低传染性，解决"大而不倒"问题。Galati 和 Moessner（2018）认为宏观审慎的中间目标和外部性有关，而外部性由内生系统性风险的两个维度产生。从时间序列的维度来看，宏观审慎政策在经济繁荣期强调抵押贷款引发的外部性。因为借款人根据资产的价格水平决定其贷款数量，也就是说在经济繁荣期，借款人会加杠杆，而在经济衰退的时候去杠杆，由此引发的外部性借款人并不能将其内化（Internalize）。这也就导致了信贷和资产价格的波动，最终会引起资产的大量抛售。这种波动还可能因为金融机构羊群效应般的"战略互补"而加剧，也就是外部性反映了金融机构的战略性互动。此外，在去杠杆时期，面对流动性陷阱，借款人得不到足够的保障也会引起借款人在经济繁荣时期承担额外风险，加大杠杆的行为。从系统性风险的结构维度来看，宏观审慎旨在通过解决市场结构产生的外部性，从而增强金融系统抵抗风险的能力。这些外部性往往与市场主体的关联性、规模以及它们在金融市场中的地位相关。这些外部性之所以存在，是因为金融机构无法将它们在银行间市场中受到的系统性风险影响内化，而在系统中处于重要地位的金融机构受到的系统性风险的影响更大。

---

① 指非管理经济周期或总需求的水平与结构。宏观审慎政策通过酌情构建，与释放缓冲来降低金融危机发生的频率，缓解产出急剧萎缩。

　　将系统性风险的两个维度区别开的重要理论是，时间维度中的外部性由信贷需求方产生，而结构维度中解决的外部性是由信贷的供给方产生。但在实际操作中，宏观审慎政策往往针对银行，并希望以此能够间接影响没有处于金融体系中的借款者。

　　综上所述，我们可以看出逆周期宏观审慎监管的中间目标必须和横截面维度相分离，从既有学者的研究来看，其中间目标的表述都过于模糊，并无操作性。为此，下一节我们将采用 ROC 方法对逆周期宏观审慎监管工具的目标进行实证检验和确认。

4.2　逆周期宏观审慎监管的中间目标：基于 ROC 方法的早期预警

　　系统性风险的测度及其预警仍是一个难题，而宏观审慎工具却难以准确评估其对系统性风险的影响。为此，我们需要借鉴货币政策的原理，即可测性、可控性和可操作性来确定宏观审慎监管工具的中间目标。本书拟采用 ROC（Receiver Operating Characteristic）方法，对各可观测的指标研究其与最终目标，即降低系统性风险的相关性，进而确定逆周期宏观审慎管理的中间目标。

4.2.1　文献回顾

　　2008 年国际金融危机之后，宏观审慎政策迅速被提上日程，其主要目的在于尽量降低系统性风险的破坏力。逆周期的宏观审慎管理，要求在经济繁荣时保有一部分资本缓冲，以便于在经济衰退时可以提取出来雪中送炭。对于政策制定者来说，选择实施宏观审慎政策的最佳时期，首要工作就是选定中间目标，据此对可能发生的系统性危机进行识别，这需要通过早期预警指标（EWI）来实现。理想的早期预警指标可以适时地发出预警信号，提醒政策制定者实施相应的宏观审慎政策，以应对接下来可能发生的银行系统性危机。若政策制定者提前实施宏观审慎政策，这无疑需要缩减银行系统借贷资金，以限制银行体系发展为代价，这在经济健康运行、状态良好的情况下是不必要的；若政策制定者延后实施宏观审慎政策，银行系统性危机的爆发对宏观经济的破坏性远大于政策的实施成本。因此，适时地进行宏观审慎政策显得尤为重要，而这需要理想的早期预警指标作为支持。寻找具有良好预测能力的早期预警指标，也称为逆周期宏观审慎政策实施的重要环节。但对于建立理想的早期预警系统（EWS）来说，需要获取政策制定者的偏好、实施政策的成本和预期收益等信息，这是十分困难的。因此，将政策制定者可能的偏好范围全都考虑到，并且不需要估计实施政策成本和预期收益的 ROC（Receiver Operating Characteristic）方法是一个较好选择。

本书的贡献在于：将全球 46 个国家和地区 1970—2011 年的数据按照收入水平和资本账户开放程度进行划分，利用 ROC 方法检验早期预警指标在高等收入国家和地区、中等收入国家和地区、资本账户开放程度高的国家和地区、资本账户开放程度低的国家和地区对系统性银行危机的预警效果，据此确定逆周期宏观审慎管理的中间目标。

1. ROC 方法在早期预警模型中的应用

ROC 方法最初由 Peterson 和 Birdsall（1953）提出并应用于雷达信号检测，在之后的很长一段时间内被广泛应用于医疗诊断、气象预测、信息检索、材料试验等领域，鲜有学者将 ROC 方法应用于经济领域。直到 Berge 和 Jorda（2009）将 ROC 方法应用于经济领域，评估指标预测经济周期的能力；Jorda 等（2011）利用 ROC 方法评价外部失衡对于金融危机的预测能力。Drehmann 和 Juselius（2013）首次将 ROC 方法应用于评估早期预警指标对于银行系统性危机的预测效果；随后，多位学者沿用其方法，对不同地域的国家和地区进行了早期预警指标的评价工作。例如，Barrell 和 Karim（2013）选用经济合作与发展组织（OECD）国家作为样本，运用逐步回归的方法估计信贷量对危机发生的影响力，采用 ROC 方法评估每一步回归的效果；Ioan 等（2014）、Sirano-va 和 Radvansky（2016）选用欧洲国家作为样本，采用 ROC 方法评估一系列银行指标和宏观经济指标对于危机的预测效果；Banbula 和 Pietrzak（2017）选用全球 47 个国家和地区作为样本，采用 ROC 方法评估、比较基于不同变量构建的银行危机早期预警模型的预测效果。据现有文献资料，国内尚未有学者将 ROC 方法应用于早期预警指标的预测能力分析。

2. HP 滤波方法

根据现有的研究成果，多数学者将缺口指标纳入早期预警指标的研究范围，缺口指标的获得需要使用滤波方法，将趋势过滤。多数学者使用一阶段 HP 滤波方法过滤趋势。Ravn 和 Uhlig（2002）的研究表明，一阶段 HP 滤波方法的平滑参数 λ 一般设定为观测频率的四次方，即年度数据为 6.25，季度数据为 1600；Drehmann 和 Juselius（2013）使用一阶段 HP 滤波方法获得相关缺口指标，认为金融周期的长度大约为一般商业周期的四倍，因此将 λ 设置为四倍观测频率的四次方，因其使用季度数据，将 λ 设为 400000；Barrell 和 Karim

（2013）、Banbula 和 Pietrzak（2017）沿用了前述的 λ 参数设置，运用一阶段 HP 滤波方法获得相关缺口指标。也有学者将几种不同的滤波方法进行对比研究，例如，Drehmann 等（2011）、Gerdrup 等（2013）使用一阶段 HP 滤波方法和两阶段 HP 滤波方法获得相关缺口数据，比较其预警效果，认为运用一阶段 HP 滤波方法产生的缺口数据预警效果更好；Norden 和 Wildi（2015）将一阶段 HP 滤波方法、两阶段 HP 滤波方法、一阶段 HP–BP 滤波方法进行比对研究，认为一阶段 HP 滤波方法对于时间跨度长的样本效果更好。综上所述，在现有的研究中，采用一阶段 HP 滤波方法获得的缺口指标对于银行系统性危机的预测效果更好。

3. 预警指标的选择

对于银行系统性危机早期预警指标的实证研究，主要集中于三大类指标，分别是信贷及其相关指标、房地产价格及其相关指标、银行负债及其相关指标。

对于信贷和房地产价格类指标，大量学者的研究证明，其对银行危机具有良好的预警效果。Drehmann 等（2011）、Edge 和 Meisenzahl（2011）、Drehmann 和 Juselius（2014）、Aikman（2014）的研究均表明，信贷缺口作为早期预警指标，对于银行系统性危机的预测能力较为理想，为逆周期资本缓冲政策的实施提供了理论基础。Drehmann（2011）分析了能反映银行体系状况的大量宏观经济指标和市场指标，认为信贷类和价格类指标在早期预警方面的表现优于其他指标；随后，Drehmann 和 Juselius（2013）缩小指标的研究范围，对最有可能捕捉到国内金融系统脆弱性的指标进行研究，认为信贷/GDP 缺口对于银行系统性危机的预警效果较好；Gerdrup 等（2013）认为信贷/GDP 缺口、房价与收入比值缺口、实际商业用房价格缺口指标，可用于预测挪威的银行危机；而 Anundsen 等（2016）的研究表明，基于信贷的复合指标和基于资产价格的复合指标对于银行危机具有良好的早期预警效果。

但也有学者对此得出了相反的结论。Barrel 和 Karim（2012）认为，信贷/GDP、信贷/GDP 缺口、信贷/GDP 增长率并不能对 OECD 国家的系统性危机进行预警；而银行资本充足性、资本流动性、信贷/GDP 缺口、信贷/GDP 增长率对新兴市场国家的系统性危机有一定预警作用。

对于银行负债类指标，Hahm 和 Shin（2012）构造了非核心负债的代理变量（跨国负债 + M_3 – M_2）、核心负债的代理变量［（跨国负债 + M_3）/M_2］，认为二者均为理想的早期预警指标；Banbula 和 Pietrzak（2017）构造了 VIX 指数作为全球金融市场风险价格的代理变量，同时也对信贷增长率、房地产价格指标进行研究，认为这三个指标均能对银行危机进行早期预警；Drehmann

和 Juselius（2013）认为债务服务比率（DSR）、银行非核心负债率对于银行系统性危机的预警效果较好。

4.2.2 模型设定

1. ROC 曲线（Receiver Operating Characteristic Curve）的基本原理

为了解政策制定者的效用函数如何影响最佳早期预警指标的选择，假设一个简单的经济情况：经济状态分为平静期和繁荣期（繁荣期后紧随而来的是危机期）。同时，政策制定者能判断经济是否处于危机期，但是无法判断现在经济处于平静期（$B=0$）还是繁荣期（$B=1$）。政策制定者可以选择实施政策（$P=1$）或者不实施政策（$P=0$）。实施政策是有成本的，但如果真的有系统性危机发生，政策的实施会降低系统性危机的破坏力。UPB 表明了在时期 B 实施政策 P 的效用，满足 $U_{11} > U_{01}$ 且 $U_{00} > U_{10}$。进一步假设政策实施者在时期 B 观察到可能有瑕疵的信号 S，假设 S 的值越大，即将发生危机的可能性越大。对于政策实施者来说，设定一个阈值 θ，当 S 超过 θ 时，实施政策 P。

在理想状态下，阈值的确定有助于对未来是否可能发生危机进行预警，但同时也伴随发出错误预警的情况发生。一般用 TPR（Ture Positive Rate）表示正确预警率，即灵敏度；TNR（True Negative Rate）表示对于非危机期的正确预测率，即特异度；FPR（False Positive Rate）表示错误预警率，即 1 - 特异度。要求政策制定者在正确预警率 $TPR_S(\theta)$ 和错误预警率 $FPR_S(\theta)$ 中进行权衡，其中，

$$TPR_S(\theta) = P(S > \theta \mid B = 1)$$

$$FPR_S(\theta) = P(S > \theta \mid B = 0)$$

当阈值 θ 过低时，TPR 接近 1，同时 FPR 接近 1；当阈值 θ 过高时，TPR 和 FPR 接近 0。当阈值 θ 取中间值时，当信号 S 全部有效时（此为理想状态，现实中一般不存在），TPR 恒等于 1；若信号 S 部分有效，则 $TPR > FPR$；当信号 S 无效时，则 $TPR = FPR$。以 FPR 为横坐标，TPR 为纵坐标建立坐标轴。当阈值 θ 取遍所有可能的值时，在坐标轴内可以画出一条曲线，即 ROC 曲线。如图 4 - 1 所示。

ROC 曲线具有如下特征：第一，具有单调递增特性；第二，如果危机发生的可能越大，信号 S 的值越大，则 ROC 曲线位于 45°斜线左上方；第三，ROC 为向下凹的曲线；第四，单位坐标轴在 ROC 曲线以下的面积可以用来衡量信号 S 的贡献度。

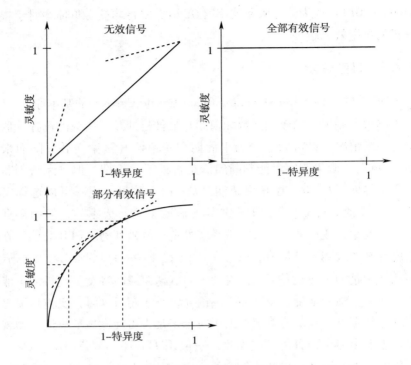

图4-1 ROC曲线的可能形态

ROC曲线的最后一个特征为衡量信号 S 质量的好坏提供了一个简便的方法。在单位坐标轴内，ROC曲线以下的面积（AUC）计算方法如下：

$$AUC(S) = \int_0^1 ROC(FPR(S))\,\mathrm{d}FPR(S) \qquad (4-1)$$

AUC 的取值范围在 $0\sim1$。以 0.5 为分界线，当 AUC 的值大于 0.5 时，S 被视为有效信号，且随着信号 S 有效性的增加，AUC 的值逐渐增大；当 AUC 的值不大于 0.5 时，S 被视为无效信号。

2. 早期预警指的标确定准则

AUC (Si, h) 是指标 i 在危机前 h 期的 ROC 曲线以下的面积，主要考察指标在危机前 5 年的预警情况，数据频率为年度，因此，h 的取值为 $-1\sim-5$。

（1）第一准则：先行性

一方面，理想的早期预警指标需要提前发出预警信号，以便于政策制定者可以有足够的时间有效实施政策，同时政策的传导机制也需要时间来实现。例如，若通过调整利率等货币政策来降低居高不下的通货膨胀率，往往需要至少一年的时间。同样，对于宏观审慎政策的有效实施，也需要一定时间。例如，

《巴塞尔协议Ⅲ》在逆周期资本缓冲的政策框架下，要求提高商业银行的资本充足率，这需要给银行至少一年的时间来进行相应调整。另外，经济数据的获取具有滞后性，当一国经济状况发生变动，政策制定者并不能立即察觉到，也就无法制定和实施相应政策。学者研究表明，理想的早期预警指标至少需要提前6个季度发出预警信号。另一方面，理想的早期预警指标也不能过早地发出危机预警信号，因为宏观审慎政策的实施是需要成本的。Caruana（2010）指出，过早地实施经济政策会在一定程度上破坏经济原有的运行机制。例如，西班牙在2000年提出动态准备金制度，由于来自银行的压力过大，实际上破坏了西班牙的准备金提取体系。但是，很难判断指标是否过早发出预警信号，出于保守估计，将5年作为提前发出预警信号的最长年份。

理想的早期预警指标所必须满足的第一个准则具体要求如下：

$$AUC(S_{i,h}) > 0.5 \quad h \in [-5, -1] \tag{4-2}$$

这个准则主要要求理想的早期预警指标需要先于危机发出预警信号，又要求预警信号的有效性，兼顾早期预警指标的有效性和先行性特征。

（2）第二准则：稳定性

能在危机之前发出持续、稳定的预警信号，是对早期预警指标的稳定性要求。Bernanke（2004）指出，政策制定者并不能对现实经济状况的变动立即作出反应，存在信息获取的滞后性，因此会遵循原有的政策趋势。而渐进主义在这样的情况下对于政策制定者来说可能是一种有效的制定政策方式，使得政策的实施对市场参与者起到一种引导作用，并以此应对未来不确定的经济形势。因此，早期预警指标应当可以持续地发出稳定的预警信号，尽量降低未来经济趋势的不确定性。

理想的早期预警指标所必须满足的第二个准则具体要求如下：

$$AUC(S_{i,-1-j}) \leqslant AUC(S_{i,0}) \quad j \in [1,4] \tag{4-3}$$

这个准则要求早期预警指标具备稳定性特征，即在危机发生前期直至危机期，都能持续发出稳定的预警信号，并且要求预警信号的强度不能减弱。

（3）第三准则：稳健性

政策制定者对于早期预警指标的另一要求是具有稳健性。早期预警指标的稳健性特征主要表现在，对于不同的样本，同一早期预警指标应当均能够发出有效的预警信号。正因为如此，在检验指标的稳定性时，通常会将样本按照不同标准进行分组，在不同的子样本中对指标的预警效果进行分析。

第三准则往往用于两个早期预警指标的比较，具体要求如下：

$$AUC(S_{i,h}) > AUC(S_{j,h}) \tag{4-4}$$

其中，i 和 j 分别表示两个早期预警指标。

在对两个备选的早期预警指标进行取舍时，会用到第三准则。这一准则也反映了 AUC 值能衡量指标预警效果。若指标值越小，发出的预警效果越强，则在比较时应当将 $AUC(S_{i,h})$ 值替换为 $[1 - AUC(S_{i,h})]$ 值，或将原始指标取负值再进行分析。

3. ROC 方法用于早期预警的优势

Banbula 和 Pietrzak（2017）提出，ROC 方法在阈值的选择方面具有良好的弹性，当选定一个阈值时，在 ROC 曲线上总能找到相对应的预测正确率和错误预警率；Drehmann 和 Juselius（2013）、Elliott 和 Lieli（2013）认为，ROC 方法最大的优势在于不需要提供政策制定者对于预测正确率和错误预警率的接受程度以及确定的阈值，这些信息在现实中都是难以获得的。下面将对 ROC 方法的优势进行理论分析。

由前述可知，政策制定者是否实施政策取决于其设定的阈值 θ。同时，阈值 θ 也表明了政策制定者在正确预测危机发生概率和发出错误预警概率之间的权衡结果。

Baker 和 Kramer（2007）、Becker（2009）的研究表明，政策制定者对于阈值 θ 的设置遵循如下规则：

$$\frac{\mathrm{d}ROC}{\mathrm{d}FPR} = \frac{(U_{00} - U_{10})(1 - \pi)}{(U_{11} - U_{01})\pi} \tag{4-5}$$

其中，π 表示危机发生的非条件概率。

当实施政策的成本比预期收益大时，政策制定者会相对更厌恶较高的错误预警率（FPR）；当预期收益大于实施政策的成本时，政策制定者对于较高 FPR 的厌恶程度会有所降低。但事实上，实施政策的成本和预期收益很难进行度量和获取。Drehmann 和 Juselius（2012）对政策制定者可能设置的阈值 θ 进行模拟发现，阈值 θ 的选择范围很广泛，基本是根据政策制定者最为关心的正确预测概率、发出错误预警概率而设置。

因此，在获取实施政策的成本和预期收益较为困难的情况下，阈值 θ 是很难进行估计的。而 ROC 方法并不需要顾及实施政策的成本、预期收益以及阈值 θ，在考虑了阈值 θ 的所有可能取值后，再对指标的预警效果进行分析，从而选择理想的早期预警指标，是其最突出的优势所在。

4. 本书的早期预警指标选择及描述

综合学者对于银行系统性危机的早期预警指标研究，以及数据的可获得性，本书选择了信贷/GDP 增长率、信贷/GDP 缺口、房地产价格增长率、房地产价格缺口、GDP 增长率五个指标，研究其对于银行系统性危机的预警效果。

信贷/GDP 增长率：一国和地区内私营部门信贷量与 GDP 比值的年增长率，用于衡量一国和地区实体经济部门的总体负债水平，数据来源于世界银行。

信贷/GDP 缺口：采用 HP 滤波方法，将一国和地区内私营部门信贷量与 GDP 比值过滤趋势，取其波动部分，用于衡量一国和地区实体经济部门负债水平的变动情况。由于本次研究采用年度数据，根据 Ravn 和 Uhlig（2002）的研究，过滤参数 λ 取 1600。

房地产价格增长率：一国和地区房地产名义价格指数的年增长率，用于衡量一国地区房地产价格水平。数据来源于 BIS 数据库。

房地产价格缺口：采用 HP 滤波方法，将一国和地区房地产名义价格指数过滤趋势，取其波动部分，用于衡量一国和地区房地产价格水平的变动情况。由于本次研究采用年度数据，根据 Ravn 和 Uhlig（2002）的研究，过滤参数 λ 取 1600。

银行系统性危机：本书采用的银行系统性危机数据来自 Laeven 和 Valencia（2012）的危机数据库。

GDP 增长率：一国和地区实际 GDP 同比增长率，用于衡量一国和地区经济增长情况。

4.2.3　实证过程

1. 样本数据描述

本书根据国际清算银行（BIS）中可获取的房地产价格指数，选择了 46 个国家和地区作为样本，采用 1970—2011 年期间的年度数据，对信贷/GDP 增长率、信贷/GDP 缺口、房地产价格增长率、房地产价格缺口、GDP 增长率 5 个指标的预警效果进行对比分析。

（1）描述统计分析

对信贷/GDP 增长率、信贷/GDP 缺口、房地产价格增长率、房地产价格缺口、GDP 增长率指标进行描述性统计，如表 4 - 3 所示。

表 4 - 3　　　　　　　　　　　　指标的描述性统计

变量	观察值	均值	标准差	最小值	最大值
信贷/GDP 增长率（%）	1585	96.587	3069.912	-99.861	119007.9
信贷/GDP 缺口	1265	0.532	13.35393	-68.920	145.319
房地产价格增长率（%）	1093	7.400	10.488	-38.469	65.184
房地产价格缺口	1143	0.000	15.395	-145.255	126.050
GDP 增长率（%）	1706	3.713	3.861	-14.814	19.3

由于本次研究涉及的国家和地区较多，数据年份跨度较大，且各个国家和地区的数据统计口径存在不一致的情况，因此指标存在部分缺失值。房地产价格增长率数据缺失较多，但仍在可接受范围内。

（2）早期预警指标在危机期前后的表现

为初步了解各指标在银行系统性危机发生前后的波动情况，计算各指标在危机发生前后 5 年的均值以及 75% 置信区间范围，如图 4-2 所示。

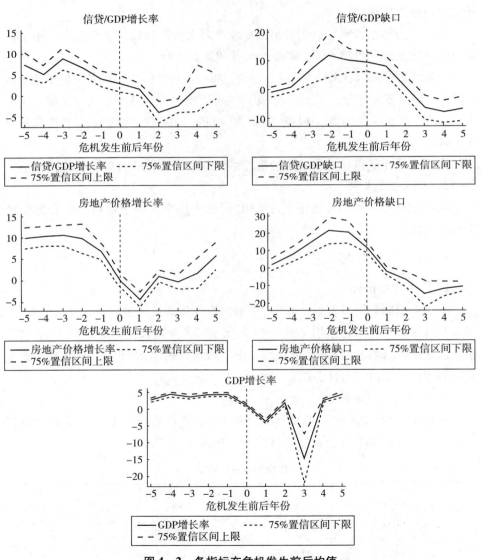

图 4-2 各指标在危机发生前后均值

　　由于早期预警指标的先行性要求，所以较为关注的是指标在危机前期或者危机期与危机后期的差异。单由均值波动情况来看，随着危机的临近，信贷/GDP 缺口逐年上升，在危机期达到相对较高水平，危机过后呈逐年下降趋势，在危机期和非危机期差异明显，可能是一个较为理想的早期预警指标；房地产价格缺口逐渐上升，在危机前 1 期左右达到最高水平，随后呈逐年下降趋势，在危机前 1 期和非危机时期差异明显，也可能是一个较为理想的早期预警指标；信贷/GDP 增长率、房地产价格增长率、GDP 增长率在危机期与非危机期并没有明显差异，初步来看并非理想的早期预警指标。

　　2. 早期预警指标的质量分析

　　（1）各早期预警指标在危机前期的 ROC 曲线

　　由于早期预警指标需要具备先行性，但太过提前发出预警信号并不具备有效性，因此主要关注各早期预警指标在危机前 1 年至危机前 5 年的表现情况，通过 ROC 曲线初步衡量各指标的有效性，如图 4 - 3 所示。

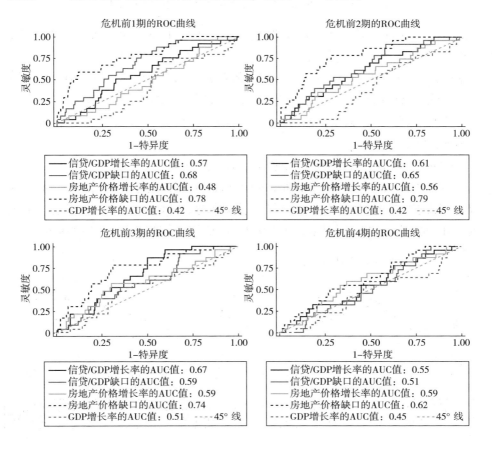

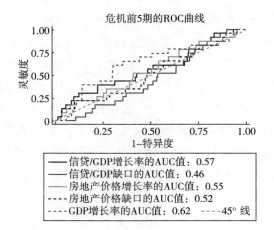

注：由于 GDP 增长率一般为负向指标，需将其与（－1）相乘后，
才能得出与其他指标具有可比性的 ROC 曲线。

图 4 - 3　各早期预警指标在危机发生前后的 ROC 曲线

由前述可知，ROC 曲线越接近左上侧，指标正确预测危机的概率越高，发出错误预警的概率越低，预警效果越好。由图 4 - 3 可知，在危机前 3 期，各指标集的 ROC 曲线集中分布于 45°线的左侧，说明各指标在危机前 3 期的预警效果优于其他时期，而房地产价格缺口、信贷/GDP 缺口的 ROC 曲线位于其他指标左上侧，可以初步判断房地产价格缺口、信贷/GDP 缺口的预警效果优于其他指标。

（2）各早期预警指标在危机前期的 AUC 趋势

通过 ROC 曲线可以初步判断指标的有效性，而通过指标的 AUC 值以及有效性指标准则的检验可以精确地对各指标的预警效果进行比较。各早期预警指标在危机前 5 期至危机期的 AUC 趋势及对于准则 1、准则 2 的检验情况如图 4 - 4 所示。

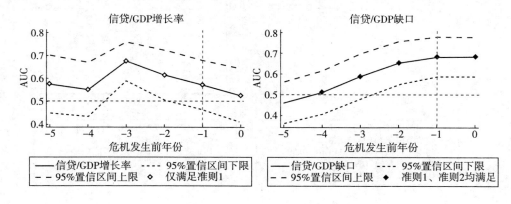

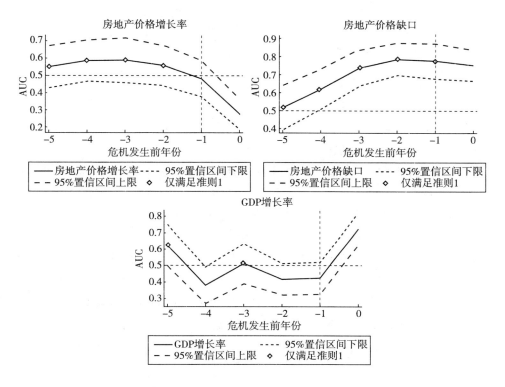

注：由于 GDP 增长率一般为负向指标，需将其与（-1）相乘后，才能得出与其他指标具有可比性的 AUC 值，以下均以此方法处理。

图 4-4　各指标的 AUC 趋势及准则 1、准则 2 检验情况

由结果可知，信贷/GDP 缺口从危机发生前 4 期开始发出有效预警，至危机期，发出的预警信号逐渐增强，同时具有先行性、稳定性和有效性特征，均满足准则 1、准则 2 的要求，是一个理想的早期预警指标；房地产价格缺口从危机前 5 期开始发出有效预警，具有先行性和有效性特征，但从危机前 2 期至危机期，发出的预警信号略微变弱，不具有稳定性特征，仅满足准则 1 的要求，因此相对于信贷/GDP 缺口来说，预警效果次之；信贷/GDP 增长率从危机发生前 5 期开始发出有效预警，但预警信号从危机发生前 3 期开始逐年快速下降，具有先行性和有效性特征，但不具有稳定性特征，仅满足准则 1 的要求，并不是理想的早期预警指标；房地产价格增长率、GDP 增长率在危机前的个别时期可以发出预警信号，具有先行性，但不具备有效性和稳定性特征，不能作为理想的早期预警指标。

对各指标的特征及准则 1、准则 2 检验情况进行总结，如表 4-4 所示。

表 4 – 4 各指标的特征及准则 1、准则 2 符合情况总结

指标	特征	是否符合准则 1	是否符合准则 2	理想度排序
信贷/GDP 缺口	先行性、有效性、稳定性	符合	符合	1
房地产价格缺口	先行性、有效性	符合	不符合	2
信贷/GDP 增长率	先行性、有效性	符合	不符合	3
房地产价格增长率	先行性	符合	不符合	4
GDP 增长率	先行性	符合	不符合	5

3. 早期预警指标的稳健性检验

通过将样本按照时间段、收入水平、开放度进行分组，对各早期预警指标在不同时间段、不同收入水平、不同开放度的国家和地区中的预警效果进行对比分析，检验各指标在不同组别内的稳健性。

（1）早期预警指标在不同时间段的稳健性检验

由于年份较早的数据缺失较多，为了保证子样本的大致均衡，将 2000 年作为时间划分标准，将样本分为 1970—2000 年以及 2001—2011 年两组。对于两组子样本，各早期预警指标在危机前 5 期至危机期的 AUC 趋势及对于准则 1、准则 2 的检验情况如图 4 – 5 所示。

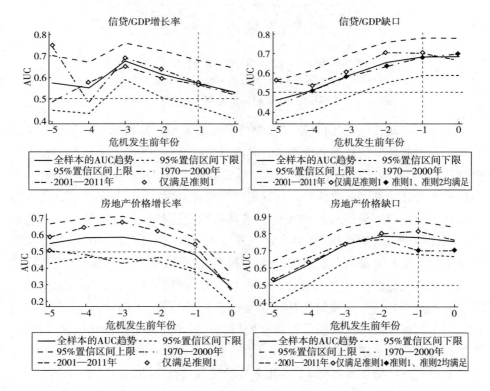

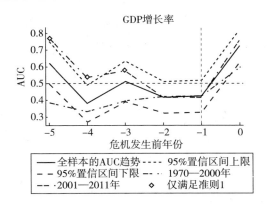

图 4-5 各指标在不同时间段内的 AUC 趋势及准则 1、准则 2 检验情况

由结果可知，信贷/GDP 缺口、房地产价格缺口在两个子样本中表现略有不同。对于 1970—2000 年时间段，房地产价格缺口从危机前 1 期开始发出有效预警信号，并且至危机发生期，信号逐渐增强，具有先行性、有效性和稳定性特征，均满足准则 1、准则 2 的要求，是较为理想的早期预警指标；而对于 2001—2011 年时间段，信贷/GDP 缺口从危机前 4 期开始发出有效预警信号，并且至危机发生期，信号逐渐增强，具有先行性、有效性和稳定性特征，均满足准则 1、准则 2 的要求，是较为理想的早期预警指标；信贷/GDP 增长率、房地产价格增长率、GDP 增长率在两个子样本中的表现较为相似，均缺乏稳定性，仅有个别年份满足准则 1 的要求，并不是理想的早期预警指标。

综上所述，信贷/GDP 缺口对于 2001—2011 年样本的预警效果较理想，房地产价格缺口对于 1970—2000 年样本的预警效果较理想。

（2）早期预警指标在不同收入水平国家和地区的稳健性检验

依照世界银行对国家和地区收入标准的划分，将样本分为高收入国家和地区、中等收入国家和地区两组，如表 4-5 所示。

表 4-5　　　　　　　　不同收入水平国家（地区）分类情况统计

收入水平	国家（地区）名称
高收入	奥地利、澳大利亚、比利时、加拿大、瑞士、智利、德国、丹麦、爱沙尼亚、西班牙、芬兰、法国、英国、希腊、中国香港特别行政区、爱尔兰、以色列、冰岛、意大利、日本、韩国、立陶宛、卢森堡、拉脱维亚、荷兰、挪威、新西兰、瑞典、新加坡、斯洛文尼亚、斯洛伐克、美国
中等收入	保加利亚、巴西、中国、哥伦比亚、印度尼西亚、摩洛哥、马其顿、墨西哥、马来西亚、秘鲁、塞尔维亚、俄罗斯、泰国、南非

　　各早期预警指标在高收入国家和地区及中等收入国家和地区危机前后的
AUC 趋势及对于准则 1、准则 2 的检验情况如图 4-6 所示。

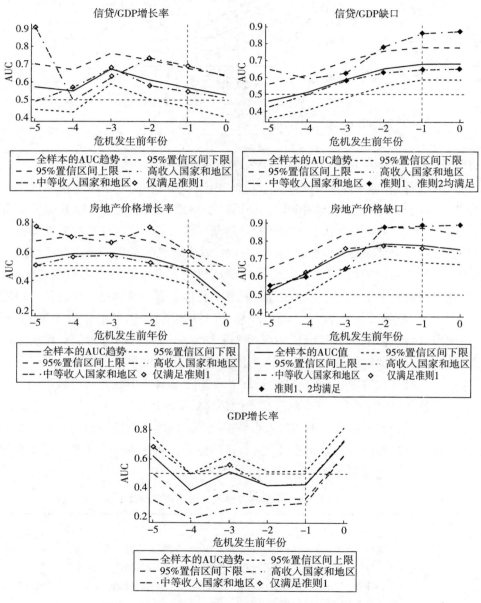

图 4-6　各指标在不同收入水平国家（地区）内的
AUC 趋势及准则 1、准则 2 检验情况

由结果可知，信贷/GDP 缺口在高收入和中等收入国家和地区中表现相似，均从危机前 3 期开始发出有效预警信号，并且至危机发生期，信号逐渐增强，具有先行性、有效性和稳定性特征，均满足准则 1、准则 2 的要求，是较为理想的早期预警指标。

房地产价格缺口在高收入和中等收入国家和地区中的表现略有不同，对于中等收入国家和地区，房地产价格缺口从危机前 5 期开始发出有效预警信号，并且至危机期，信号逐渐增强，具有先行性、有效性和稳定性特征，均满足准则 1、准则 2 的要求，是较为理想的早期预警指标；对于高收入国家和地区，房地产价格缺口指标从危机前 5 期开始发出有效预警信号，但从危机前 3 期开始，预警信号逐渐减弱，具备先行性和有效性，缺乏稳定性，预警效果并不理想。

信贷/GDP 增长率、房地产价格增长率、GDP 增长率在高收入和中等收入国家和地区中的表现较为相似，仅部分年份满足准则 1 的要求，缺乏稳定性，因此不能作为理想的早期预警指标。

综上所述，信贷/GDP 缺口对高收入和中等收入国家和地区的预警效果均较为理想，房地产价格缺口对于中等收入国家和地区的预警效果较为理想。

（3）早期预警指标在不同开放度国家和地区的稳健性检验

KAOPEN 指数由 Chinn 和 Ito（2006）编制，用于衡量一国资本账户开放程度，是基于国际货币基金组织（IMF）的《汇兑安排与汇兑限制年度报告》（AREAER）当中的跨境金融交易限制虚拟变量计算得出。KAOPEN 的值越高，代表一国资本账户开放程度越高。[1]

计算全球主要国家和地区 1970—2011 年的 KAOPEN 指数均值，按降序排序，前 50% 为高开放度国家和地区，后 50% 为低开放度国家和地区。以此标准，将本书研究的 46 个样本国家和地区分为高开放度国家和地区、低开放度国家和地区两组，如表 4 - 6 所示。

表 4 - 6　　　　不同资本项目开放度国家（地区）分类情况统计

资本项目开放度	国家（地区）名称
高开放度	奥地利、澳大利亚、比利时、保加利亚、加拿大、瑞士、德国、丹麦、爱沙尼亚、西班牙、芬兰、法国、英国、希腊、中国香港特别行政区、印度尼西亚、爱尔兰、以色列、意大利、日本、立陶宛、拉脱维亚、马其顿、墨西哥、马来西亚、荷兰、挪威、新西兰、秘鲁、俄罗斯、瑞典、新加坡、斯洛文尼亚、斯洛伐克、泰国、美国
低开放度	巴西、智利、中国、哥伦比亚、冰岛、韩国、摩洛哥、南非

---

[1]　KAOPEN 指数来源于网址：http：//web. pdx. edu/ ~ ito/Chinn - Ito_ website. htm.

　　各早期预警指标在资本项目开放度高和资本项目开放度低的国家和地区危机前后的 AUC 趋势及对于准则1、准则2的检验情况如图4－7所示。

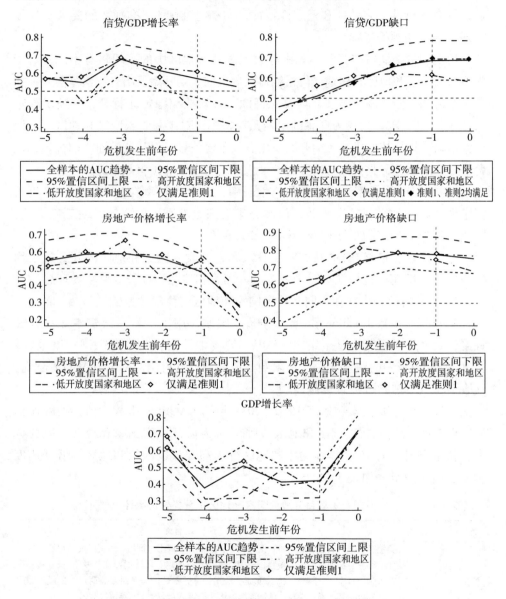

图4－7　各指标在不同资本开放度国家（地区）内的
AUC 趋势及准则1、准则2检验情况

　　由结果可知，信贷/GDP 缺口在资本开放程度不同的国家和地区中，表现有差异。在资本项目开放度高的国家和地区样本中，从危机前3期开始发出预警信号，至危机期信号逐渐增强，具备先行性、有效性和稳定性特征，均满足准则1、准则2的要求，是较为理想的早期预警指标。

信贷/GDP增长率、房地产价格增长率、房地产价格缺口、GDP增长率在资本开放度高的国家和地区与资本开放度低的国家和地区内表现相似，在危机发生前，仅有部分年份可以发出有效的预警信号，缺乏稳定性，并非理想的早期预警指标。

综上所述，信贷/GDP缺口对资本开放度较高的国家和地区的预警效果较为理想。

4.2.4 实证结论

本书主要选取了收入水平不同、资本开放程度有所差异的46个国家和地区1970—2011年的年度数据。结合国内外学者的研究成果，选择了信贷/GDP增长率、信贷/GDP缺口、房地产价格增长率、房地产价格缺口、GDP增长率5个指标作为银行系统性危机的早期预警指标，对比分析其预警效果，旨在识别出对于银行系统性危机具有良好预警效果的早期预警指标。

1. 根据各指标在危机前后期的均值波动情况以及ROC曲线初步判断，信贷/GDP缺口、房地产价格缺口可能成为理想的早期预警指标。

2. 通过各指标在危机前期的AUC趋势及有效指标选取准则进一步分析可知，信贷/GDP缺口的预警效果最好，房地产价格缺口的预警效果次之。

3. 将国家和地区按照时间段、收入水平、资本开放度进行分组，检验各指标在不同时间段、不同类型国家和地区中的预警效果是否存在差异。结果表明，信贷/GDP缺口对于2001—2011年样本的预警效果较理想，房地产价格缺口对于1970—2000年样本的预警效果较理想；信贷/GDP缺口对高收入和中等收入国家和地区的预警效果均较为理想，房地产价格缺口对于中等收入国家和地区的预警效果较为理想；信贷/GDP缺口对资本开放度较高的国家和地区的预警效果较为理想。

综合来看，信贷/GDP缺口对于银行系统性危机的预警效果最好，是十分理想的早期危机预警指标；房地产价格缺口对于银行系统性危机的预警效果次之，是较理想的早期危机预警指标。为此，可以选择信贷/GDP缺口为宏观审慎管理主要的中间目标，房地产价格缺口作为辅助中间目标。

4.3　逆周期宏观审慎监管的工具集

4.3.1　逆周期宏观审慎监管工具分类

宏观审慎监管工具的分类在于给予我们一种线索去理解逆周期的设计原理和作用机制。

1. 根据监管工具所追踪的目标风险不同可以将工具分为时间维度和截面维度（IMF，2011），如表4-7所示。

表4-7　　　　　　　　　宏观审慎工具目标风险的划分

时间维度	截面维度
逆周期资本缓冲	系统性资本附加
时变的系统流动性附加要求	系统流动性附加
特定部门风险敞口的风险权重逆周期平衡	非核心债务征收
跨周期回购协议的利润和折扣估值	对未使用共同清算所的贸易结算要求更多资本
时变的贷款价值比（LTV）、债务收入比（DTI）以及贷款收入比（LTI）上限规定	基于系统性风险考虑拆分大型金融机构的权力
时变的货币错配或资产风险敞口限制	应对衍生品的资本要求
时变的信贷总量、信贷增长和存贷比限制	对系统性风险敏感的存款保险风险溢价
动态拨备制度	对许可业务活动范围的限制

资料来源：International Monetary Fund . 2011. Macroprudential policy：An organizing framework：Background paper. Available at www. imf. org/external/np/pp/eng/2011/031411a. pdf.

2. 从宏观审慎管理的作用对象出发，Stijn Claessens 和 Swati R. Ghosh（2012）把宏观审慎管理工具可以分为四类，如表4-8所示。第一类是针对借款者的工具，如 LTV 和 DTI。第二类是针对金融机构的，解决机构资产问题，如信贷增长限制（Limits on Credit Growth，CG）、外币借款限制（Foreign Currency Lending Limits，FC）。第三类是针对金融机构，解决流动性问题，如准备金要求。第四类是解决银行缓冲问题的，如动态拨备（Dynamic Provisioning，DP）和利润分配限制（Restrictions on Profit Distribution，PRD）。Cerutti 等（2015）将宏观审慎工具分为针对金融机构和针对借款人的工具集。针对借款人的工具集包括贷款价值比（LTV）、债务收入比（DTI）、贷款价值比上限（LTV_CAP），针对金融机构的工具集包括动态拨备（DP）、集中度限制

（CONC）、逆周期资本缓冲（CTC）、杠杆率限制（LEV）、银行间风险暴露限制（INTER）、国外货币贷款限制（FC）、法定存款准备金率（RR）、逆周期法定存款准备金（RR－REV）、信贷增长限制（CG）、金融机构税收（TAX）、系统重要性金融机构附加资本（SIFI）。

表 4－8　　　　　　　　　　　　　　　宏观审慎工具的分类

阶段	资本要求，拨备，附加费	对金融机构资产负债表的限制（资产、负债）	对于借款人、工具和行为的限制	税收	其他（包括制度性基础设施）
扩张阶段	反周期资本要求，杠杆率限制，一般（动态）拨备（增加金融机构弹性）	随时间调整的上限/限度：错配（外汇、利率），准备金要求（降低周期性）	随时间调整的上限/限度/规则：DTI、LTI、LTV；保证金、折减；对机构贷款；信贷增长（降低周期性）	对特殊资产或者负债征税（消除周期酝酿）	会计制度（如对盯市制度规则的变化）；改变补偿，市场纪律
紧缩阶段：火线出售，信贷紧缩	反周期资本要求，杠杆率限制，一般（动态）拨备（增加金融机构弹性）	流动性限制［如净稳定融资率（NSFR）和流动性覆盖率（LCR）］（增加金融机构弹性）	对特殊贷款损失准备调整，保证金或折减（降低周期性）	征税（如对非核心负债）（消除周期酝酿）	标准化产品；场外 VS 场内；安全网（中央银行/财政部流动性支持，财政支持）
传染或者从系统重要性银行或金融网的冲击传染	对系统性风险的资本附加	对特殊机构在（双边）金融暴露的限制，其他资产负债表措施	对资产组合活动不同限制（沃克尔法则）	对外部性征税（规模，关联性）	制度性基础设施减少［如中央对手方（CCP）］；信息披露

资料来源：Stijn Claessens and Swati R. Ghosh（2012）。

3. 从达到宏观审慎监管目标的手段分类

C. Lim 等（2011）认为宏观审慎工具为了达到宏观审慎目标，一般采取三类措施：一类是信贷相关类（Credit－Related），主要包括贷款价值比（LTV）

限制、债务收入比（DTI）限制、外汇借款限制以及信贷规模或信贷增速限制等；第二类是流动性相关类（Liquidity - Related），主要包括净外汇头寸限制、货币错配限制、期限错配及准备金限制等；第三类是资本相关类（Capital - Related），主要包括逆周期/时变资本要求、时变/动态准备金要求以及利润分配限制。

4. 依据金融机构管理风险行为差异分类

Dell'Ariccia 等（2012）根据政策如何改变金融机构在管理系统性风险时的行为，或者如何限制金融机构在催生系统性风险时的作用将宏观审慎管理分为三类：第一类通过提高资本和流动性缓冲来影响金融机构负债的成本和组成，主要包括资本和流动性要求；第二类为改变金融机构资产的组合及风险特征，主要包括对资产集中度和资产增长的限制；第三类为提高借款人整体的平均质量，通过贷款资格标准来限制能够获得融资的借款人数量。

5. 依据宏观审慎工具传导机制分类

CGFS（2012）从宏观审慎监管工具的传导机制出发，将其分为基于资本、基于流动性、基于资产类的工具，具体如表 4 - 9 所示。

表 4 - 9　　　　　　　基于传导机制的宏观审慎监管工具分类

工具分类	具体工具
基于资本的工具	逆周期资本缓释、动态拨备、特定部门资本要求
基于流动性的工具	逆周期流动性要求、抵押品和折扣要求
基于资产类的工具	贷款价值比、债务收入比

6. 依据宏观审慎监管工具设计用途分类

IMF、FSB 和 BIS（2011）把宏观审慎管理工具分为专属类和校准类两类，具体如表 4 - 10 所示。专属类工具是特意为防范系统性风险而出台的政策工具，校准类工具则是原本已经作为微观审慎工具在使用，但修正后可用于防范系统性风险。

表 4 - 10　　　　IMF、FSB、BIS（2011）宏观审慎管理工具的划分

专属类	逆周期资本缓冲 对非核心存款征税 调整特定部分风险权重 系统重要性资本附加 对未通过中央对手方清算交易提出更高资本要求

续表

	动态拨备、存贷比限制
校准类	贷款价值比、债务收入比
	对业务范围限制
	货币错配或敞口限制
	信贷规模或增速限制

资料来源：IMF，FSB，BIS. Macroprudential Policy：An Organizing Framework，2011.

4.3.2 逆周期宏观审慎管理工具的发展趋势

依据 Cerutti 等（2015）数据库，其选择了 119 个国家和地区 2000—2013 年宏观审慎工具的数据集，其中发达国家和地区 31 个，发展中国家和地区 24 个、新兴市场国家和地区 64 个。各工具呈现以下特点。

1. 各国采用宏观审慎管理工具的数量和种类稳步上升，其中时间维度的逆周期宏观审慎管理和针对金融机构的管理工具占据主导地位。如图 4-8 和图 4-9 所示，宏观审慎监管指数（MPI）从 2000 年的 178 上升到 2013 年的 385。

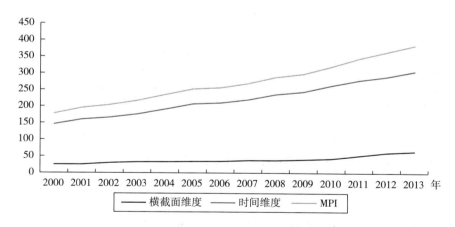

图 4-8　宏观审慎监管工具在时间维度和横截面维度的发展趋势

（数据来源：Cerutti（2015），作者整理而得）

2. 在所有审慎监管工具中，集中度限制（CONC）、贷款价值比（LTV）和法定存款准备金率（RR）、逆周期法定存款准备金（RR-REV）是最常见的宏观审慎监管工具，而逆周期资本缓冲（CTC）、系统重要性金融机构附加资本（SIFI）使用较少，如图 4-10 所示。

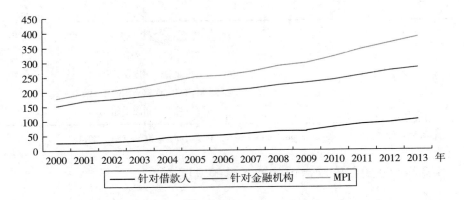

图 4 – 9　宏观审慎监管工具在针对目标维度的发展趋势

（数据来源：Cerutti（2015），作者整理而得）

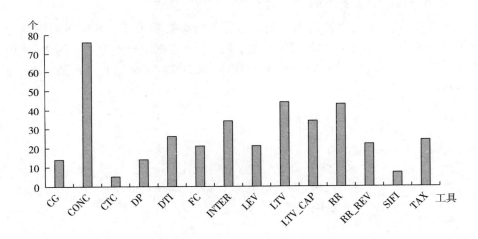

图 4 – 10　2013 年各宏观审慎监管工具使用国家和地区的数量

（数据来源：Cerutti（2015），作者整理而得）

4.4　逆周期宏观审慎监管工具的传导机制

　　逆周期宏观审慎监管工具的使用必须遵循三个基本原则：第一，决定合理激发和缓释工具时机的能力；第二，宏观审慎工具与特定目标有效性的问题；第三，工具有效性的成本收益核算。一般而言，将工具激发的时机分为几个典型的场景，分别取决于宏观经济状况和金融信贷膨胀周期的变化，具体如

表 4 - 11 所示。

表 4 - 11　　　　激发和释放宏观审慎监管工具的典型场景

其他宏观经济条件	金融周期		
	繁荣	萧条	
		发生危机	未发生危机
强	紧缩	释放	保持不变或释放
弱	紧缩或保持不变	释放	释放

数据来源：CGFS. Operationalising the selection and application of macroprudential instruments [J]. CGFS Papers 2012, No 48.

从具体目标来看，逆周期宏观审慎监管的目标在于降低信贷周期的顺周期性，并增强金融机构弹性和恢复力，进而增强抵御系统性风险的能力。为此，本节拟将宏观审慎监管工具分为三类，分别研究其在收紧和放松状态下不同的作用机理。

4.4.1　收紧状态下基于资本的宏观审慎监管工具

基于资本的宏观审慎监管工具包括逆周期资本缓释、动态拨备和针对特定部门的资本监管要求三类。一般而言，三类工具均可以通过资本、拨备的增加来提高吸收损失进而增强金融机构损失吸收的能力，但针对特定部门的资本监管要求可以通过资产相对价格的变化来影响借贷的变化。与资本监管要求相比，动态拨备一般对贷款损失进行评估，进而能够更好地改变管理层的激励机制。三类工具的传导机制如图 4 - 11 所示。

1. 增强金融机构弹性和吸收损失能力的作用机制。一方面，额外增加的资本缓冲意味着银行吸收风险损失的能力上升，减少了银行破产、信贷市场供给和金融服务体系崩溃的风险，降低了银行系统性风险的生成；另一方面，逆周期的资本管理办法将改变参与者的预期和行为、银行的风险管理实践，使其变得更为审慎，同时降低银行信贷的顺周期性，间接增强金融机构弹性。巴塞尔银行监管委员会（2010）基于长期经济周期冲击发现，资本需求额外增加 1% 将导致系统性危机发生概率下降 20% ~ 30%。

2. 对信贷周期的影响机制。面对资本金要求的提高，银行必然选择降低股利及奖金分配、增加股票发行等方式来筹集资本金，新增资本会增加借款成本，进而导致借贷利差的增加，从而对信贷需求产生负面影响。由于很多国家针对未偿还贷款的利率是固定的，所以对新发贷款和重新定价的贷款，借贷利

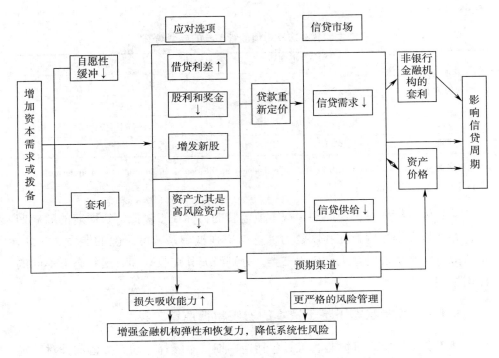

图 4 – 11　基于资本管理的宏观审慎监管工具传导机制

差可能会大幅度增加。另外，银行也可能限制新信贷的全面扩大，增加低风险和对准备金要求低的资产占比。如果银行紧缩的资本要求针对某一类或某一部门贷款，则该部门贷款很难在市场上筹集资金，银行相对成本上升，银行将减少对该特定部门的贷款。实证表明目标资本充足率每上升1%，借贷利差会相应上涨2~20个基点，目标资本充足率上升1%所产生的中位影响为信贷减少1%~2%。提高准备金率对信贷周期的影响不是很明朗，有研究表明改变准备金率在西班牙很有效，然而在智利和哥伦比亚却没有达到预期的效果（CGFS，2012）。

3. 预期渠道。预期对银行的资本规划、风险管理和贷款决策以及其他市场参与者都至关重要。第一，影响预期效应的因素是政策信号。宏观审慎工具激活的成本相对于金融稳定政策是高昂的，金融稳定政策主要依靠沟通和道德上的劝说，因此其可靠性应该比金融稳定政策的可靠性强。这样释放的信号应促使银行加强收紧风险管理，从而提高系统的弹性。第二，市场参与者是否理解决策者的反应函数并正确地解释它。如果一项政策是通过这种方式被市场参与者所诠释的，银行可能就会朝着政策导向的方向采取相应的行动，为此监管当局应使用一套广泛知晓的宏观审慎工具。

4. 可能存在的监管套利。第一，银行可能减少自愿性缓冲，降低政策作用效果；第二，影子银行体系的发展可能使得一些受到制约的银行信贷减少，所有借款人能很容易地利用跨境资金和影子银行获得贷款；第三，银行也可能通过自身的资产转让、同业交易、资产证券化等行为，通过资金空转的方式来逃避监管。

4.4.2 收紧的基于流动性的宏观审慎监管机制传导渠道

基于流动性的宏观审慎监管一般包括流动覆盖率（Liquidity Coverage）以及净稳定资金比率（Net Stable Funding Ratio）的逆周期性变化、回购和证券借贷交易的最低要求、逆周期的保证金要求、宏观审慎的准备金率要求等，其传导渠道如图 4 – 12 所示。

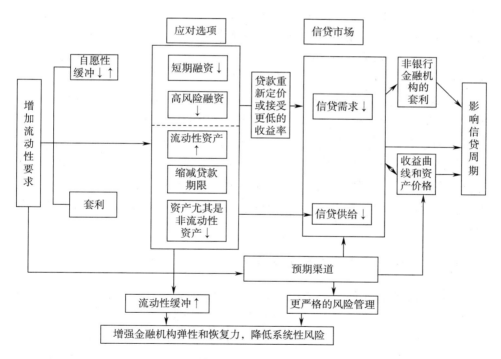

图 4 – 12　基于流动性的宏观审慎监管机制传导渠道

1. 对降低金融系统性风险的影响。第一，较高流动性缓冲致使银行更容易经受住流动性存在压力时期的冲击，减少银行对短期不稳定资金的依赖，增强资产端的流动性；第二，整个市场流动性的宽裕能够大幅度降低资产负债关联所产生的传染效应，降低对实体经济的冲击；第三，宏观审慎政策将对银行产生严格监管的预期，银行将采用更为严格的风险管理策略。巴塞尔银行监管委员会（2010）估计，净稳定资金比率的引入将使系统性危机发生的可能性降低10%～20%，目标流动性覆盖率周期性的应用可以降低负面反馈，从而增强系统在经济不景气时期的抗压能力。

2. 对信贷周期的影响。银行会改变资产负债表中资产和负债的组成来应对目标流动性的变化，单独或组合采取以下措施：（1）用长期贷款取代短期贷款；（2）用有担保的贷款取代无担保贷款；（3）用流动资产取代非流动资产；（4）缩短贷款期限；（5）减持需要稳定资金流的（非流动）资产。第一，银行利差的增加。上述第一种和第二种措施都倾向于增加融资成本；第三种和第四种措施都会减少银行收入。为此，银行均倾向于增加借贷利差来弥补上述措施带来的损失。第二，减持非流动资产伴随着更高的借贷利差，这意味着经济中的信贷总量可能会下降，长期和流动性不足的贷款受到的影响最大。研究表明，巴塞尔协议中引入的净稳定资金率，可能导致借贷利差提高14～25个基点，同时减少3%的信贷供给（CGFS，2012）。MAG（2010）估计，流动性覆盖率的引入会使国内生产总值减少0.8%，在8年之后这一数值降低为0.1%。

3. 预期效应。基于流动性的宏观审慎政策在资本市场上有着更直接的影响，沟通策略不仅应该作用于目标银行，也作用于整个市场参与者身上。

4. 可能存在的监管套利。第一，银行可能会降低自主性缓冲率，降低政策的预期效果；第二，基于流动性收紧的政策可能将流动性风险从金融部门转移至非金融部门。比如，借款人会发现很难将长期投资与长期融资相匹配，从而依赖短期融资，增加流动性风险，反过来又可能对金融部门的稳定性产生负面影响。

4.4.3　基于资产方的宏观审慎监管工具传导渠道

资产方宏观审慎工具一般通过限定借款人的贷款条件从而限定信贷数额，常用工具为LTV和DTI。其作用机制如图4-13所示。

1. 直接降低违约概率和违约损失率，进而提高金融系统抵抗风险的能力。首先，对贷款与价值比率或者贷款与收入比率的限定可以降低违约概率；其次，通过衡量资产价值从而限定贷款额，这样的方式可以降低违约损失率。对于其他资产方的MPI，银行系统抵抗风险的能力可以通过预期理论和工具对信贷周期的影响，得到间接性的提高，同时也增强银行的风险管理能力。

2. 对信贷周期的影响。收紧的贷款与价值比率和负债与收入比率，将导

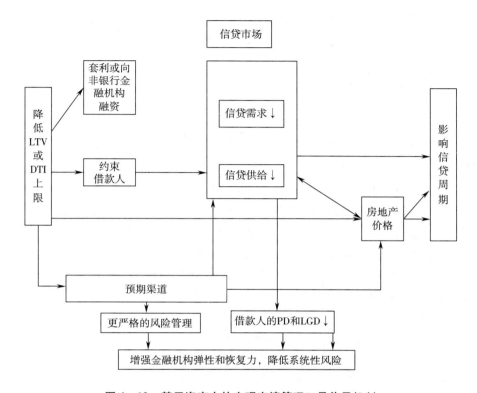

图 4 - 13　基于资产方的宏观审慎管理工具传导机制

致信贷需求下降和住房需求减少；理论上讲可能促使房屋价格下跌，房屋价格下跌将导致抵押品价值的下跌，导致抵押贷款的下降，这种螺旋式循环将有可能导致房屋与金融信贷周期的加速下跌。现有的实证表明，在经济繁荣时期施行 LTV、DTI 限制可以降低实际信贷增量以及房屋价格。最近的研究表明，LTV 或者 DTI 的收紧可以降低信贷增量 1% ~ 2%，降低房屋价格 2% ~ 5%，但对房屋价格的影响并没有在其他文献中得到证实（CGFS，2012）。

3. 预期效应。资产方的工具代表了宏观审慎监督部门发出的昂贵代价的信号和决心，因此可以改变市场预期朝着政策的引导方向走，从而增加金融系统抵抗风险的能力（Resilience）。但是，与其他工具不同的是，LTV、DTI、LTI 作为工具可能产生适得其反的效果，增加金融系统的波动。如果消费者预期 LTV 将被收紧，那么消费者可能扩大借款，由此，房屋的价格水平至少在短期会上涨。

4. 可能存在的套利行为。第一，非监管的行业和外资银行；第二，优质的非房地产抵押贷款的套利，如果 LTV 上限值被严格地限制，但优质非抵押贷款（如来自房地产公司）同样可以获得信贷；第三，当家庭受制于资产类的工具，房地产市场结构会以抵消政策效果的方式发展演化。

4.5　本章小结

本章在借鉴货币政策框架下，构建了逆周期宏观审慎监管工具的目标、工具与传导机制，具体如下：

1. 从宏观审慎监管的最终目标来看，没有必要将系统性风险的两个维度截然分开，因为两个维度的风险往往交织在一起，不可分割，从既有学者和监管当局的视角来看，宏观审慎监管的核心均为防范系统性风险，其分歧往往在于对系统性风险的解读差异，具体如表 4 - 2 所示。因此，宏观审慎管理的最终目标有两个：第一，防范金融体系的系统性风险，解决金融资产泡沫与金融体系的顺周期问题；第二，避免或减轻金融系统性风险对实体经济的负向外部溢出。

2. 本章主要选取了收入水平不同、资本开放度有所差异的 46 个国家和地区 1970—2011 年的年度数据。结合国内外学者的研究成果，选择了信贷/GDP 增长率、信贷/GDP 缺口、房地产价格增长率、房地产价格缺口、GDP 增长率 5 个指标作为银行系统性危机的早期预警指标，对比分析其预警效果，旨在识别出对于银行系统性危机具有良好预警效果的早期预警指标，确定逆周期宏观审慎监管的中间目标。

（1）根据各指标在危机前后期的均值波动情况以及 ROC 曲线初步判断，信贷/GDP 缺口、房地产价格缺口可能成为理想的早期预警指标。

（2）通过各指标在危机前期的 AUC 趋势及有效指标选取准则进一步分析可知，信贷/GDP 缺口的预警效果最好，房地产价格缺口的预警效果次之。

（3）将国家和地区按照时间段、收入水平、资本开放度进行分组，检验各指标在不同时间段、不同类型国家和地区中的预警效果是否存在差异。结果表明，信贷/GDP 缺口对于 2001—2011 年样本的预警效果较理想，房地产价格缺口对于 1970—2000 年样本的预警效果较理想；信贷/GDP 缺口对高收入和中等收入国家和地区的预警效果均较为理想，房地产价格缺口对中等收入国家和地区的预警效果较为理想；信贷/GDP 缺口对于资本开放度较高的国家和地区的预警效果较为理想。

综合来看，信贷/GDP 缺口对于银行系统性危机的预警效果最好，是十分理想的早期危机预警指标；房地产价格缺口对于银行系统性危机的预警效果次之，是较理想的早期危机预警指标。为此，可以选择信贷/GDP 缺口为逆周期宏观审慎管理主要的中间目标，房地产价格缺口作为辅助中间目标。

3. 从逆周期宏观审慎监管工具的传导机制来看，我们可以将其分为资本类、流动性类和资产类工具。

（1）资本类宏观审慎监管工具包括逆周期资本缓释、动态拨备和针对特定部门的资本监管要求三类，通过银行主体行为、预期渠道、非银行金融机构套利渠道对信贷市场供求、资产价格和商业银行风险管理状况产生影响，进而达到抵御风险和降低信贷顺周期的目标。

（2）流动性的宏观审慎监管一般包括流动覆盖率（Liquidity Coverage）以及净稳定资金比率（Net Stable Funding Ratio）的逆周期性变化、回购和证券借贷交易的最低要求、逆周期的保证金要求、宏观审慎的准备金率要求等。该类工具一般通过影响商业银行流动性管理行为、预期渠道、泄露套利渠道等，对不同流动性状况的资产类别价格和贷款定价产生影响，进而达到最终目标。

（3）资产类宏观审慎监管工具一般通过限定借款人的贷款条件从而限定信贷数额，常用工具为 LTV 和 DTI。其作用机制一般通过直接降低违约概率和违约损失率，进而提高金融系统抵抗风险的能力，并影响信贷市场和房地产市场的供求与价格来实现最终目标。

5 逆周期宏观审慎监管工具的有效性检验

当前逆周期宏观审慎监管工具的有效性研究仍处于初级阶段，学者们从理论与实证上进行了检验，但受限于数据结构、实证方法内生性及理论方法缺陷，效果并不是特别理想。为此，本章拟在控制宏观经济变量基础上采用按收入、开放度进行分组研究，考察各项逆周期宏观审慎监管政策对第 4 章研究的中间目标的有效性。

5.1 引言

2007 年美国次贷危机后，宏观审慎工具快速地得到国际社会的认同并被广泛应用于现实中，但是我们对宏观审慎监管机制的研究仍处于初级阶段，对其目标、传导机制和有效性的判断仍处于模糊状态（Galati 和 Moessner，2018）。在所有研究中，最困难的在于从理论和实证上来验证各类宏观审慎监管工具的有效性，但这个研究进展非常缓慢，其原因主要体现在四个方面：第一，宏观审慎监管工具实施时间较短，许多发展中国家过去可能采用了类似的政策，但发达国家却是在近年来才开始引入这些政策，比如，逆周期资本缓冲，截至目前正式采用的国家和地区样本也相当小，导致可以用于进行实证研究的数据和案例较为稀少。第二，对金融体系与宏观经济的作用机制还不够明晰，因此导致我们很难从理论上证实逆周期宏观审慎监管政策的有效性。第三，从第 4 章逆周期的宏观审慎监管工具的传导机制来看，其作用效果受制于非银行金融机构和国外金融机构的泄露和监管套利，这使得我们要验证宏观审慎工具的有效性变得更为困难。第四，逆周期宏观审慎监管工具一般同时配合货币政策，我们很难将其作用效果与货币政策及其他宏观调控政策进行分离，在实证检验中也存在较大障碍（Galati 和 Moessner，2013）。第五，传导机制会随着时间的改变而改变，因为金融中介机构实务和金融系统的结构会发生变化。具体来讲，金融创新、金融行业一体化、机构信用和市场信用的平衡，这些因素如何随着时间的变化影响系统风险具有不确定性，也影响着有效性的检验（CGFS，2012）。

逆周期宏观审慎监管的有效性检验问题也对其运用产生了深刻影响。这是因为宏观审慎监管政策往往会带来高昂的成本，包括但不限于潜在增长降低以及企业家庭的金融资源错配：一方面，监管机构可能无法识别存在于经济中的系统性风险从而忽略危机的形成（第一类错误）；另一方面，宏观审慎机构可能高估系统性风险并实施了不必要的措施（第二类错误）。但是，有效性研究的缺陷致使监管当局决定其监管干预都会面临较大障碍：第一，同时包含危机可能性及相应宏观审慎工具使用的案例较少，无法准确检验宏观审慎工具的效果并校准使用；第二，准确及相关的信息只能一段时间后才能获得；第三，危机发生可能性的度量非常不准确，使何时采取行动的决定复杂化；第四，宏观审慎工具对中间目标和最终目标的影响是不确定的，使得政策的校准非常困难（Freixas 等，2015）。

为此，本章拟采用系统 GMM 的方法，运用全球样本分组控制研究逆周期宏观审慎监管工具对其中间目标的影响。本章的贡献在于：第一，本章在第 4 章传导机制研究基础上，分别研究了逆周期宏观审慎监管工具与信贷/GDP 增长率（credit/GDP）、信贷/GDP 缺口（credit/GDP _ gap）、房地产价格增速（property）的关系；第二，将样本按照开放性及收入水平的高低进行分类，研究了在不同样本分组下逆周期宏观审慎监管工具有效性的差异；第三，逐项研究了逆周期宏观审慎监管工具引入后对中间目标的影响，在此基础上重点研究了每一项逆周期宏观审慎监管工具对降低经济金融顺周期性的影响；第四，将监管工具按照其传导机制和作用机理分为借款类工具（资产类）和金融机构类工具（资本类），分别验证了每一类工具的有效性。

本章剩下章节安排如下：5.2 节分别从理论和实证角度综述了逆周期宏观审慎监管工具的有效性；5.3 节采用全球样本分组控制研究逆周期宏观审慎监管工具的有效性；5.4 节为本章小结。

5.2　文献综述

长久以来都认为，宏观审慎政策传导机制和货币政策的机制在某种程度上是相似的，因为两者都是通过银行借贷的渠道，两者都能纠正私有代理者的行为。事实上，关于货币政策传导机制的文献能够对宏观审慎工具有效工作的机制提供启发意义。与货币政策文献相比，宏观审慎工具的有效性和传导机制至今没有被很好地认识。但近年，人们做了大量努力弥补这个缺陷：第一，从宏观审慎政策模型的理论框架来研究金融与实际变量的关系，主要包括银行金融静态模型和 DGSE 宏观经济动态模型；第二，使用不同的数据集和实证方法来测试宏观审慎工具对信贷数量、缺口、资产价格、金融周期波动和产出增长的影响（Galati 和 Moessner，2018）。

5.2.1　理论文献

理论文献研究主要源于对金融系统性风险生成理论模型的拓展，近年来，银行系统性风险模型的拓展主要沿着两条路线进行：一是金融摩擦的静态、局部均衡微观经济模型，去试图捕捉共同冲击、金融传染和触发点三大要素，进而得出金融摩擦的内在生成机理及实际影响；二是将金融摩擦纳入 DSGE 模型中，动态刻画经济冲击对产出的冲击效应（Freixas 等，2015）。这些方法也深刻影响到了宏观审慎工具传导机制的建模，为此，理论模型一般可以分为银行金融模型、DSGE 模型。

1. 银行金融模型

银行金融模型抓住了资产和合同状态相依的特性，金融合同会受到能够产生违约的信息不对称、承诺和激励问题等因素影响。金融不稳定可能来自外部冲击自我满足的均衡，或者来自金融系统自身放大的冲击。这类模型的巨大优势是它们能够解释银行与借贷者之间的相互作用，为解决系统风险外部性的宏观审慎工具提供很好的启示。Perotti 和 Suarez（2011）比较了基于价格的监管和基于数量的监管对外部性的影响，为此，对银行短期资金征收庇古税和规定流动性覆盖率或者庇古税和净稳定资金率的结合是最优的，但这取决于银行间异质性。但是，这些模型还有两大缺点：第一，这些模型忽略了时间和经济周期。宏观审慎工具是解决外部性的，而这些外部性恰巧与金融系统的顺周期性有关。第二，这些模型大多数是局部均衡模型。由于不同类型的代理人和监管工具之间存在反馈机制，反馈机制的存在要求使用一般均衡模型框架（Kashy-ap 等，2014）。

2. DSGE 模型

（1）用三阶段一般均衡模型研究资产价格与金融部门的相互影响，探索在经济环境脆弱、违约事件可能发生的情况下，不同类别代理人风险承担的行为。这类研究旨在探究一般均衡情况下抛售引起的外部性和市场参与者的战略互补，进而构建宏观审慎政策的基础。这一类模型的关键特征是，金融放大过程中的信贷繁荣和萧条涉及外部性（Bhattacharya 等，2015），这类模型可以用来研究宏观审慎工具面向预防抛售和信贷紧缩的影响，包括贷款与价值比率、银行的资本需求、银行的流动性覆盖率、银行的动态拨备和影子银行使用的回购协议保证金要求。另一种类型的三阶段一般均衡模型捕捉到银行在经济中扮演的不同角色——为储户提供流动性保险，提高风险分担的机会，增加提供给借款人的资金量。这些模型可以用来分析国际金融危机的过度冒险行为导致的资本不足的受到纳税人资金支持的银行，以及金融体系中资金的脆弱性和银行挤兑，并且监管工具有助于防止未来的危机。这类模型用于捕获的导致繁荣和萧条的金融系统性风险的顺周期性不是很理想。

（2）无界限的宏观经济模型与金融因素无界限 DSGE（动态随机一般均衡模型）模型的增强金融摩擦，建立在对 Moore 和 Kiyotaki（1997）、Bernanke 等（1999）的金融加速器机制的开创性工作上，这对于注重系统性风险的时间维度的宏观审慎工具是具有研究潜力的，它们的一般均衡性质和它们特别适合于模拟的事实使它们对政策分析具有吸引力。Aoki 等（2016）使用这样的框架来研究宏观审慎工具对宏观经济的影响（银行资本要求和外币借款的税收）和在一个小型开放经济下货币政策的相互作用。Funke 和 Paetz（2012）利用 DSGE 模型比较了线性与非线性规则下贷款价值比的政策效果，他们发现基于非线性贷款价值比政策规则能够更好地限制香港房地产价格周期对宏观经济的冲击。Brunnermeier 和 Sannikov（2014）认为金融部门无法内化由于自己承担风险而引发的过度加杠杆和期限错配等代价。虽然证券化可以让金融部门转移风险，但却使金融系统的过度风险承担恶化，所以系统风险与动态波动是内生的。于是这些模型刻画了在稳态是低波动，合理产出增长的情况，而在非稳态是剧烈波动，巨大产出损失的情况。总体来说，关注金融因子的无限期宏观一般均衡模型对研究宏观审慎政策对内生风险、金融危机深度的影响很有帮助。这类模型在监管讨论上也会给监管者们提供很好的参考。

5.2.2　实证文献

现有文献一般采用了三种评估宏观审慎工具效果的方法：跨国面板数据回归、基于微观数据的回归分析、事件研究法。各类学者的研究如表 5 - 1 所示。

表 5 - 1　　　　　　　各学者对宏观审慎监管工具有效性的研究

文献	数据来源	样本	工具
Hodgman（1973）	欧洲中央银行	6 个欧洲国家 1945—1973 年数据	控制信贷的政策工具
Hilbers 等（2005）	IMF、各国中央银行	18 个中东欧国家 1990—2005 年数据	对信贷增长可能产生影响的政策工具
Hilbers 等（2007）	IMF、各国中央银行	18 个中东欧国家 2007 年以前数据	对信贷增长可能产生影响的工具
全球金融系统委员会（CGFS）	中央银行调查数据	33 个国家和地区截至 2009 年	针对信贷增长的工具（如贷款价值比上限），针对银行资产负债表的政策工具（如对银行间市场的风险暴露限制）
Crowe 等（2011）	中央银行调查数据	20 个国家和地区 2000—2009 年	针对房地产市场的政策工具
IMF（2011b）	中央银行调查数据	51 个国家和地区 1990—2010 年数据	广泛政策工具，包括信贷、逆周期监管工具等
Lim 等（2011）	IMF 调查数据（对国家和地区经济顾问）	42 个国家和地区 2003—2008 年数据	10 个针对信贷（贷款价值比上限）、流动性（对净开放资本的限制）、资本（逆周期性的资本要求）的工具
Federico 等（2014）	世界银行，http：//go.worldbank.org/ D7JYE3SLS0	52 个国家和地区 1970—2011 年数据	法定存款准备金率
Ostry 等（2012）	Schindler（2009）、IMF AEREAR、IMF 国家和地区顾问调查	51 个新兴国家和地区 1995—2008 年数据	针对资本流动管理和资本控制的政策工具
Tovar 等（2012）	IMF	5 个拉美国家 1997—2011 年数据	针对信贷增长的工具

续表

文献	数据来源	样本	工具
Vandenbussche 等（2015）	国家监管局、IMF、FSAP、Otker – Robe（2007）	46 个国家和地区 2000—2010 年数据	针对借款者（贷款收入比、贷款价值比上限）、贷款者（对信贷增长的限定）的政策工具，其他（会计变更）
Elliott 等（2013）	美国国家监管局	美国 1910—2010 年的数据	信贷工具，股票保证金要求，对资产组合的局部信贷控制，准备金率要求，利率上限，目标资本要求，监管性指导，"直接施压"（direct pressure）
Izquierdo 等（2013）	中央银行	6 个美洲中部国家 1995—2011 年数据	准备金要求，动态准备金（dynamic provisioning）
Kuttner and Shim（2016）	Shim 等（2013）	57 个国家和地区 1980—2011 年数据	货币政策工具和宏观审慎政策工具：贷款价值比、贷款收入比上限，房贷风险权重，对房贷的坏账准备，银行业在房地产市场中的风险暴露
Shim 等（2013）	国家和地区调查数据	60 个国家和地区 1990—2012 年的数据	货币政策工具和宏观审慎政策工具：贷款价值比、贷款收入比上限，房贷风险权重，对房贷的坏账准备，银行业在房地产市场中的风险暴露
Bruno 等（2016）	国际清算银行宏观审慎数据库、资本流动管理数据库	12 个亚太地区经济体	国家宏观审慎工具和资本流动政策工具
Beirne 和 Friedrich（2014）	Lim 等（2011）、Ostry 等（2012）	139 个国家和地区 1999—2009 年数据	8 个宏观审慎资本流动管理工具和资本控制工具

续表

文献	数据来源	样本	工具
Cordella 等（2014）	中央银行、政府机构、以往文献数据	52 个新兴经济体国家和地区 1970—2011 年数据	准备金率
IMF 全球宏观审慎工具调查（2014）	IMF 对国家和地区监管机构的调查数据，IMF 员工提供	119 个国家和地区 2000—2013 年数据	18 个工具
Zhang 和 Zoli（2014）	Lim 等（2013）、IMF AREAER、国家和地区统计、国家/地方研究	46 个国家和地区 2000—2013 年数据	资本流动管理工具
Akinci 和 Olmstead – Rumsey（2015）	IMF 调查数据、国际清算银行数据库、国家和地区统计数据	57 个国家和地区 2000—2013 年数据	7 类宏观审慎工具
Reinhardt 和 Sowerbutts（2015）	Lim 等（2011）、Borio 和 Shim（2007）、Kuttner 和 Shim（2013）、GMPI、国家和地区统计数据	37 个国家和地区 2005—2014 年数据	3 类宏观审慎工具
Cerutti 等（2015）	全球宏观审慎政策数据库（GMPI）	119 个国家和地区 2000—2013 年数据	12 个工具：逆周期性资本缓冲、银行杠杆率、时变/动态坏账准备金、LTV 上限（贷款价值比）、DTI 上限（负债与收入比）、国内现金贷款限制、外币贷款限制、准备金要求、对金融机构税率限制、资本附加费限制、对银行间风险暴露的限制、对银行贷款集中度的限制

数据来源：Galtai G, Moessner R. what do we know about the effects of macroprudential policy? ［J］. Economica, 2018, 85（340）：735 – 770.

1. 跨国面板数据回归

跨国截面数据研究，一般通过引入控制变量和固定效应，控制世界和地方因素，控制变量一般包括世界性的变量（Global Variable）（如 VIX 市场波动率指标）和地方性变量（如国家和地区的宏观经济变量）。Kuttner 和 Shim（2012）用 57 个国家和地区过去 30 年的横截面数据，控制国家和地区特定的宏观经济变量，得出了宏观审慎政策能够显著缓和房屋市场以及信贷周期，同时他们也控制了可能影响房屋市场的其他因素，如个人收入、租金、不同国家和地区房地产市场的信贷特征等。但是，这篇文献并没有解决了内生性问题，没有控制世界或者地方因素，除了控制货币政策没有控制其他政策。Vandenbussche 等（2015）控制了一些世界和地方因素，但在他的面板回归中并没有用工具变量的方式解决内生性，而是将数据分组，分别回归，避免内生性，但这样的方式是否完全解决了内生性并没有深入讨论。Forbes 等（2014）采用倾向得分匹配研究宏观审慎政策效力，有效解决了内生性问题。Cerutti 等（2015）等构建了 119 个国家和地区的跨国面板数据，成为研究通过的数据集，并研究了 12 个宏观审慎政策工具的有效性问题（基于 IMF 的调查报告），这篇文章控制了大量的世界和地方因素，也解决了内生性问题。Lim 等（2011）较早利用 49 个国家和地区的跨国数据检验宏观审慎政策对降低系统性金融风险的有效性，在控制财政政策与货币政策影响基础上，重点验证了各政策在解决顺周期上的有效性问题。

2. 基于银行微观数据的实证研究

基于银行微观层面资产负债表的数据做的面板回归能够有效解决内生性问题。通过利用加拿大银行系统的每个银行的贷款记录、风险承担和包含柜台衍生物的内部银行联系，Gauthier（2012）发现宏观审慎资本配置降低了 25% 个体银行违约的概率和发生系统风险的概率，这表明宏观审慎资本缓冲能够大大提高金融稳定性。Alter 等（2015）通过使用德国受宏观审慎资本配置监管的信贷数据发现，使用结合了个体银行特征和银行间借贷联系的网络中心变量能够节约 15% 的预期破产成本。

3. 事件研究法

Kuttner 和 Shim（2016）用传统的时间研究法，先鉴别事件，然后用通过比较事件窗口和估计窗口中特定参数数值的变化来估测时间的影响程度。因为估计窗口中的预测模型并没有考虑事件窗口，所以用事件分析法来分析没有在面板分析中受内生性影响程度那么大。但是，事件分析法并没有控制其他的财政或者货币政策，也没有控制世界或者地方因素。Mehrotra 和 Kim（2015）通过 SVAR 区别出了宏观审慎政策与货币政策冲击，并将两者放在同一框架下分析。

5.2.3 文献述评

现在对宏观审慎政策有效性研究的文献只能为决策者提供有限的指导：第一，静态均衡模型缺少一般均衡维度，不能预测任何冲击的实际影响，但是现有动态理论模型中嵌入了宏观审慎政策，但这些模型中的中介活动刻画不够深刻，更注重政策效果的校准而不是估计。第二，大量实证文献开始研究宏观审慎工具对宏观审慎中间目标以及金融稳定性的影响，其使用的中间目标变量包括信贷的价格以及数量、资产价格以及金融周期的振幅等。现有的实证研究表明，针对借款人的宏观审慎政策的效力是非常稳健的，但针对金融机构的宏观审慎政策的效力的研究还不完善。第三，关于宏观审慎监管的套利和泄露效应研究还稍显不足，未来需要重点考察用非银行中介替代与银行相关的金融中介、国际监管套利。第四，实证研究中，最难的在于解决内生性的问题、区分隔离宏观审慎工具与其他政策的影响，现有研究中一般采用包含滞后一期的解释变量系统 GMM 方法、控制其他政策以及全球和地方因素，基于跨国面板数据的研究或使用微观数据来解决内生性问题，同时在条件允许下使用微观数据进行面板回归。第五，现有研究很少区分宽松政策与收紧政策，只是加入了一个哑变量代表宏观审慎政策是否实施，此外也没有用高频数据帮助区分宏观审慎政策的效力和其他政策所产生的效力。

5.3　实证过程与结果

5.3.1　模型和变量设定

1. 模型设定

为了检验逆周期宏观审慎工具的有效性，本书参考 Lim 等（2011），设定以下模型：

$$Y_{i,t} = \alpha Y_{i,t-1} + \beta Macropru_{i,t-1} + \phi GDPG_{i,t} + \varphi Rate_{i,t} + \varepsilon_{i,t}$$

本书在第 4 章研究基础上，选取信贷/GDP 增长率（credit /GDP）、信贷/GDP 缺口（credit /GDP _ gap）、房地产价格增速（property）作为中间目标，以此衡量一个国家和地区的系统性风险水平。对于逆周期的宏观审慎监管工具，本书选取了贷款价值比限制（LTV_ CAP）、债务收入比（DTI）、动态拨备（DP）、逆周期资本缓冲（CTC）、杠杆率限制（LEV）、法定存款准备金率（RR）、信贷增长限制（CG）的滞后一期作为检验宏观审慎工具有效性的解释变量（Macropru）。此外，本书将逆周期宏观审慎工具指标分为借款类和金融机构类工具。借款类工具作用主体集中在信贷需求方，借款类工具（BORR）包括 LTV_ CAP、DTI。金融机构类工具作用主体主要针对金融机构实施，金融机构类工具（FIN）包括 DP、CTC、LEV、RR、CG。在控制变量中，参考 Lim 等（2011），本书选取名义贷款利率（Rate）衡量一国（地区）的货币政策的代理变量，选取 GDP 增长率（GDPG）衡量一国（地区）财政政策的代理变量。

从本书模型可以看出，被解释变量为解释变量的滞后一期，故其为动态面板（Dynamic Panel）模型，因此本书选用广义矩估计（GMM）对模型进行估计。为了利用更多的数据，进一步增加可用的工具变量，本书采用系统 GMM 方法对模型进行估计。为了进一步解决内生性问题，本书采用控制政策变量和分组研究的策略。同时，为了控制不可观测的国家和地区特性，模型采用固定效应模型进行估计，并加入时间虚拟变量控制时间效应。

2. 金融体系顺周期效应有效性的验证

金融体系的顺周期性是导致金融体系系统性风险积累和爆发的重要因素之一。逆周期宏观审慎工具作用的目的是在经济繁荣时期，抑制其顺周期性。为了验证逆周期宏观审慎工具在抑制顺周期的有效性，本书在模型中加入了宏观审慎工具变量（Macropru）与 GDP 增长率的交互项。因此，在模型回归中，本书包括三个子模型。

模型（1）的主要解释变量仅包括宏观审慎工具变量（Macropru）：

$$Y_{i,t} = \alpha Y_{i,t-1} + \beta Macropru_{i,t-1} + \phi GDPG_{i,t} + \varphi Rate_{i,t} + \varepsilon_{i,t}$$

模型（2）的主要解释变量包括宏观审慎工具变量（Macropru）与 GDP 增长率的交互项和宏观审慎工具变量（Macropru）：

$$Y_{i,t} = \alpha Y_{i,t-1} + \beta Macropru_{i,t-1} + \phi GDPG_{i,t} + \varphi Macropru_{i,t-1} \times GDPG_{i,t} +$$
$$\gamma Rate_{i,\ t} + \varepsilon_{i,t}$$

模型（3）的主要解释变量仅包括宏观审慎工具变量（Macropru）与 GDP 增长率的交互项：

$$Y_{i,t} = \alpha Y_{i,t-1} + \beta GDPG_{i,t} + \phi Macropru_{i,t-1} \times GDPG_{i,t} + \varphi Rate_{i,\ t} + \varepsilon_{i,t}$$

当交互项显著为负时，说明在经济繁荣时期，宏观审慎工具的实施能够有效抑制系统性风险，宏观审慎工具具有逆周期管理的效果。

3. 分组控制研究

考虑到在不同国家和地区逆周期宏观审慎工具实施的差异性，本书对总样本进行分组分析，检验逆周期宏观审慎工具在不同收入以及金融对外开放度国家的差异。本书依据世界银行数据库将 108 个国家和地区分为高收入国家和地区与中低收入国家和地区，并依据 KAOPEN 指数，将国家和地区分为开放国家和地区与封闭国家和地区。该指数由 Chinn 和 Ito（2006）编制，用于衡量一国和地区资本账户开放度，是基于 IMF 的《汇兑安排与汇兑限制年度报告》（AREAER）当中的跨境金融交易限制虚拟变量计算得出。KAOPEN 的值越高，代表一国和地区资本账户开放度越高。[①] 计算全球主要国家和地区 1970—2011 年的 KAOPEN 指数均值，按降序排序，前 50% 为开放国家和地区，后 50% 为封闭国家和地区。

4. 变量设定

本书分别采用信贷/GDP 增长率（credit /GDP）、信贷/GDP 缺口（credit /GDP _ gap）、房地产价格增速（property）作为一国（地区）宏观审慎监管的中间目标，以此衡量一个国家和地区的系统性风险水平。[②] 在模型的主要解释变量方面，本书分别采用贷款价值比限制（LTV _ CAP）、债务收入比（DTI）、动态拨备（DP）、逆周期资本缓冲（CTC）、杠杆率限制（LEV）、法定存款准备金率（RR）、信贷增长限制（CG）、借款类工具（BORR）、金融机构类工具（FIN）的滞后一期作为检验宏观审慎工具有效性的解释变量（Macropru）。

5.3.2　实证结果和分析

1. 数据来源和样本选择

本书宏观审慎工具数据来自 Cerutti 等（2015），信贷和 GDP 数据来自世界银行，房地产价格数据来源于国际清算银行。数据涵盖了 2000 年至 2013 年 108 个国家和地区，其中房地产价格数据涵盖了 2000 年至 2013 年 43 个国家和地区。

2. 主要变量描述性统计

主要变量描述性统计如表 5 – 2 所示。

表 5 – 2　　　　　　　　　　　变量描述性统计

符号	定义	观测值	平均值	标准差	最小值	最大值
credit /GDP	信贷/GDP 增长率	1426	0.04	0.43	– 9.29	9.38
credit /GDP_ gap	信贷/GDP 缺口	1422	0.26	11.23	– 47.26	169.30
property	房地产价格增速	530	0.05	0.09	– 0.41	0.5
Rate	名义贷款利率	1380	13.31	10.62	0.5	103.16
GDPG	GDP 增长率	1470	4.01	4.08	– 14.81	34.5
LTV_ CAP	贷款价值比限制	1512	0.15	0.36	0	1
DTI	债务收入比	1512	0.11	0.031	0	1

[①]　KAOPEN 指数来源于网址：http：//web. pdx. edu/ ~ ito/Chinn – Ito_ website. htm.

[②]　由于房地产价格数据样本国较少，仅有全样本的 1/3；房地产价格增长率价格缺口数据质量不是非常好，所以暂时略掉。

续表

符号	定义	观测值	平均值	标准差	最小值	最大值
DP	动态拨备	1512	0.07	0.26	0	1
CTC	逆周期资本缓冲	1512	0.01	0.11	0	1
LEV	杠杆率限制	1512	0.12	0.32	0	1
RR	法定存款准备金率	1512	0.29	0.45	0	1
CG	信贷增长限制	1512	0.09	0.29	0	1

从描述性统计来看，在 2000 年至 2013 年期间，在样本国家和地区逆周期宏观审慎工具中，法定存款准备金率（RR）和贷款价值比限制（LTV_ CAP）是更为常见的工具，逆周期资本缓冲（CTC）实施的国家和地区较少（见表 5-3）。

表 5-3　　　　实施逆周期宏观审慎监管工具的国家（地区）数量

符号	定义	使用国家（地区）
LTV_ CAP	贷款价值比限制	26
DTI	债务收入比	18
DP	动态拨备	13
CTC	逆周期资本缓冲	3
LEV	杠杆率限制	18
RR	法定存款准备金率	36
CG	信贷增长限制	12

3. 实证分析

每一类逆周期宏观审慎监管工具的效果如本章末附录表格所示。

表 5-4、表 5-5、表 5-6 显示的被解释变量分别为信贷/GDP 缺口、信贷/GDP 增长率、房地产价格增长率，检验模型（2）和模型（3）交互项的检验结果，衡量每一类逆周期宏观审慎监管工具在降低顺周期性的有效性。

（1）以信贷/GDP 的缺口作为中间目标来看（见表 5-4）

表 5-4　逆周期宏观审慎监管工具在降低信贷/GDP 缺口的顺周期性检验

交互项	总样本	高收入国家（地区）	中低收入国家（地区）	金融开放国家（地区）	金融封闭国家（地区）
LTV_ CAP × GDPG					显著负相关
DTI × GDPG	显著负相关	显著负相关	显著负相关	显著负相关	显著负相关
DP × GDPG		显著正相关		显著正相关	显著负相关

续表

交互项	总样本	高收入国家（地区）	中低收入国家（地区）	金融开放国家（地区）	金融封闭国家（地区）
CTC × GDPG				显著正相关	
LEV × GDPG			显著负相关		显著负相关
RR × GDPG					
CG × GDPG		显著负相关	显著负相关		
BORR × GDPG	显著负相关	显著负相关		显著负相关	显著负相关
FIN × GDPG					

注：表中显著负相关（正相关）结论来源于模型（2）、模型（3）系统 GMM 检验估计结果；被解释变量为信贷/GDP 的缺口；如果在模型（2）或模型（3）的检验结果中，交互项估计检验结果在 10% 的置信水平下显著负相关（正相关），则认为交互项显著负相关，具体实证结果详见表 5 – 7、表 5 – 10、表 5 – 13、表 5 – 16、表 5 – 19、表 5 – 22、表 5 – 25、表 5 – 28、表 5 – 31。

① 在所有样本及分组控制研究中：第一，债务收入比（DTI）工具以及借款类工具（BORR）具有显著的逆周期作用，究其原因在于时间维度中的外部性由信贷需求方产生，因此针对借款类的逆周期工具就变得更为有效；同时，这两类工具由于作用于需求方，金融机构很难通过境外或非银行渠道进行监管套利。第二，简单规则、直接作用的数量型工具效果比价格型工具效果更为明显，体现为杠杆率限制（LEV）、信贷增长限制（CG）效果较为明显，而动态拨备（DP）、逆周期资本缓冲（CTC）、法定存款准备金率（RR）等价格型工具效果较差，原因可能在于价格型工具更易规避掉监管。

② 从分组样本来看，逆周期宏观审慎监管工具对封闭国家和地区效果最好，中低收入国家和地区次优，高收入国家和地区再次之，开放国家和地区最差。可能原因在于高开放国家和地区可能通过跨境套利、高收入国家和地区一般金融较为发达能够通过非金融机构套利的方式来规避逆周期资本监管。相比之下，作用于需求方的监管套利很难实施，所以在所有样本国和地区均较为有效。

第一，对于封闭国家和地区而言，除了逆周期资本监管工具和限制贷款增长工具不显著以外，其他工具均有较好的效果。这两类工具效果较差，可能主要原因是采取这两类工具的封闭国家和地区样本太少。

第二，对于中低收入国家和地区而言，债务收入比（DTI）、杠杆率限制（LEV）、信贷增长限制（CG）均较为有效，其可能解释在于中低收入国家和地区金融较不发达，金融市场化程度更低，非银行金融机构较不发达，市场主体规避宏观审慎工具的渠道有限，杠杆率限制、信贷增长控制等数量型工具较易发挥作用，并能够有效限制金融机构资产扩张规模。

第三，对于高等收入国家和地区而言，除借款类工具以外，仅有限制贷款增长这个工具较为有效，这是因为高等收入国家和地区金融市场和非银行金融机构较为发达，直接控制类的信贷增长限制（CG）难以进行规避。

第四，对于开放国家和地区而言，仅有债务收入比（DTI）工具有效，这是因为开放国家和地区能够通过境外金融机构套利的方式，规避掉所有基于金融机构的逆周期监管政策。

（2）以信贷/GDP 作为中间目标指标来看（见表 5 - 5）

表 5 - 5　逆周期宏观审慎监管工具在降低信贷/GDP 的顺周期性检验

交互项	总样本	高收入国家（地区）	中低收入国家（地区）	金融开放国家（地区）	金融封闭国家（地区）
LTV_ CAP × GDPG					显著负相关
DTI × GDPG		显著负相关		显著负相关	
DP × GDPG				显著正相关	
CTC × GDPG	显著正相关		显著正相关	显著正相关	
LEV × GDPG					显著负相关
RR × GDPG		显著负相关			
CG × GDPG	显著负相关	显著负相关	显著负相关		
BORR × GDPG		显著负相关	显著负相关	显著负相关	
FIN × GDPG		显著负相关			

注：表中显著负相关（正相关）结论来源于模型（2）、模型（3）系统 GMM 检验估计结果；被解释变量为信贷/GDP 增长率；如果在模型（2）或模型（3）的检验结果中，交互项估计检验结果在10% 的置信水平下显著负相关（正相关），则认为交互项显著负相关，具体实证结果详见表 5 - 8、表 5 - 11、表 5 - 14、表 5 - 17、表 5 - 20、表 5 - 23、表 5 - 26、表 5 - 29、表 5 - 32。

① 从总体样本来看：第一，信贷增长限制（CG）具有显著的逆周期作用，而借款类（BORR）并不显著，从第 4 章分析结果来看，相比信贷/GDP缺口而言，信贷/GDP 增长率并不是一个特别好的中间目标；第二，数量型工具效果显著优于价格型工具。

② 从分组样本来看：第一，高收入国家和地区大多数工具均有显著的逆周期作用，可能是高收入国家和地区金融较为发达，非银行金融的发展削弱了银行体系的作用，致使对信贷/GDP 出现逆周期作用；第二，中低收入国家和地区信贷增长限制（CG）、借款类工具（BORR）均发挥了较好的逆周期效果，这是因为这些国家和地区非银行金融机构较不发达，信贷增长限制（CG）能够起到较好的直接效果；第三，从借款类工具来看，封闭国家和地区对贷款

价值比限制（LTV_CAP）工具较为敏感，开放国家和地区对债务收入比（DTI）工具较为敏感。这是因为封闭国家和地区更看重贷款的抵押品及可获得性，而开放国家和地区却更看重借款人的第一还款来源。

（3）以房地产价格增长率作为中间目标指标来看（见表5-6）

表5-6　逆周期宏观审慎监管工具在房地产价格增长率的顺周期性检验

交互项	总样本	高收入国家（地区）	中低收入国家（地区）	金融开放国家（地区）	金融封闭国家（地区）
LTV_CAP × GDPG	显著负相关		显著负相关		显著负相关
DTI × GDPG	显著负相关	显著负相关		显著负相关	
DP × GDPG		显著正相关		显著正相关	显著负相关
CTC × GDPG					
LEV × GDPG	显著负相关				显著负相关
RR × GDPG		显著负相关			
CG × GDPG	显著负相关			显著负相关	
BORR × GDPG		显著负相关	显著负相关	显著负相关	显著负相关
FIN × GDPG					

注：表中显著负相关（正相关）结论来源于模型（2）、模型（3）系统 GMM 检验估计结果；被解释变量房地产价格增长率；如果在模型（2）或模型（3）的检验结果中，交互项估计检验结果在10%的置信水平下显著负相关（正相关），则认为交互项显著负相关，具体实证结果详见表5-9、表5-12、表5-15、表5-18、表5-21、表5-24、表5-27、表5-30、表5-33。

① 从总样本模型来看，债务收入比（DTI）工具、杠杆率限制（LEV）以及信贷增长限制（CG）具有显著的逆周期作用。经济繁荣时期，经济主体预期向好，加杠杆意愿上升。此时实施债务收入比（DTI）工具与杠杆率限制（LEV），能够抑制经济主体继续增加贷款的能力，达到抑制顺周期的作用；实施信贷增长限制，直接控制信贷增速，直接影响房地产价格增速，抑制金融体系顺周期性。

② 分样本来看，债务收入比（DTI）工具和借款类工具（BORR）在高收入和金融开放国家和地区具有显著的逆周期作用。杠杆率限制（LEV）在金融封闭国家和地区具有显著逆周期作用。RR（法定存款准备金率）在高收入国家和地区具有显著逆周期作用。高收入和金融开放国家和地区的 DTI、CG 能够抑制房地产价格的顺周期性。封闭国家和地区的 DP 能够抑制房地产价格增长率。CG 能够抑制金融开放国家和地区房地产价格增长率。

从借款类和金融工具两类逆周期宏观审慎工具来看，借款类工具在繁荣时期抑制顺周期的效果明显好于金融机构类工具。这表明，逆周期宏观审慎指标针对于信用需求方面而非信用供给方面更能够抑制金融风险的顺周期性。基于抑制顺周期的视角，针对借款人的宏观审慎工具具有显著的效果。针对金融机构的宏观审慎工具，采用较为直接的 CG 工具比其他工具具有更好的效果。

5.4　本章小结

本章采用系统 GMM 方法对 108 个样本国家和地区 14 年的数据测试逆周期宏观审慎监管工具在解决顺周期问题上的有效性，其结论如下：

1. 在所有样本及分组控制研究中：第一，借款类工具优于金融机构类工具。债务收入比（DTI）工具以及借款类工具（BORR）具有显著的逆周期作用，究其原因在于时间维度中的外部性由信贷需求方产生，因此针对借款类的逆周期工具就变得更为有效；同时，这两类工具由于作用于需求方，金融机构很难通过境外或非银行渠道进行监管套利。第二，简单规则、直接作用的数量型工具效果比价格型工具效果更为明显，体现为杠杆率限制（LEV）、信贷增长限制（CG）效果较为明显，而动态拨备（DP）、逆周期资本缓冲（CTC）、法定存款准备金率（RR）等价格型工具效果较差，原因可能在于价格型工具更易规避掉监管。

2. 分组样本来看，逆周期宏观审慎监管工具对封闭国家和地区效果最好，中低收入国家和地区次优，高收入国家和地区再次之，开放国家和地区最差。原因可能在于高开放国家和地区可能通过跨境套利、高收入国家和地区一般金融较为发达能够通过非金融机构套利的方式来规避逆周期资本监管。相比之下，作用于需求方的监管套利很难实施，所以在所有样本国家均较为有效。

第一，对于封闭国家和地区而言，除了逆周期资本监管工具和限制贷款增长工具不显著以外，其他工具均有较好的效果。这两类工具效果较差，可能主要原因是采取这两类工具的封闭国家和地区样本太少。

第二，对于中低收入国家和地区而言，债务收入比（DTI）、杠杆率限制（LEV）、信贷增长限制（CG）均较为有效，其可能解释在于中低收入国家和地区金融较不发达，金融市场化程度更低，非银行金融机构较不发达，市场主体规避宏观审慎工具的渠道有限，杠杆率限制、信贷增长控制等数量型工具较易发挥作用，并能够有效限制金融机构资产扩张规模。

第三，对于高收入国家和地区而言，除借款类工具以外，仅有限制贷款增长这个工具较为有效，这是因为高收入国家和地区金融市场和非银行金融机构较为发达，直接控制类的信贷增长限制（CG）难以进行规避。

第四，对于开放国家和地区而言，仅有债务收入比（DTI）工具有效，这是因为开放国家和地区能够通过境外金融机构套利的方式，规避掉所有基于金融机构的逆周期监管政策。

3. 相比信贷/GDP 缺口指标，信贷增长限制（CG）对房地产价格增速效果较好。

4. 在借款类工具中，封闭、中低收入国家和地区对贷款价值比限制（LTV_CAP）工具较为敏感，开放、高收入国家和地区对债务收入比（DTI）工具较为敏感。这是因为前者更看重贷款的抵押品及可获得性，而后者却更看重借款人的第一还款来源。

表 5－7　信贷价值比限制在信贷/GDP 缺口中的顺周期性检验

被解释变量	信贷/GDP 缺口														
解释变量	**全样本**			**高收入国家（地区）**			**中低收入国家（地区）**			**开放国家（地区）**			**封闭国家（地区）**		
L. 信贷/GDP 缺口	0.882*** (21.251)	0.900*** (20.461)	0.871*** (21.584)	0.890*** (17.239)	0.881*** (17.603)	0.886*** (17.236)	0.675*** (5.008)	0.666*** (4.937)	0.672*** (5.369)	0.983*** (21.654)	0.982*** (21.302)	0.973*** (21.258)	0.721*** (31.308)	0.774*** (25.708)	0.760*** (23.351)
GDPC	-0.088* (-1.875)	-0.022 (-0.316)	-0.024 (-0.318)	-0.236** (-2.677)	-0.126 (-0.858)	-0.190 (-1.059)	-0.060 (-1.337)	-0.055 (-1.225)	-0.019 (-0.241)	-0.060 (-0.656)	0.005 (0.034)	0.042 (0.297)	-0.143*** (-3.018)	-0.080 (-1.413)	-0.047 (-0.656)
Rate	-0.050 (-2.414)	-0.053** (-2.522)	-0.048** (-2.293)	-0.035 (-1.288)	-0.031 (-1.082)	-0.038 (-1.196)	-0.043 (-1.639)	-0.042* (-1.671)	-0.047* (-1.820)	-0.044 (-1.241)	-0.065* (-1.728)	-0.054 (-1.469)	-0.050** (-2.332)	-0.053* (-2.426)	-0.027 (-1.327)
LTV_CAP	-2.458 (-2.414)	1.151 (0.275)		-4.156** (-2.052)	-3.165 (-1.103)		-1.431 (-0.639)	2.876 (0.504)		0.741 (0.241)	3.813 (0.689)		-2.873* (-1.711)	4.859 (1.037)	
LTV_CAP ×GDPC	-0.621 (-1.1562)	-0.681 (-1.105)		-0.730 (-1.350)	-0.331 (-0.383)		-0.205 (-0.678)	-0.878 (-0.665)		-0.377 (-0.632)	-0.779 (-0.890)		-0.854*** (-3.027)	-1.054* (-1.860)	
Sargan	0.2	0.192	0.193	0.629	0.179	0.357	0.323	0.297	0.503	0.464	0.272	0.453	0.586	0.132	0.227
AR (2)	0.351	0.245	0.210	0.255	0.236	0.250	0.201	0.199	0.143	0.790	0.776	0.736	0.197	0.211	0.213

表 5－8　信贷价值比限制在信贷/GDP 中的顺周期性检验

被解释变量	信贷/GDP														
解释变量	**全样本**			**高收入国家（地区）**			**中低收入国家（地区）**			**开放国家（地区）**			**封闭国家（地区）**		
L. 信贷/GDP	-0.019 (-0.907)	-0.016 (-0.803)	-0.017 (-0.813)	-0.050* (-1.649)	-0.046 (-1.537)	-0.050 (-1.600)	0.000 (0.029)	-0.001 (-0.111)	-0.001 (-0.101)	-0.081 (-1.085)	-0.084 (-1.058)	-0.085 (-1.068)	0.001 (0.153)	0.000 (0.023)	0.000 (0.044)
GDP	0.005 (1.393)	0.006 (1.524)	0.006 (1.473)	-0.000 (-0.101)	0.000 (0.094)	0.000 (0.136)	0.008 (1.488)	0.010* (1.751)	0.009* (1.912)	0.002 (1.124)	0.003 (1.119)	0.003 (1.322)	0.006 (0.879)	0.006 (1.134)	0.007 (0.906)
LTV_CAP	-0.030 (-0.431)	0.007 (0.110)		-0.120* (-2.117)	-0.113* (-1.919)		0.071 (0.376)	0.098 (0.730)		-0.046 (-0.830)	-0.022 (-0.373)		-0.006 (-0.030)	0.071 (0.302)	
Rate	-0.003 (-1.100)	-0.003 (-1.008)	-0.003 (-1.082)	-0.001 (-0.912)	-0.000 (-0.338)	-0.001 (-0.976)	-0.011 (-1.196)	-0.011 (-1.227)	-0.011 (-1.211)	-0.001 (-0.456)	-0.000 (-0.337)	-0.001 (-0.505)	-0.004 (-1.080)	-0.004 (-0.967)	-0.004 (-1.061)
LTV_CAP ×GDPG	-0.008* (-1.755)	-0.010 (-1.640)		-0.004 (-0.919)	-0.004 (-0.888)		-0.003 (-0.124)	-0.015* (-1.828)		-0.005 (-0.790)	-0.006 (-1.190)		-0.014* (-2.080)	-0.018 (-0.870)	
Sargan	1.000	1.000	1.000	1.000	1.000	1.000	1.000	1.000	1.000	1.000	1.000	1.000	1.000	1.000	1.000

表 5—9　信贷价值比限制在房地产价格增长中的顺周期性检验

被解释变量：房地产价格增长率

解释变量	全样本			高收入国家（地区）			中低收入国家（地区）			开放国家（地区）			封闭国家（地区）		
L.property	0.304*（1.810）	0.235*（1.825）	0.197*（1.766）	0.233（1.343）	0.254（1.456）	0.184（1.207）	0.252（1.519）	0.308**（1.892）	0.270**（2.455）	0.121（1.114）	0.115（1.135）	0.101（1.077）	0.111（0.603）	0.054（0.353）	0.012（0.087）
GDPC	0.015***（5.365）	0.020***（7.485）	0.020***（6.725）	0.018***（6.535）	0.017***（5.059）	0.018***（5.788）	0.010*（2.237）	0.019***（3.937）	0.019***（4.402）	0.018***（7.055）	0.021***（6.620）	0.021***（7.102）	0.011**（2.540）	0.016***（5.215）	0.017***（4.496）
LTV_CAP	−0.035（−1.344）		−0.030（−1.147）	−0.029（−1.073）		−0.051**（−2.298）	−0.041（−1.083）		0.004（0.093）	−0.006（−0.344）		−0.021（−1.144）	−0.038（−0.675）		−0.001（−0.013）
Rate	0.001（0.848）	0.000（0.345）	0.000（0.356）	−0.001（−0.912）	−0.002（−1.562）	−0.001（−0.520）	0.001*（1.767）	0.000（0.163）	0.000（0.368）	−0.003***（−2.958）	−0.003***（−3.295）	−0.003***（−3.006）	0.001**（2.155）	0.001**（2.053）	0.001（1.308）
LTV_CAP×GDPC		−0.010**（−2.468）	−0.008**（−2.165）		0.001（0.260）	0.002（0.641）		−0.021***（−3.415）	−0.019***（−3.685）		−0.005（−1.272）	−0.004（−1.161）		−0.012**（−2.360）	−0.013**（−2.263）
Sargan	0.281	0.133	0.360	0.228	0.325	0.192	0.662	0.946	0.997	0.234	0.073	0.371	0.275	0.756	0.643
AR（2）	0.728	0.912	0.895	0.425	0.437	0.408	0.395	0.493	0.520	0.593	0.454	0.436	0.150	0.258	0.462

表 5—10　债务收入比在信贷/GDP 缺口中的顺周期性检验

被解释变量：信贷/GDP 缺口

解释变量	全样本			高收入国家（地区）			中低收入国家（地区）			开放国家（地区）			封闭国家（地区）		
L.信贷/GDP缺口	0.882***（20.847）	0.874***（20.952）	0.875***（21.269）	0.883***（17.521）	0.883***（17.481）	0.883***（17.310）	0.863***（7.277）	0.859***（7.190）	0.845***（6.833）	0.995***（21.275）	0.990***（20.730）	0.986***（21.694）	0.790***（29.904）	0.771***（21.620）	0.778***（24.783）
GDPC	−0.088*（−1.847）	−0.027（−0.454）	−0.048（−0.918）	−0.237**（−2.678）	−0.131（−1.156）	−0.133（−1.307）	0.016（0.238）	0.038（0.514）	0.028（0.300）	−0.044（−0.512）	0.001（0.008）	0.015（0.186）	−0.122**（−2.632）	−0.099**（−1.978）	−0.069（−1.017）
DTI	−1.544（−1.362）	4.451（1.429）		−1.811（−1.073）		1.881（1.100）	−2.101（−1.136）	0.172（0.051）		−1.147（−0.536）	3.667（1.060）		−1.799（−1.213）		3.753（1.159）
Rate	−0.041**（−2.477）	−0.040**（−2.422）	−0.047**（−2.648）	−0.017（−0.744）	−0.027（−1.134）	−0.020（−0.922）	−0.074（−1.485）	−0.075（−1.460）	−0.073（−1.445）	−0.055*（−1.930）	−0.058**（−2.045）	−0.065**（−2.263）	−0.038*（−2.223）	−0.041**（−2.351）	−0.031*（−2.123）
DTI×GDPC		−1.199***（−2.782）	−0.770***（−3.200）		−1.040**（−2.366）	−1.153***（−3.539）		−0.379**（−2.004）	−0.291（−0.399）		−1.139***（−2.902）	−0.805***（−2.521）		−0.522**（−2.582）	−0.906（−1.555）
Sargan	0.749	0.485	0.279	0.668	0.688	0.667	0.819	0.624	0.750	0.868	0.722	0.634	0.219	0.186	0.194
AR（2）	0.197	0.194	0.200	0.254	0.254	0.251	0.204	0.203	0.229	0.786	0.738	0.762	0.206	0.214	0.212

表 5-11　债务收入比在信贷/GDP 中的顺周期性检验

被解释变量：信贷/GDP

解释变量	全样本			高收入国家（地区）			中低收入国家（地区）			开放国家（地区）			封闭国家（地区）		
L.信贷/GDP	-0.019 (-0.948)	-0.022 (-0.990)	-0.022 (-1.030)	-0.031 (-1.371)	-0.030 (-1.294)	-0.034 (-1.410)	-0.003 (-0.263)	-0.004 (-0.373)	-0.004 (-0.330)	-0.074 (-1.047)	-0.073 (-1.016)	-0.080 (-1.071)	0.025 (1.235)	0.001 (0.072)	0.025 (1.259)
GDPG	0.005 (1.414)	0.006* (1.671)	0.005 (1.482)	-0.000 (-0.098)	0.001 (0.592)	0.002 (0.718)	0.006 (1.291)	0.006 (1.352)	0.006 (1.222)	0.002 (1.034)	0.003 (1.564)	0.003 (1.639)	0.006 (0.941)	0.006 (1.098)	0.006 (0.917)
DTI	-0.060 (-1.159)		-0.019 (-0.378)	-0.043 (-1.390)		0.040 (1.039)	-0.033 (-0.423)		-0.008 (-0.074)	-0.026 (-0.532)		0.065 (0.930)	-0.057 (-0.520)		0.022 (0.135)
Rate	-0.003 (-1.050)	-0.003 (-1.026)	-0.003 (-1.029)	-0.000 (-0.481)	-0.001 (-0.645)	-0.000 (-0.503)	-0.005 (-0.956)	-0.005 (-0.938)	-0.005 (-0.942)	-0.000 (-0.298)	-0.001 (-0.471)	-0.000 (-0.311)	-0.004 (-1.026)	-0.004 (-0.934)	-0.004 (-0.975)
DTI×GDPG		-0.014 (-1.566)	-0.008 (-1.048)		-0.017*** (-2.907)	-0.022*** (-4.136)		-0.006 (-0.997)	-0.005 (-0.337)		-0.016** (-2.463)	-0.020** (-2.483)		-0.004 (-0.311)	-0.018 (-0.597)
Sargan	1.000	1.000	1.000	0.999	0.999	1.000	1.000	1.000	1.000	1.000	1.000	1.000	0.998	1.000	1.000
AR (2)	0.206	0.210	0.208	0.370	0.369	0.377	0.298	0.299	0.297	0.454	0.455	0.467	0.304	0.310	0.304

表 5-12　债务收入比在房地产价格增长中的顺周期性检验

被解释变量：房地产价格增长率

解释变量	全样本			高收入国家（地区）			中低收入国家（地区）			开放国家（地区）			封闭国家（地区）		
L.property	0.152 (0.728)	0.162 (1.435)	0.025 (0.274)	0.245 (1.439)	0.232 (1.467)	0.278 (1.538)	0.137* (1.664)	0.085 (1.145)	0.144 (1.487)	0.089 (0.371)	-0.109* (-1.908)	-0.044 (-0.392)	-0.101 (-0.795)	-0.031 (-0.212)	-0.431* (-1.956)
GDPG	0.016*** (5.434)	0.019*** (6.958)	0.019*** (8.032)	0.017*** (5.725)	0.019*** (5.364)	0.017*** (6.125)	0.010*** (2.782)	0.012*** (2.574)	0.011*** (2.362)	0.018*** (5.889)	0.020*** (7.398)	0.021*** (6.796)	0.011** (2.985)	0.015*** (3.451)	0.021*** (3.930)
DTI	-0.028 (-0.847)		0.027* (1.707)	0.016 (0.447)		0.074** (2.231)	-0.025 (-0.658)		0.003 (0.070)	-0.024 (-0.866)		0.029 (1.402)	-0.054 (-1.440)		0.005 (0.091)
Rate	0.001 (1.412)	0.001 (1.375)	0.001 (1.483)	-0.002 (-1.428)	-0.001 (-0.880)	-0.001 (-0.918)	0.002*** (5.165)	0.002*** (4.272)	0.002*** (4.177)	-0.003*** (-2.579)	-0.003** (-2.236)	-0.003*** (-2.220)	0.001* (1.894)	0.001*** (2.714)	0.002* (1.749)
DTI×GDPG		-0.019*** (-2.738)	-0.017*** (-5.292)		-0.016* (-1.877)	-0.020*** (-3.877)		-0.006 (-0.839)	-0.005 (-0.921)		-0.010* (-2.439)	-0.027*** (-8.376)		-0.009 (-1.425)	-0.019* (-1.934)
Sargan	0.391	0.147	0.573	0.228	0.418	0.269	0.135	0.247	0.299	0.782	0.193	0.505	0.297	0.667	0.759
AR (2)	0.908	0.830	0.547	0.422	0.348	0.298	0.342	0.409	0.406	0.512	0.109	0.085	0.372	0.267	0.494

表 5 – 13

动态拨备在信贷/GDP 缺口中的顺周期性检验

被解释变量	信贷/GDP 缺口														
解释变量	全样本			高收入国家（地区）			中低收入国家（地区）			开放国家（地区）			封闭国家（地区）		
L.credit/GDP_gap	0.880*** (21.258)	0.878*** (21.476)	0.869*** (22.122)	0.890*** (14.442)	0.886*** (17.581)	0.846*** (22.826)	0.750*** (8.951)	0.743*** (9.119)	0.741*** (9.258)	0.967*** (21.227)	0.968*** (22.023)	0.972*** (20.997)	0.775*** (23.704)	0.771*** (22.274)	0.781*** (26.587)
GDPG	-0.093* (-1.963)	-0.092 (-1.367)	-0.060 (-0.893)	-0.267** (-2.925)	-0.299*** (-3.544)	-0.300*** (-4.143)	-0.044 (-0.984)	-0.032 (-0.517)	-0.029 (-0.482)	-0.053 (-0.638)	-0.113 (-1.201)	-0.099 (-1.092)	-0.102* (-2.260)	-0.047 (-0.716)	-0.036 (-0.507)
DP	1.111 (0.627)	3.610 (1.031)		-14.330 (-0.457)	3.057 (0.829)		-0.815 (-0.494)	1.273 (0.500)		3.245*** (2.763)	-2.254 (-1.168)		-3.173 (-1.273)	5.253 (1.403)	
Rate	-0.037* (-2.332)	-0.036** (-2.333)	-0.038** (-2.364)	0.007 (0.129)	-0.014 (-0.584)	-0.016 (-0.550)	-0.037* (-1.696)	-0.037* (-1.713)	-0.038* (-1.720)	-0.061* (-2.122)	-0.065* (-2.228)	-0.055* (-1.909)	-0.035* (-2.144)	-0.040* (-2.001)	-0.037* (-1.920)
DP×GDPG		0.036 (0.054)	-0.624 (-0.785)		1.763 (1.290)	1.982*** (4.030)		-0.318 (-0.631)	-0.203 (-0.537)		1.198*** (3.052)	0.938*** (1.961)		-0.984** (-2.537)	-1.458*** (-3.792)
Sargan	0.855	0.558	0.652	0.754	0.880	0.234	0.644	0.257	0.527	0.634	0.810	0.867	0.209	0.197	0.417
AR (2)	0.196	0.198	0.201	0.245	0.249	0.265	0.255	0.257	0.249	0.803	0.830	0.824	0.212	0.220	0.217

表 5 – 14

动态拨备在信贷/GDP 中的顺周期性检验

被解释变量	信贷/GDP 增长率														
解释变量	全样本			高收入国家（地区）			中低收入国家（地区）			开放国家（地区）			封闭国家（地区）		
L.credit/GDP	-0.020 (-0.958)	-0.018 (-0.955)	-0.016 (-0.833)	-0.047 (-1.290)	-0.035 (-1.439)	-0.046 (-1.536)	-0.002 (-0.177)	-0.002 (-0.178)	-0.001 (-0.081)	-0.096 (-1.055)	-0.083 (-1.039)	-0.109 (-1.034)	-0.003 (-0.355)	0.001 (0.128)	0.033 (1.292)
GDPG	0.004 (1.267)	0.002 (0.438)	0.003 (0.624)	-0.001 (-0.322)	-0.001 (-0.314)	-0.001 (-0.447)	0.005 (1.131)	0.005 (0.499)	0.003 (1.156)	0.002 (1.121)	0.001 (0.609)	0.003 (1.092)	0.005 (1.012)	0.004 (0.749)	0.009 (1.290)
DP	0.166 (1.284)	-0.053 (-0.262)		-1.196 (-0.904)	-0.104 (-1.104)		0.189 (1.087)	0.034 (0.472)		0.032 (1.124)	-0.016 (-1.051)		0.170 (0.700)	0.934 (1.298)	
Rate	-0.003 (-0.976)	-0.003 (-0.959)	-0.003 (-0.952)	0.001 (0.386)	-0.000 (-0.312)	-0.000 (-0.159)	-0.005 (-0.937)	-0.004 (-0.915)	-0.004 (-0.920)	-0.000 (-0.279)	-0.000 (-0.475)	-0.000 (-0.192)	-0.004 (-0.876)	-0.004 (-0.883)	-0.004 (-0.868)
DP×GDPC		0.038 (0.613)	0.035 (0.798)		0.007 (0.198)	0.023 (1.475)		0.037 (0.661)	0.012 (0.699)		0.021*** (2.712)	0.005 (1.227)		0.024 (0.473)	-0.111 (-1.352)
Sargan	1.000	0.997	1.000	0.996	0.998	1.000	1.000	0.995	1.000	1.000	1.000	1.000	1.000	0.997	0.978
AR (2)	0.206	0.204	0.202	0.408	0.376	0.399	0.297	0.297	0.297	0.508	0.476	0.543	0.310	0.311	0.304

表 5 – 15　动态拨备在房地产价格增长中的顺周期性检验

被解释变量	房地产价格增长率														
解释变量	全样本			高收入国家（地区）			中低收入国家（地区）			开放国家（地区）			封闭国家（地区）		
L.property	0.250 (1.601)	0.270* (1.826)	0.274* (1.845)	0.304 (1.624)	0.215 (1.234)	0.194 (1.266)	0.241 (1.579)	0.323* (1.833)	0.337** (2.460)	0.141 (0.992)	0.117 (0.862)	0.086 (0.671)	0.027 (0.135)	-0.007 (-0.020)	-0.375 (-0.850)
GDPG	0.015*** (5.462)	0.014*** (4.916)	0.014*** (4.926)	0.017*** (5.268)	0.017*** (6.032)	0.017*** (6.432)	0.009** (2.133)	0.005 (1.272)	0.006 (1.026)	0.018*** (6.657)	0.017*** (6.598)	0.018*** (6.624)	0.007 (1.282)	0.015** (2.025)	0.010 (1.601)
DP	0.006 (0.292)		-0.050** (-2.488)	0.154 (0.321)	-0.003 (-0.463)		0.019 (1.166)		-0.039 (-0.845)	0.041 (1.335)	-0.036** (-2.003)		0.037 (1.259)		0.089*** (3.572)
Rate	0.001	0.001	0.001	-0.003 (-0.853)	-0.002 (-1.392)		0.002*** (3.575)	0.002*** (3.906)	0.002** (4.199)	-0.003*** (-2.721)	-0.003*** (-2.793)	-0.003*** (-2.863)	0.002*** (3.857)	0.002** (2.055)	0.002** (2.487)
DP×GDPG	(1.178)	(1.119) 0.006 (1.146)	0.010** (2.158)		0.015*** (3.839)	0.014*** (4.984)		0.007 (0.650)	0.010 (0.692)		0.013* (1.765)	0.016** (2.388)		-0.014 (-1.094)	-0.010** (-2.090)
Sargan	0.804	0.488	0.668	0.698	0.716	0.814	0.195	0.474	0.456	0.161	0.251	0.351	0.787	0.896	0.912
AR (2)	0.337	0.196	0.198	0.455	0.396	0.376	0.396	0.310	0.275	0.612	0.632	0.592	0.284	0.459	0.692

表 5 – 16　逆周期资本缓冲在信贷/GDP 缺口中的顺周期性检验

被解释变量	信贷/GDP 缺口											
解释变量	全样本			中低收入国家（地区）			开放国家（地区）			封闭国家（地区）		
L.信贷/GDP缺口	0.882*** (20.787)	0.882*** (20.718)	0.882*** (20.812)	0.660*** (4.470)	0.658*** (4.483)	0.802*** (11.449)	0.995*** (21.544)	0.995*** (21.522)	0.995*** (21.528)	0.717*** (36.908)	0.708*** (32.396)	0.711*** (36.888)
GDPG	-0.091* (-1.937)	-0.093* (-1.996)	-0.090* (-1.926)	-0.067 (-1.372)	-0.066 (-1.307)	-0.039 (-0.926)	-0.052 (-0.615)	-0.057 (-0.678)	-0.059 (-0.696)	-0.119*** (-2.693)	-0.120*** (-2.752)	-0.113** (-2.280)
CTC	3.794* (1.901)	4.139 (1.155)		-1.798 (-0.461)	4.197 (1.007)		1.579** (2.446)		-1.476* (-1.647)	-0.728 (-0.991)		3.323 (0.369)
Rate	-0.038** (-2.366)	-0.037** (-2.344)	-0.038** (-2.370)	-0.037* (-1.651)	-0.037* (-1.659)	-0.039* (-1.711)	-0.053* (-1.950)	-0.053* (-1.957)	-0.051* (-1.890)	-0.032** (-2.167)	-0.032** (-2.201)	-0.031** (-2.222)
CTC ×GDPG	0.214 (1.460)	-0.052 (-0.128)			-0.133 (-1.150)	-0.174 (-0.387)		0.306** (2.126)	0.403*** (2.821)		0.278 (0.111)	-0.984 (-0.175)
Sargan	0.804	0.832	0.932	0.723	0.953	0.146	0.951	0.949	0.987	0.728	0.550	0.491
AR (2)	0.198	0.196	0.198	0.179	0.189	0.254	0.788	0.796	0.797	0.191	0.195	0.187

表 5－17　逆周期资本缓冲在信贷/GDP中的顺周期性检验

被解释变量：信贷/GDP增长率

解释变量	全样本	全样本	高收入国家（地区）	中低收入国家（地区）	中低收入国家（地区）	开放国家（地区）	开放国家（地区）	开放国家（地区）	封闭国家（地区）	封闭国家（地区）	封闭国家（地区）
L. 信贷/GDP	-0.019 (-0.946)	-0.020 (-0.983)	-0.003 (-0.155)	-0.005 (-0.482)	-0.186*** (-20.979)	-0.073 (-1.046)	-0.070 (-1.063)	-0.067 (-1.047)	0.021 (0.707)	0.006 (0.616)	0.005 (0.401)
GDPG	0.005 (1.304)	0.005 (1.298)	0.005 (1.334)	0.006 (1.311)	0.005 (1.321)	0.002 (0.823)	0.001 (0.517)	0.001 (0.693)	0.002 (0.472)	0.005 (0.983)	0.010 (1.130)
CTC	0.011 (0.382)	0.011 (0.382)	0.162*** (2.602)	0.093 (0.965)	-0.069 (-0.656)	0.218*** (12.646)		-0.005 (-0.156)	-3.060 (-0.544)		5.187 (0.792)
Rate	-0.003 (-0.963)	-0.003 (-0.964)	-0.003 (-0.981)	-0.005 (-0.929)	-0.005 (-0.887)	-0.001 (-0.537)	-0.001 (-0.457)	-0.000 (-0.394)	-0.004 (-0.917)	-0.004 (-0.937)	-0.004 (-0.888)
CTC × GDPG	0.017*** (6.713)	0.017*** (5.192)	0.017*** (5.192)	0.013*** (4.394)	0.026*** (2.703)		0.030*** (10.585)	0.022*** (4.761)		0.590 (0.831)	0.473 (0.743)
Sargan	1.000	1.000	0.982	1.000	0.000	1.000	0.999	1.000	0.992	1.000	1.000
AR (2)	0.206	0.207	0.200	0.299	0.317	0.453	0.444	0.438	0.304	0.315	0.312

注：高收入国家数据缺失。

表 5－18　逆周期资本缓冲在房地产价格增长中的顺周期性检验

被解释变量：房地产价格增长率

解释变量	全样本	全样本	高收入国家（地区）	中低收入国家（地区）	中低收入国家（地区）	开放国家（地区）	封闭国家（地区）	封闭国家（地区）	封闭国家（地区）
L. 信贷/GDP	0.331* (1.890)	0.333* (1.872)	0.268* (1.884)	0.348** (2.239)	0.567*** (3.258)	0.555*** (3.032)	0.210 (1.173)	0.053 (0.254)	-0.113 (-0.842)
GDPG	0.014*** (4.964)	0.014*** (5.068)	0.015*** (5.429)	0.009*** (2.002)	0.008** (1.983)	0.008* (1.771)	0.006 (1.009)	0.007 (1.315)	0.011*** (2.599)
CTC		0.111 (0.943)	-0.006 (-0.196)	0.014 (0.235)		0.052 (0.457)	-0.153 (-1.564)	-0.135 (-1.365)	
Rate	0.001 (1.402)	0.001 (1.387)	0.001 (1.126)	0.002*** (3.507)	0.002** (3.350)	0.002*** (3.224)	0.001** (2.363)	0.002*** (2.783)	0.002*** (4.132)
CTC × GDPG	-0.093 (-1.506)	-0.145 (-1.272)			-0.118 (-1.634)	-0.123 (-1.463)		-0.057 (-1.358)	-0.070 (-1.488)
Sargan	0.407	0.525	0.144	0.138	0.794	0.762	0.408	0.375	0.244
AR (2)	0.630	0.588	0.756	0.310	0.273	0.265	0.155	0.260	0.313

注：高收入国家和开放国家数据缺失。

表 5－19　杠杆率限制在信贷/GDP 缺口中的顺周期性检验

被解释变量：信贷/GDP 缺口

解释变量	全样本			高收入国家（地区）			中低收入国家（地区）			开放国家（地区）			封闭国家（地区）		
L.credit / GDP_gap	0.880*** (21.037)	0.885*** (20.813)	0.883*** (20.906)	0.882*** (17.190)	0.885*** (17.250)	0.881*** (17.491)	0.742*** (8.820)	0.771*** (9.269)	0.755*** (8.951)	0.986*** (22.025)	1.009*** (21.366)	0.979*** (22.058)	0.778*** (26.056)	0.780*** (26.247)	0.779*** (26.827)
GDPC	-0.088* (-1.876)	-0.052 (-0.864)	-0.034 (-0.558)	-0.254** (-2.994)	-0.239** (-2.578)	-0.231** (-2.655)	-0.048 (-1.127)	-0.007 (-0.150)	-0.007 (-0.118)	-0.049 (-0.583)	0.113 (0.658)	-0.048 (-0.386)	-0.118** (-2.682)	-0.106** (-2.526)	-0.097** (-2.282)
LEV	0.953 (0.720)	3.397 (1.567)		0.575 (0.216)	1.529 (0.455)		1.484* (1.733)	2.209 (1.363)		1.565 (0.879)	1.429 (0.569)		0.988 (0.666)	1.729 (1.290)	
Rate	-0.038** (-2.308)	-0.034** (-2.289)	-0.038** (-2.215)	-0.007 (-0.317)	-0.010 (-0.471)	-0.007 (-0.340)	-0.045** (-1.676)	-0.030 (-1.488)	-0.040* (-1.674)	-0.066** (-2.064)	-0.007 (-0.138)	-0.065** (-2.059)	-0.029** (-2.000)	-0.031** (-2.210)	-0.030** (-2.113)
LEV × GDPC		-0.324 (-0.843)	-0.476 (-1.127)		-0.119 (-0.202)	-0.204 (-0.633)		-0.356** (-2.384)	-0.358 (-1.204)		-1.039 (-1.222)	0.015 (0.024)		-0.169 (-0.918)	-0.280* (-1.902)
Sargan	0.619	0.816	0.841	0.700	0.719	0.791	0.524	0.285	0.374	0.794	0.922	0.813	0.156	0.366	0.617
AR (2)	0.197	0.197	0.194	0.254	0.259	0.257	0.249	0.270	0.258	0.795	0.651	0.800	0.208	0.209	0.208

表 5－20　杠杆率限制在信贷/GDP 中的顺周期性检验

被解释变量：信贷/GDP 增长率

解释变量	全样本			高收入国家（地区）			中低收入国家（地区）			开放国家（地区）			封闭国家（地区）		
L.credit / GDP_gap	-0.018 (-0.941)	-0.025 (-1.061)	-0.025 (-1.068)	-0.057 (-1.607)	-0.043 (-1.420)	-0.055 (-1.596)	-0.002 (-0.197)	-0.006 (-0.595)	-0.010 (-0.745)	-0.092 (-1.109)	-0.109 (-1.065)	-0.113 (-1.109)	-0.002 (-0.166)	-0.004 (-0.344)	-0.002 (-0.220)
GDPC	0.005 (1.379)	0.006* (1.813)	0.006 (1.527)	-0.000 (-0.060)	0.000 (0.124)	0.000 (0.120)	0.006 (1.363)	0.006 (1.323)	0.007 (1.432)	0.003 (1.227)	0.002 (0.505)	0.003 (1.135)	0.006 (1.000)	0.007 (1.144)	0.007 (1.125)
LEV	-0.012 (-0.179)	0.020 (0.274)		-0.076 (-1.130)	-0.060 (-0.827)		0.033 (0.421)	0.077 (0.978)		0.009 (0.184)	0.031 (0.621)		0.087 (0.487)	-0.000 (-0.005)	
Rate	-0.003 (-0.915)	-0.003 (-0.910)	-0.003 (-0.906)	-0.000 (-0.316)	-0.000 (-0.290)	-0.000 (-0.296)	-0.004 (-0.919)	-0.005 (-0.892)	-0.005 (-0.897)	-0.000 (-0.296)	-0.000 (-0.248)	-0.000 (-0.252)	-0.004 (-0.910)	-0.004 (-0.910)	-0.004 (-0.925)
LEV × GDPC		-0.014 (-1.161)	-0.011 (-1.244)		-0.005 (-0.704)	-0.003 (-0.382)		-0.003 (-0.309)	-0.010 (-1.063)		0.005 (0.303)	-0.004 (-0.658)		-0.014 (-1.574)	-0.016* (-2.390)
Sargan	1.000	1.000	1.000	1.000	1.000	1.000	1.000	1.000	1.000	1.000	1.000	1.000	1.000	1.000	1.000
AR (2)	0.204	0.213	0.212	0.414	0.396	0.409	0.297	0.300	0.302	0.492	0.541	0.544	0.309	0.309	0.309

表 5－21　杠杆率限制在房地产价格增长中的顺周期性检验

被解释变量：房地产价格增长率

解释变量	全样本			高收入国家 (地区)			中低收入国家 (地区)			开放国家 (地区)			封闭国家 (地区)		
	(1)	(2)	(3)	(1)	(2)	(3)	(1)	(2)	(3)	(1)	(2)	(3)	(1)	(2)	(3)
L.property	0.244* (1.676)	0.266* (1.804)	0.275* (1.930)	0.177 (1.193)	0.199 (1.330)	0.207 (1.396)	0.397** (2.208)	0.397** (2.208)	0.434** (2.123)	0.191 (1.539)	0.179 (1.394)	0.191 (1.563)	−0.029 (−0.220)	−0.024 (−0.174)	0.031 (0.222)
GDPC	0.015*** (5.451)	0.015*** (5.520)	0.015*** (5.546)	0.017*** (6.738)	0.017*** (6.645)	0.017*** (6.622)	0.008*** (1.990)	0.008*** (1.990)	0.008*** (1.966)	0.017*** (6.529)	0.018*** (6.510)	0.017*** (6.492)	0.010*** (2.347)	0.011*** (2.454)	0.011*** (2.788)
LEV	−0.013 (−0.795)	0.043 (1.371)		0.002 (0.125)	0.029* (2.561)		0.029 (0.832)	16.041 (0.334)		−0.007 (−0.320)	−0.002 (−0.109)		0.027* (1.647)	0.040 (1.621)	
Rate	0.001 (1.130)	0.001 (1.177)	0.001 (1.609)	−0.002 (−1.258)	−0.002 (−1.215)	−0.001 (−0.883)	0.002*** (3.487)	0.002*** (3.486)	0.001* (2.263)	−0.003** (−2.717)	−0.002* (−2.878)	−0.003* (−2.789)	0.002*** (3.810)	0.002*** (3.079)	0.002*** (3.317)
LEV×GDPC		−0.004 (−0.729)	−0.009* (−1.694)		−0.003 (−0.279)	−0.007 (−1.096)		0.004 (0.824)	−2.063 (−0.333)		0.008 (0.980)	0.004 (0.677)		−0.006 (−0.875)	−0.012* (−1.912)
Sargan	0.436	0.570	0.908	0.677	0.674	0.951	0.362	0.363	0.326	0.433	0.447	0.637	0.447	0.477	0.564
AR (2)	0.784	0.773	0.780	0.378	0.386	0.369	0.321	0.321	0.347	0.706	0.700	0.711	0.253	0.259	0.184

表 5－22　法定存款准备金率在信贷/GDP 缺口中的顺周期性检验

被解释变量：信贷/GDP 缺口

解释变量	全样本			高收入国家 (地区)			中低收入国家 (地区)			开放国家 (地区)			封闭国家 (地区)		
	(1)	(2)	(3)	(1)	(2)	(3)	(1)	(2)	(3)	(1)	(2)	(3)	(1)	(2)	(3)
L.信贷/GDP缺口	0.880*** (20.725)	0.881*** (20.509)	0.881*** (20.198)	0.875*** (15.541)	0.878*** (15.097)	0.871*** (15.381)	0.797*** (12.029)	0.780*** (12.046)	0.607*** (4.544)	0.982*** (20.618)	0.984*** (21.461)	0.989*** (20.377)	0.788*** (30.847)	0.775*** (27.259)	0.770*** (23.780)
GDPC	−0.094* (−1.889)	0.052 (0.451)	0.057 (0.505)	−0.237** (−2.612)	0.240 (0.399)	−0.113 (−0.357)	−0.045 (−1.059)	−0.009 (−0.053)	0.169 (0.809)	−0.110 (−1.163)	−0.044 (−0.305)	0.050 (0.353)	−0.110*** (−2.554)	0.058 (0.310)	0.133 (0.578)
RR	0.859 (0.295)	3.906 (1.402)		−1.211 (−0.203)	−2.260 (−0.343)		3.622 (1.648)	8.017 (1.998)		4.689 (1.247)	6.494 (1.615)		1.601 (0.565)	8.814 (1.323)	
Rate	−0.041* (−1.697)	−0.033** (−1.978)	−0.057** (−2.223)	−0.001 (−0.014)	0.027 (0.321)	0.012 (0.174)	−0.050* (−1.756)	−0.035 (−1.553)	−0.062 (−1.590)	−0.072* (−1.858)	−0.050* (−1.864)	−0.069* (−1.702)	−0.036* (−1.688)	−0.029* (−1.841)	−0.063 (−1.299)
RR×GDPC		−0.324 (−1.204)	−0.394 (−1.464)		−1.808 (−0.769)	−0.390 (−0.395)		−0.154 (−0.470)	−0.424 (−1.180)		−0.483 (−1.461)	−0.010 (−0.029)		−0.354 (−0.861)	−0.439 (−0.973)
Sargan	0.207	0.710	0.583	0.131	0.860	0.325	0.180	0.369	0.149	0.282	0.496	0.641	0.101	0.327	0.556
AR (2)	0.196	0.202	0.200	0.252	0.261	0.261	0.231	0.329	0.225	0.803	0.792	0.674	0.205	0.226	0.235

表 5 - 23　　　法定存款准备金率在信贷/GDP 中的顺周期性检验

被解释变量	信贷/GDP 增长率														
解释变量	全样本			高收入国家（地区）			中低收入国家（地区）			开放国家（地区）			封闭国家（地区）		
L.credit/GDP	-0.043 (-1.175)	-0.031 (-1.397)	-0.044 (-1.525)	-0.051 (-1.567)	-0.038 (-1.327)	-0.058 (-1.471)	-0.009 (-0.738)	-0.011 (-1.125)	-0.022* (-1.960)	-0.093 (-1.160)	-0.072 (-1.115)	-0.078 (-1.202)	-0.004 (-0.372)	-0.003 (-0.278)	-0.020 (-1.207)
GDPG	0.007 (1.311)	0.006 (1.344)	-0.002 (-0.630)	0.002 (0.742)	0.013 (1.617)	0.007 (1.318)	0.006 (1.189)	0.009 (0.892)	-0.013 (-1.457)	0.002 (0.742)	0.004 (1.083)	0.002 (0.545)	0.004 (0.776)	0.010 (1.175)	-0.026 (-1.172)
RR	-0.362 (-1.065)	-0.385 (-0.965)		-0.208 (-1.151)	-0.162 (-1.262)		-0.313 (-0.847)	-0.582 (-1.110)		0.067 (0.864)	0.147* (1.718)		-0.358 (-1.106)	-0.625 (-0.995)	
Rate	-0.000 (-0.137)	-0.000 (-0.316)	-0.003 (-0.912)	0.001 (0.405)	0.001 (0.487)	0.001 (0.502)	-0.004 (-0.841)	-0.005 (-0.929)	-0.003 (-0.758)	-0.001 (-0.487)	-0.000 (-0.158)	-0.001 (-0.734)	-0.003 (-0.690)	-0.004 (-0.891)	-0.002 (-0.648)
RR×GDPG		0.023 (1.172)	-0.002 (-0.166)		-0.052** (-2.060)	-0.022* (-1.671)		-0.006 (-0.503)	0.037 (1.597)		-0.003 (-0.438)	-0.003 (-0.510)		-0.009 (-0.749)	0.060 (1.209)
Sargan	0.674	0.976	0.977	1.000	0.390	1.000	0.705	0.986	0.906	1.000	0.486	1.000	0.916	0.994	0.999
AR (2)	0.223	0.207	0.220	0.407	0.424	0.302	0.300	0.302	0.302	0.446	0.441	0.441	0.310	0.308	0.309

表 5 - 24　　　法定存款准备金率在房地产价格增长中的顺周期性检验

被解释变量	房地产价格增长率														
解释变量	全样本			高收入国家（地区）			中低收入国家（地区）			开放国家（地区）			封闭国家（地区）		
L.property	0.252** (1.985)	0.257* (1.732)	0.215* (1.716)	0.193 (1.242)	0.200 (1.439)	0.271** (1.994)	0.309** (2.318)	0.355** (2.294)	0.275** (2.554)	0.423 (1.600)	0.205* (1.755)	0.190* (1.889)	0.113 (0.420)	0.175 (1.531)	0.172 (0.842)
GDPG	0.015*** (5.460)	0.015*** (4.523)	0.015*** (5.183)	0.016** (2.312)	0.018*** (6.632)	0.017*** (6.498)	0.010** (2.447)	0.009* (1.734)	0.008 (1.539)	0.016*** (5.089)	0.017*** (6.081)	0.018*** (6.725)	0.008** (2.175)	0.007** (1.706)	0.006 (1.249)
RR	0.021 (0.439)	0.026 (0.418)		0.180 (0.343)	-0.057*** (-6.416)		-0.006 (-0.127)	-0.025 (-0.408)		-0.008 (-0.101)	0.017 (0.363)		0.031 (0.706)	-0.040 (-1.042)	
Rate	0.000 (0.190)	0.001 (0.834)	0.000 (0.251)	-0.001 (-0.212)	-0.002 (-1.369)	-0.002 (-1.601)	0.002* (1.663)	0.002* (1.667)	0.002* (1.810)	-0.002 (-0.857)	-0.003* (-1.903)	-0.002 (-1.599)	0.001 (1.255)	0.001 (1.131)	0.002*** (2.639)
RR×GDPG		0.000 (0.016)	-0.002 (-0.250)		-0.006* (-1.920)	0.001 (0.296)		-0.002 (-0.211)	0.005 (0.566)		-0.000 (-0.075)	-0.004 (-1.018)		0.009 (0.640)	0.006 (0.930)
Sargan	0.267	0.636	0.440	0.681	0.184	0.271	0.571	0.824	0.661	0.120	0.273	0.207	0.483	0.629	0.417
AR (2)	0.765	0.769	0.835	0.394	0.353	0.437	0.306	0.296	0.296	0.972	0.711	0.612	0.157	0.128	0.113

表 5 - 25　　　　　　限制贷款增长在信贷/GDP 缺口中的顺周期性检验

信贷/GDP 缺口

被解释变量 解释变量	全样本			高收入国家（地区）			中低收入国家（地区）			开放国家（地区）			封闭国家（地区）		
L credit/GDP_gap	0.877***(21.194)	0.877***(21.469)	0.882***(20.494)	0.884***(16.797)	0.883***(17.065)	0.888***(16.564)	0.691***(4.687)	0.651***(4.439)	0.701***(4.709)	1.004***(19.310)	0.979***(20.654)	0.985***(21.249)	0.776***(24.204)	0.774***(23.851)	0.774***(23.643)
GDPG	-0.086*(-1.835)	-0.079(-1.290)	-0.027(-0.418)	-0.241***(-3.064)	-0.246***(-2.758)	-0.207***(-2.562)	-0.058(-1.173)	-0.106(-1.637)	0.105(0.905)	-0.094(-0.643)	-0.114(-0.995)	-0.071(-0.682)	-0.116**(-2.659)	-0.090**(-2.310)	-0.104**(-2.241)
CG		-0.199(-0.164)	4.389(1.051)		-1.926(-0.684)	3.666*(1.671)		6.191***(4.111)	7.219***(3.806)		8.520(0.408)	3.447(0.674)		-0.818(-0.608)	0.802(0.322)
Rate	-0.072(-1.345)	-0.035**(-2.300)	-0.047**(-2.192)	-0.037**(-2.384)	-0.006(-0.248)	-0.008(-0.346)	-0.009(-0.433)	-0.045(-1.212)	-0.036(-1.537)	-0.053(-1.489)	-0.103(-0.708)	-0.058*(-1.820)	-0.029**(-2.112)	-0.035**(-2.169)	-0.032**(-2.042)
CG × GDPG		-0.064(-0.178)	-0.450(-1.293)		-0.065(-0.442)	-0.528**(-2.101)		0.207(1.022)	-0.825**(-2.571)		0.301(0.700)	-0.002(-0.008)		-0.239(-1.179)	-0.119(-0.449)
Sargan	0.289	0.203	0.462	0.717	0.697	0.818	0.314	0.164	0.515	0.600	0.453	0.612	0.199	0.183	0.603
AR (2)	0.198	0.200	0.199	0.253	0.254	0.259	0.181	0.172	0.137	0.778	0.728	0.789	0.211	0.212	0.212

表 5 - 26　　　　　　限制贷款增长在信贷/GDP 中的顺周期性检验

信贷/GDP 增长率

被解释变量 解释变量	全样本			高收入国家（地区）			中低收入国家（地区）			开放国家（地区）			封闭国家（地区）		
L credit/GDP	-0.016(-0.723)	-0.018(-0.939)	-0.018(-0.753)	-0.041(-1.491)	-0.050(-1.396)	-0.039(-1.463)	0.002(0.155)	0.003(0.189)	-0.003(-0.267)	-0.091(-1.123)	-0.090(-1.033)	-0.100(-1.096)	0.005(0.433)	0.002(0.157)	0.009(0.627)
GDPG	0.004(1.339)	0.005(1.369)	0.007*(1.692)	0.000(0.070)	0.000(0.244)	0.001(0.319)	0.009(1.603)	0.006(1.373)	0.005(1.148)	0.003(0.704)	0.004(1.531)	0.004(1.543)	0.006(1.064)	0.004(0.715)	0.008(1.145)
CG		0.192(1.576)	0.171*(1.923)		-0.072(-1.643)	0.084***(2.972)		0.122(1.247)	0.324*(1.720)		-0.075(-0.146)	0.073(1.427)		0.271*(1.705)	0.196(1.572)
Rate	-0.003(-1.007)	-0.003(-0.944)		-0.000(-0.117)	-0.000(-0.162)		-0.005(-0.948)	-0.005(-0.913)	-0.004(-0.920)	0.000(0.081)	-0.000(-0.053)	-0.000(-0.307)	-0.004(-0.857)	-0.004(-0.883)	-0.004(-0.903)
CG × GDPG		0.001(0.154)	-0.015*(-2.087)		-0.004(-0.564)	-0.010*(-3.864)		0.004(0.493)	-0.016*(-1.841)		-0.008(-0.941)	-0.012(-1.517)		0.011(0.787)	-0.015(-1.427)
Sargan	0.206	1.000	0.209	0.413	1.000	0.386	0.299	1.000	0.296	0.484	1.000	0.496	0.308	1.000	0.308
AR (2)	0.205	1.000	0.209	0.386	1.000	0.383	0.297	1.000	0.296	0.514	1.000	0.496	0.306	1.000	0.308

表 5－27　限制贷款增长在房地产价格增长中的顺周期性检验

被解释变量：房地产价格增长率

解释变量	全样本			高收入国家（地区）			中低收入国家（地区）			开放国家（地区）			封闭国家（地区）		
L property	0.278** (2.136)	0.289** (1.993)	0.242** (2.266)				0.284* (2.217)	0.319* (1.869)	0.210* (1.917)	0.211 (1.450)	0.204 (1.572)	0.202 (1.566)	0.084 (0.897)	0.125* (1.831)	0.104 (1.621)
GDPC	0.014*** (5.198)	0.015*** (5.334)	0.015*** (6.126)				0.010*** (2.909)	0.009*** (2.296)	0.011*** (2.908)	0.020*** (3.074)	0.018*** (6.740)	0.018*** (6.749)	0.008** (2.002)	0.009** (2.409)	0.008* (1.908)
CG	0.122*** (5.356)		0.027** (2.109)				0.078** (2.082)		0.039 (1.504)	−0.370 (−0.432)		0.034*** (3.229)	−0.027** (−2.738)		−0.020 (−0.985)
Rate	0.001 (0.846)	0.001 (1.135)	0.001 (0.905)				0.002*** (3.606)	0.002*** (3.694)	0.002*** (3.191)	−0.003* (−1.830)	−0.003*** (−3.131)	−0.003** (−3.085)	0.002*** (3.381)	0.002*** (3.488)	0.002*** (3.415)
CG × GDPC		−0.002 (−0.244)	−0.009* (−1.921)					−0.001	−0.008		−0.009*** (−4.708)	−0.014** (−6.236)		−0.010 (−0.922)	−0.006 (−0.391)
Sargan	0.390	0.746	0.182				0.320	0.673	0.157	0.374	0.518	0.558	0.260	0.306	0.228
AR (2)	0.731	0.728	0.752				0.321	0.284	0.275	0.669	0.720	0.715	0.127	0.111	0.116

注：高收入国家房地产价格增长率数据缺失。

表 5－28　借款类工具在信贷/GDP 缺口中的顺周期性检验

被解释变量：信贷/GDP 缺口

解释变量	全样本			高收入国家（地区）			中低收入国家（地区）			开放国家（地区）			封闭国家（地区）		
L credit / GDP_gap	0.882*** (21.114)	0.883*** (22.045)	0.868*** (21.385)	0.885*** (17.576)	0.880*** (17.827)	0.879*** (17.905)	0.678*** (5.079)	0.652*** (4.283)	0.664*** (4.804)	0.985*** (21.588)	0.987*** (21.750)	0.979*** (21.941)	0.777*** (25.005)	0.793*** (23.030)	0.758*** (20.069)
GDPC	−0.087* (−1.851)	−0.009 (−0.139)	0.002 (0.034)	−0.232*** (−2.678)	0.010 (0.055)	−0.054 (−0.384)	−0.064 (−1.382)	−0.070 (−1.514)	−0.053 (−0.956)	−0.049 (−0.557)	0.096 (0.690)	0.088 (0.829)	−0.128** (−2.875)	−0.091 (−1.596)	−0.054 (−0.867)
BORR	−1.434* (−1.676)		2.290 (0.869)	−1.862* (−1.765)		0.032 (0.019)	−0.852 (−0.663)		0.814 (0.306)	−0.256 (−0.129)		2.018 (0.623)	−0.705 (−0.720)		2.937 (1.356)
Rate	−0.048*** (−2.585)	−0.058*** (−2.738)	−0.043** (−2.158)	−0.028 (−1.148)	−0.052 (−1.508)	−0.041 (−1.421)	−0.042* (−1.668)	−0.038 (−1.496)	−0.039 (−1.532)	−0.052 (−1.501)	−0.091** (−2.083)	−0.073* (−1.911)	−0.037* (−1.915)	−0.044** (−2.313)	−0.021 (−1.160)
BORR × GDPC		−0.541*** (−2.610)	−0.667* (−1.836)		−0.926** (−2.135)	−0.721* (−1.815)		−0.007 (−0.046)	−0.173 (−0.386)		−0.694 (−1.618)	−0.759* (−1.802)		−0.334** (−2.377)	−0.510** (−2.213)
Sargan	0.570	0.217	0.281	0.718	0.426	0.524	0.492	0.159	0.512	0.461	0.293	0.355	0.144	0.114	0.235
AR (2)	0.199	0.189	0.184	0.255	0.235	0.242	0.207	0.189	0.221	0.792	0.652	0.635	0.211	0.214	0.218

表 5 – 29　借款类工具在信贷/GDP 中的顺周期性检验

被解释变量：信贷/GDP 增长率

解释变量	全样本		高收入国家（地区）			中低收入国家（地区）		开放国家（地区）			封闭国家（地区）		
L.credit/GDP	-0.020 (-0.935)	-0.019 (-0.913)	-0.047 (-1.547)	-0.041 (-1.364)	-0.049 (-1.616)	-0.003 (-0.351)	-0.004 (-0.342)	-0.081 (-1.076)	-0.079 (-1.011)	-0.086 (-1.091)	0.025 (1.337)	0.025 (1.331)	0.025 (1.280)
GDPC	0.005 (1.413)	0.006 (1.643)	-0.000 (-0.012)	0.003 (1.032)	0.001 (0.539)	0.006 (1.316)	0.006 (1.422)	0.002 (1.140)	0.005* (2.048)	0.004* (1.705)	0.005 (0.894)	0.006 (1.154)	0.007 (0.825)
BORR	-0.033 (-0.778)	0.009 (0.262)	-0.047* (-1.876)		-0.028 (-1.000)	-0.021 (-0.282)	0.029 (0.358)	-0.032 (-0.928)		-0.006 (-0.160)	-0.024 (-0.359)		0.043 (0.300)
Rate	-0.003 (-1.138)	-0.003 (-1.024)	-0.001 (-0.855)	-0.001 (-0.669)	-0.001 (-0.746)	-0.005 (-1.011)	-0.005 (-0.962)	-0.001 (-0.476)	-0.001 (-0.839)	-0.001 (-0.646)	-0.004 (-1.067)	-0.004 (-0.991)	-0.004 (-1.008)
BORR×GDPC	-0.005 (-1.352)	-0.006 (-1.235)		-0.012*** (-2.584)	-0.007* (-2.214)	-0.005* (-1.718)	-0.005 (-0.784)		-0.012** (-2.444)	-0.009** (-2.148)		-0.003 (-0.248)	-0.012 (-0.522)
Sargan	1.000	1.000	1.000	1.000	1.000	1.000	1.000	1.000	1.000	1.000	1.000	0.994	0.994
AR (2)	0.208	0.207	0.392	0.396	0.398	0.299	0.299	0.466	0.472	0.479	0.305	0.306	0.303

表 5 – 30　借款类工具在房地产价格增长中的顺周期性检验

被解释变量：房地产价格增长率

解释变量	全样本			高收入国家（地区）			中低收入国家（地区）			开放国家（地区）			封闭国家（地区）		
L.property	0.262* (1.750)	0.256* (1.939)	0.175 (0.834)	0.244 (1.403)	0.069 (0.684)	0.188 (1.430)	0.289** (2.386)	0.353*** (2.680)	0.257** (2.307)	0.245 (1.614)	0.095 (0.591)	-0.095 (-0.733)	-0.029 (-0.186)	-0.045 (-0.322)	-0.041 (-0.356)
GDPC	0.018*** (5.269)	0.017*** (5.643)	0.016*** (5.038)	0.017*** (5.889)	0.023*** (9.508)	0.022*** (8.833)	0.011*** (2.874)	0.014*** (4.363)	0.016*** (4.000)	0.017*** (5.970)	0.025*** (6.686)	0.023*** (9.614)	0.012*** (2.869)	0.016*** (4.721)	0.016*** (4.396)
BORR	-0.020 (-0.816)		-0.012 (-0.640)	-0.006 (-0.364)			-0.057 (-1.570)		-0.013 (-0.342)	-0.005 (-0.362)		-0.005 (-0.603)	-0.030 (-0.788)		-0.007 (-0.183)
Rate	0.000 (0.643)	0.001 (0.856)	0.001 (1.257)	-0.002 (-1.280)	-0.002 (-0.931)		0.001 (1.215)	0.001 (1.373)	0.001* (1.755)	-0.003*** (-3.060)	-0.004*** (-2.751)	-0.003*** (-2.556)	0.001 (1.406)	0.001** (2.439)	0.001 (1.401)
BORR×GDPC	-0.005 (-1.386)		-0.003 (-0.891)		-0.012*** (-4.735)	-0.009*** (-4.723)	-0.006** (-1.965)		-0.007** (-2.249)		-0.006*** (-1.480)	-0.006** (-2.288)		-0.006* (-2.193)	-0.005 (-1.525)
Sargan	0.261	0.123	0.326	0.132	0.214	0.433	0.855	0.157	0.829	0.784	0.697	0.157	0.581	0.632	0.428
AR (2)	0.953	0.855	0.875	0.430	0.162	0.168	0.312	0.373	0.394	0.784	0.107	0.114	0.230	0.365	0.330

表 5－31　金融机构类工具在信贷/GDP 缺口中的顺周期性检验

被解释变量：信贷/GDP 缺口

解释变量	全样本			高收入国家（地区）			中低收入国家（地区）			开放国家（地区）			封闭国家（地区）		
L.credit/GDP_gap	0.876*** (21.161)	0.875*** (22.028)	0.880*** (20.095)	0.879*** (16.698)	0.883*** (16.865)	0.886*** (16.437)	0.674*** (5.366)	0.663*** (5.069)	0.654*** (5.287)	0.970*** (21.792)	0.959*** (20.932)	0.962*** (20.439)	0.658*** (11.683)	0.770*** (25.308)	0.767*** (24.642)
GDPG	-0.101** (-2.127)	0.045 (0.196)	0.275 (1.333)	-0.242*** (-2.894)	-0.058 (-0.165)	0.067 (0.235)	-0.066 (-1.399)	-0.139 (-0.774)	0.230 (0.708)	-0.125 (-1.363)	-0.431* (-1.710)	-0.279 (-0.938)	-0.126*** (-3.110)	0.240 (1.139)	0.151 (0.783)
FIN		1.017 (1.036)	4.103** (2.489)		-0.449 (-0.212)	3.058 (0.956)		1.091 (1.471)	2.738** (2.040)		3.701** (2.059)	2.898 (1.227)		0.607 (0.616)	2.091 (1.256)
Rate	-0.048** (-2.222)	-0.033** (-2.128)	-0.073** (-2.484)	-0.004 (-0.152)	-0.000 (-0.005)	-0.011 (-0.379)	-0.048* (-1.687)	-0.039* (-1.704)	-0.055* (-1.705)	-0.145** (-2.385)	-0.101** (-2.112)	-0.146** (-2.206)	-0.033* (-1.959)	-0.041** (-2.112)	-0.042** (-2.004)
FIN×GDPG		-0.169 (-0.554)	-0.526* (-1.804)		-0.351 (-0.509)	-0.675 (-1.042)		0.079 (0.429)	-0.334 (-0.989)		0.471 (1.619)	0.209 (0.551)		-0.476 (-1.582)	-0.367 (-1.309)
Sargan	0.124	0.279	0.401	0.271	0.794	0.551	0.591	0.204	0.724	0.368	0.631	0.695	0.254	0.217	0.274
AR (2)	0.197	0.215	0.201	0.254	0.274	0.273	0.205	0.151	0.282	0.810	0.790	0.828	0.224	0.231	0.232

表 5－32　金融机构类工具在信贷/GDP 中的顺周期性检验

被解释变量：信贷/GDP 增长率

解释变量	全样本			高收入国家（地区）			中低收入国家（地区）			开放国家（地区）			封闭国家（地区）		
L.credit/GDP	-0.043 (-1.202)	-0.026 (-0.954)	-0.045 (-1.246)	-0.066* (-1.669)	-0.041* (-1.387)	-0.063* (-1.718)	-0.013 (-1.114)	-0.004 (-0.444)	-0.017 (-1.491)	-0.105 (-1.261)	-0.078 (-1.082)	-0.091 (-1.298)	-0.005 (-0.495)	-0.001 (-0.071)	-0.007 (-0.745)
GDPG	0.005 (1.335)	0.013 (1.033)	0.005 (1.464)	0.002 (0.670)	0.008 (1.479)	0.007* (1.757)	0.006 (1.280)	0.017 (0.892)	0.004 (0.575)	0.002 (0.751)	0.002 (0.371)	0.004 (1.139)	0.006 (1.036)	0.009 (0.656)	0.003 (0.482)
FIN		-0.016 (-0.262)	-0.016 (-0.204)		-0.105* (-1.743)	-0.022 (-0.388)		-0.008 (-0.115)	-0.048 (-0.487)		0.054 (1.421)	0.101*** (2.961)		-0.009 (-0.154)	-0.016 (-0.205)
Rate	-0.002 (-0.979)	-0.002 (-0.939)	-0.002 (-1.077)	0.001 (0.344)	0.000 (0.213)	0.000 (0.294)	-0.004 (-0.991)	-0.004 (-0.941)	-0.004 (-1.001)	-0.002 (-0.889)	-0.000 (-0.409)	-0.002 (-1.387)	-0.004 (-0.905)	-0.004 (-0.885)	-0.004 (-0.890)
FIN×GDPG		-0.010 (-0.819)	-0.000 (-0.076)		-0.017* (-1.849)	-0.013** (-2.073)		-0.012 (-0.739)	0.002 (0.334)		0.002 (0.303)	-0.004 (-1.099)		-0.004 (-0.325)	-0.004 (-0.890)
Sargan	0.979	1.000	0.225	0.431	1.000	0.392	0.999	1.000	0.301	0.504	1.000	0.459	0.302	1.000	0.310
AR (2)	0.220	0.205	0.421	0.299	0.392	0.300	0.301	0.299	0.302	0.467	0.459	0.504	0.308	0.310	0.300

表5-33　金融机构类工具在房地产价格增长中的顺周期性检验

被解释变量	房地产价格增长率														
解释变量	全样本			高收入国家（地区）			中低收入国家（地区）			开放国家（地区）			封闭国家（地区）		
L.property	0.263* (1.711)	0.279* (1.772)	0.208 (1.476)	0.180 (1.206)	0.183 (1.389)	0.185 (1.425)	0.319** (2.226)	0.409** (2.134)	0.188* (1.680)	0.115 (0.842)	0.214* (1.727)	0.144 (1.093)	0.043 (0.196)	0.021 (0.165)	0.076 (0.483)
GDPC	0.014*** (4.839)	0.014*** (4.417)	0.015*** (5.082)	0.017*** (7.007)	0.018*** (6.879)	0.018*** (7.842)	0.009** (2.301)	0.012 (1.546)	0.006 (0.845)	0.017*** (5.624)	0.017*** (6.198)	0.017*** (6.573)	0.008* (1.861)	0.006 (0.907)	0.007 (1.006)
FIN	0.025 (1.622)	0.029 (1.534)		-0.008 (-0.239)	-0.031 (-0.797)		0.008 (0.519)	0.003 (0.184)		0.056 (1.458)	0.045 (1.246)		0.029*** (3.512)	0.019 (1.639)	
Rate	0.000 (0.211)	0.001 (0.966)	0.000 (0.315)	-0.002 (-1.297)	-0.002 (-1.249)	-0.002 (-1.311)	0.001*** (3.535)	0.002*** (3.450)	0.001*** (2.773)	-0.004** (-2.153)	-0.003** (-2.168)	-0.004* (-1.939)	0.001*** (3.452)	0.002*** (3.778)	0.002*** (3.960)
FIN× GDPC		0.001 (0.225)	-0.001 (-0.447)		-0.002 (-0.285)	-0.001 (-0.441)		-0.004 (-0.488)	0.004 (0.534)		0.002 (0.470)	-0.002 (-0.687)		0.003 (0.802)	0.002 (0.636)
Sargan	0.428	0.637	0.514	0.682	0.436	0.724	0.290	0.899	0.239	0.170	0.355	0.400	0.707	0.441	0.656
AR (2)	0.774	0.735	0.856	0.382	0.368	0.366	0.345	0.326	0.398	0.587	0.769	0.582	0.207	0.188	0.122

6 主要结论与政策建议

6.1 主要结论

1. 从金融系统各部门关联的视角，对我国金融系统性风险及其关联性进行分析，得到了以下有意义的结论。

（1）整个金融体系的风险指标和各部门风险指标的变化趋势基本一致。金融稳定指标与由收益率数据简单得到的系统性风险指标虽然在指标构成原理上不同，但在表现结果上却相近，其变化趋势具有一致性，从 2007 年至 2018 年期间主要有两个时期的风险较高，第一个时期是 2008 年国际金融危机时期，第二个时期是长期积极的刺激政策之后，资本市场泡沫积累达到一定程度，在 2015 年 A 股股市下跌时期。

（2）各金融实体部门之间，基金部门和证券部门之间的风险相关性最大，证券部门和保险部门之间的风险关联性最小，银行部门爆发风险可能引发系统性风险的可能性最大；整体而言，各金融实体部门对金融体系系统性风险的贡献比率相差不大，信托部门的平均风险贡献比率略高于其他部门，在风险较高的历史时期，证券部门和基金部门的风险贡献比率较正常时期略有下降，银行部门的风险贡献比率无论是风险时期还是正常时期，变化水平不大，整体较为平稳。考虑到各部门资产规模相差很大，通过计算单位资产的风险贡献比率发现，银行部门单位资产的风险贡献比率远远低于其他部门，而证券部门和信托部门单位资产的风险贡献比率相对较高，但在 2012 年以后，信托部门得益于信托规模的快速增长，单位资产风险贡献比率整体呈下降趋势。

（3）宏观经济政策是影响金融体系的重要外部因素。本书将 2008 年国际金融危机之后 10 年内的宏观经济政策分为积极刺激阶段、转型调整阶段和监管约束阶段。2008 年底为缓解经济下行压力，我国实行了扩张性的财政政策和宽松的货币政策，通过计算各金融实体部门的超预期风险概率，发现此轮积极刺激政策在短期内对于缓解各金融实体部门的压力、降低风险概率起到了积极作用，但是从长期来看却积累了更多的风险，于是 2015 年在各方压力下我国 A 股股市大幅下跌。此后我国经济转入调结构的转型升级阶段，这在短期对于整个金融体系控制风险起到了一定的积极作用，各部门金融风险指标略有降低，但在中期却让我国经济陷入转型升级的阵痛期。为了布局长期发展，完善资本市场，2018 年资管新规落地，在处于转型升级的关键时期，以及调结构的阵痛期，同时处于中美贸易摩擦的敏感期，内外经济压力巨大的重要时期，全社会陷入了资金荒，监管约束对我国经济的发展提出了巨大的挑战，在短期内使得各部门的风险指标增加，抗风险能力减弱。

2. 非利息收入对商业银行系统性风险的影响与冲击。

（1）非利息收入占比的提高能有效降低银行个体风险承担，同时加剧银行系统性风险溢出效应，最终提高银行系统性风险水平。实证结果显示，样本期间，非利息收入占比的提高对商业银行系统性风险有显著正向影响，结果在 CES 模型和 MES 模型中均显著，具有一定稳健性。这说明现阶段虽然发展非利息收入业务对银行个体风险承担仍具较强分散效应，但我国商业银行关联紧密，单个银行的风险累积将加剧系统性风险溢出效应，并通过关联传染机制和信息传播机制放大风险，最终导致系统性风险上升。

（2）非利息收入结构中投资收益和手续费及佣金收入对银行系统性风险的影响显著。商业银行开展非利息收入业务，应重点关注投资交易类业务与手续费及佣金收入中托管托收、投资银行类业务，尤其是非利息收入占比较高的小规模银行，更应注意风险防控。

（3）银行资产规模和非利息收入共同作用，有利于降低系统性风险，负债结构异质性并不显著影响非利息收入对银行系统性风险的影响水平。研究发现，商业银行的规模与非利息收入相互作用有利于降低系统性风险，具体来说，样本区间内，商业银行的非利息收入对系统性风险贡献度的影响以资产规模 21.83 万亿元为拐点：低于 21.83 万亿元的小银行，开展非利息收入业务会提高系统性风险贡献度；而高于 21.83 万亿元的大银行，结果则相反。

（4）非利息收入结构中各类收入对银行个体风险承担和系统性风险溢出效应的影响不同。实证结果显示，从银行个体风险承担角度看，手续费及佣金收入占比的提高对个体风险分散作用最显著，能够有效降低商业银行破产风险，而投资收益和其他非利息收入作用不明显。从系统性风险溢出效应角度来看，导致系统性风险溢出效应加强的主要因素是投资损益和其他非利息收入。

（5）非利息收入对银行系统性风险的影响，在不同阶段存在显著差异。2008q1—2013q4 期间，非利息收入占比的提高有利于降低系统性风险水平。而在 2014q1—2017q4 期间，结果则相反，商业银行非利息收入业务快速发展，在丰富自身产品、拓宽盈利渠道、降低个体破产风险的同时，非利息收入业务带来的风险累积和系统性风险溢出效应也在加强，最终导致银行系统性风险上升。

3. 阐述了银行顺周期性行为因素，并对我国银行资本缓冲周期性以及内在形成因素进行了实证检验。在检验我国资本缓冲周期性方面，本书发现：

（1）资本缓冲的变化与经济周期的相关性受到两种力量的制约：一是在经济周期向好的时期，银行会加速风险资产的配置，进而导致资本缓冲的下降；二是经济周期向好的时候，银行资产风险权重会降低，导致资本缓冲的上升。从实证检验我们发现：第一，城市商业银行和农村商业银行在经济周期上升时，资本缓冲开始下降，主要原因为银行信贷投放的大幅度，表现为城市商业银行和农村商业银行信贷与经济周期存在典型的顺周期性。第二，我国大型银行和股份制银行资本缓冲与经济周期关系表现并不显著，甚至表现为一定的正相关性，可能表现为两种力量的对冲，同时也表明了大型银行和股份制银行面临的资本监管压力较小。

（2）我国银行资本缓冲周期性内在形成机制受到三种力量的影响：一是银行利润带来的资本补充；二是信贷等资产配置带来的资本消耗；三是风险权重随经济变化调整带来的资本缓冲变化。实证结果表明：第一，城市商业银行和农村商业银行在经济繁荣时期，资本缓冲显著下降，其与风险权重的关系并不显著，信贷等风险资产的大幅度上升明显抵消了利润对资本缓冲的改善，导致其资本缓冲不断下降，加上其资本补充渠道有限，面临较大的监管压力；第二，大型银行和股份制银行在经济繁荣时期，资本缓冲与经济周期的关系并不显著，其资本缓冲与利润补充及信贷资源配置并不相关，但资本缓冲却显著受益于风险权重的下降，使其受到的监管压力下降。

（3）在经济繁荣时期，资本监管办法对风险权重的计量办法显著改善了大型银行和股份制银行的资本缓冲，资本监管面临一定的亲周期性，面临的监管压力较小，应对其实施更为严格的逆周期资本管理，全周期平滑其风险资产计算办法。对于城市商业银行和农村商业银行，在经济繁荣时期，其采用了激进的风险资产配置模式，已面临较大的资本监管压力，需要监管部门采用更多辅助监管办法（如信贷增速控制等）来抑制其风险承担冲动，降低其信贷资产与经济周期的顺周期性。

4. 借鉴货币政策框架下，构建了逆周期宏观审慎监管工具的目标、工具与传导机制，具体如下：

（1）从宏观审慎监管的最终目标来看，没有必要将系统性风险的两个维度截然分开，因两个维度的风险往往交织在一起，不可分割。从既有学者和监管当局的视角来看，宏观审慎监管的核心均为防范系统性风险，其分歧往往在于对系统性风险的解读差异。因此，宏观审慎管理的最终目标有两个：第一，防范金融体系的系统性风险，解决金融资产泡沫与金融体系的顺周期问题；第二，避免或减轻金融系统性风险对实体经济的负向外部溢出。

（2）选取了收入水平不同、资本开放程度有所差异的 46 个国家和地区 1970—2011 年的年度数据。结合国内外学者的研究成果，选择了信贷/GDP 增长率、信贷/GDP 缺口、房地产价格增长率、房地产价格缺口、GDP 增长率 5 个指标作为银行系统性危机的早期预警指标，对比分析其预警效果，本书贡献有：信贷/GDP 缺口对于银行系统性危机的预警效果最好，是十分理想的早期危机预警指标；房地产价格缺口对于银行系统性危机的预警效果次之，是较理想的早期危机预警指标。为此，可以选择信贷/GDP 缺口作为逆周期宏观审慎管理主要的中间目标，房地产价格缺口作为辅助中间目标。

（3）从逆周期宏观审慎监管工具的传导机制来看，我们可以将其分为资本类、流动性类和资产类工具。三类工具的传导机制均可通过银行主体行为、预期渠道、非银行金融机构套利渠道对信贷市场供求、资产价格和商业银行风险管理状况产生影响，进而达到抵御风险和降低信贷顺周期的目标。

5. 采用系统 GMM 方法对 108 个样本国家和地区 14 年的数据测试逆周期宏观审慎监管工具在解决顺周期问题上的有效性，其结论如下：

（1）在所有样本及分组控制研究中：第一，借款类工具优于金融机构类工具。债务收入比（DTI）工具以及借款类工具（BORR）具有显著的逆周期作用，究其原因在于时间维度中的外部性由信贷需求方产生，因此针对借款类的逆周期工具就变得更为有效；同时，这两类工具由于作用于需求方，金融机构很难通过境外或非银行渠道进行监管套利。第二，简单规则、直接作用的数量型工具效果比价格型工具效果更为明显，体现为杠杆率限制（LEV）、信贷增长限制（CG）效果较为明显，而动态拨备（DP）、逆周期资本缓冲（CTC）、法定存款准备金率（RR）等价格型工具效果较差，原因可能在于价格型工具更易规避掉监管。

（2）从分组样本来看，逆周期宏观审慎监管工具对封闭国家和地区效果最好，中低收入国家和地区次优，高收入国家和地区再次之，开放国家和地区最差。原因可能在于高开放国家和地区可能通过跨境套利、高收入国家和地区一般金融较为发达能够通过非金融机构套利的方式来规避逆周期资本监管。相比之下，作用于需求方的监管套利很难实施，所以在所有样本国家和地区均较为有效。

第一，对于封闭国家和地区而言，除了逆周期资本监管工具和信贷增长限制工具不显著以外，其他工具均有较好的效果。这两类工具效果较差，主要原因可能是采取这两类工具的封闭国家和地区样本太少。

第二，对于中低收入国家和地区而言，债务收入比（DTI）、杠杆率限制（LEV）、信贷增长限制（CG）均较为有效，其可能解释在于中低收入国家和地区金融较不发达，金融市场化程度更低，非银行金融机构较不发达，市场主体规避宏观审慎工具的渠道有限，杠杆率限制、信贷增长控制等数量型工具较易发挥作用，并能够有效限制金融机构资产扩张规模。

第三，对于高收入国家和地区而言，除借款类工具以外，仅有限制贷款增长这个工具较为有效，这是因为高收入国家和地区金融市场和非银行金融机构较为发达，直接控制类的信贷增长限制（CG）难以进行规避。

第四，对于开放国家和地区而言，仅有债务收入比（DTI）工具有效，这是因为开放国家和地区能够通过境外金融机构套利的方式，规避掉所有基于金融机构的逆周期监管政策。

（3）相比信贷/GDP 缺口指标，信贷增长限制（CG）对房地产价格增速效果较好。

（4）在借款类工具中，封闭、中低收入国家和地区对贷款价值比限制（LTV_CAP）较为敏感，开放、高收入国家和地区对债务收入比（DTI）工具较为敏感，这是因为前者更看重贷款的抵押品及可获得性，而后者却更看重借款人的第一还款来源。

6.2　国际社会宏观审慎监管改革

2008 年国际金融危机之后，各国开始反思金融危机形成的原因，其关键在于金融体系的顺周期性和系统重要性金融机构带来的风险问题（中国人民银行金融稳定分析小组，2012）。总结起来，国际社会关于金融监管改革的成

果主要体现为:

1. 改变国际金融监管治理架构,G20 取代 G8、FSF 转制为 FSB、BCBS 开始扩员,这些新型国际金融组织在推动宏观审慎管理的发展中发挥了关键作用。

2. 巴塞尔银行监管委员会发布《强化新资本协议的框架》(Basel 2.5)的决定,内容包括:(1)第一支柱为大幅度提高交易账户的资本要求和资产证券化风险暴露的资本要求。(2)第二支柱:一是加强集团范围的风险治理框架,重新设计长期激励机制;二是扩大了风险集中的范围,从信贷集中扩大到所有具有潜在风险集中的因素;三是全面考虑表外风险暴露,包括合同性风险、非合同性承诺和隐性支持的潜在影响、声誉风险。(3)第三支柱为强化商业银行信息披露要求,包括交易账户的资产证券化风险暴露、银行发起的表外机构进行全面披露。

3. 巴塞尔银行监管委员会发布第三版巴塞尔协议,内容包括:(1)强化资本监管框架,具体包括强化资本基础(强调普通股和留存收益在资本中的主导地位)、扩大风险覆盖、引入杠杆率监管、应对系统性风险、提高资本充足率监管标准。(2)引入量化流动性监管指标,具体包括流动性覆盖率(LCR)、净稳定融资比例(NSFR)、合同期限错配、融资集中度限制等其他流动性监测工具。(3)强化系统重要性金融机构监管框架,具体包括降低系统重要性金融机构(SIFI)失败概率、降低 SIFI 失败的负面影响、降低救助 SIFI 的公共成本、维护公平竞争。(4)强化市场约束和公司治理,推动银行建立薪酬激励与风险约束的平衡机制。(5)缓解银行体系顺周期性,提出资本逆周期缓冲和资本留存缓冲措施。(6)建立跨境银行处置机制,具体包括强化国家对跨境银行的处置权和实施力度、强调单个银行应制订应对危机的计划、强化风险化解机制等降低风险蔓延的概率。(7)强化杠杆率监管,2013 年 6月,BCBS 发布《修订后的杠杆率和披露要求(征求意见稿)》,引入 3% 的杠杆率,重点对银行风险敞口的计量进行了完善。

4. 建立一套高质量的会计标准,实现国际会计准则的趋同,并降低会计准则的顺周期性,具体内容包括:(1)金融工具的分类,以公允价值主导,摊余成本仅用于某些特殊的金融工具。(2)建立资产减值的方法,降低会计准则的顺周期性。一是放弃基于"已发生损失"的拨备模型。二是基于预期损失建立具有前瞻性的减值拨备框架。具体为:一方面对于好资产,采用逐步确认的方式,但至少应覆盖未来 12 个月的预期损失;另一方面对于坏资产,直接确认金融资产的全部预期损失。(3)采用统一的净额结算规则。

5. 扩大监管范围，具体包括：（1）金融稳定理事会（FSB）发布《强化场外衍生品监管指导意见》，采用标准化、通过中央交易对手交易、强化数据收集和报告、提高透明度。（2）FSB 发布《降低对外部评级机构依赖性的指导意见》，具体包括强化金融机构尽职职责、限制监管制度中机械运用外部评级、削弱中央银行再贴现制度对外部评级的依赖。（3）联合论坛发布《金融监管差异评估报告》，具体包括重视银行、保险和证券监管性质的差异，采用并表及集团监管，关注对冲基金、金融产品承销标准和风险转移产品。（4）国际证券事务监察委员会组织（IOSCO）发布对冲基金监管原则，具体包括强制性注册、持续满足审慎性标准、提供系统重要性影响的信息、持续的信息披露、通过授信银行监控对冲基金的行为、跨境信息共享与合作等。

6. 强化薪酬机制的监管，具体包括：（1）FSB 发布《薪酬机制稳健原则》，具体包括薪酬治理、薪酬与风险挂钩的一般原则、监管当局的角色。（2）FSB 发布《薪酬机制稳健原则的执行标准》，提出了具体量化标准，包括可变薪酬占比、薪酬支付的时间结构和工具结构、奖金停止发放及收回的规定等。（3）BCBS 发布《增强风险、业绩与薪酬一致性的方法论》，具体包括：一是将风险纳入薪酬过程、奖金发放过程；二是采用量化风险调整和定性调整的方式进行事前风险调整；三是采用延迟支付和事后风险调整的方法。

7. 加强对影子银行体系的监管，重点关注非银行信用中介的某些领域或环节，特别是期限或流动性转换，导致不适当的信用风险转移和杠杆累积；某些寻求监管套利的行为会破坏或削弱金融监管的效率。（1）影子银行体系的监测，以部门资金流量表总揽并勾勒整个影子银行体系，在评估内在关联性、规模、可替代性基础上，识别易引发系统性风险或进行监管套利的影子银行体系活动，重点为期限转换、流动性转换、信用风险转移、杠杆率累积等活动。（2）通用的五类监管方式为通过强化银行监管间接监管影子银行、加强货币市场基金监管、加强对其他影子银行实体的监管、加强对资产证券化业务的监管、加强对证券出借和回购业务的监管，详细评估易引发系统性风险或进行监管套利的影子银行体系。

8. 强化对系统重要性金融机构的监管。2011 年，巴塞尔银行监管委员会出台《全球系统重要性银行：评估方法和额外损失吸收要求》，金融稳定理事会发布了《金融机构有效处置的核心要素》，具体措施包括完善评估方法和损失吸收能力、对全球系统性重要金融机构征收额外资本要求、建立有效的处置机制、提高监管强度和有效性。

9. 进一步完善逆周期监管措施，降低扣减率和保证金的顺周期性。全球金融体系委员会（CGFS）要求建立全周期的扣减率要求，监管扣减率由两部分构成：一是基于市场波动性和流动性确定的周期内相对稳定的扣减率要求；二是逆周期附加要求，监管当局可根据形势需要，在杠杆率和资产价格上升阶段，抵押品风险被低估时，酌情采用逆周期的附加要求作为补充。

6.3　主要国家和地区逆周期宏观审慎监管改革

6.3.1　美国

1. 改革历程

2010 年 7 月 21 日，美国出台《多德—弗兰克华尔街改革和个人消费者保护法》，核心为防范系统性风险和保护消费者金融保护，重点如下：一是成立金融稳定监管委员会，应对系统性风险；二是设立消费者金融保护局，加强消费者权益保护；三是加强 SIFI 监管，解决"大而不能倒"问题；四是监督高管薪酬，抑制风险过度行为；五是强化证券业监管，保护投资者利益；六是加强金融衍生产品监管；七是加强对冲基金、PE 等机构的监管；八是建立全覆盖的有序风险处置和清算安排，突出联邦存款保险公司的作用（中国人民银行金融稳定分析小组，2012）。

2. 组织架构

（1）2010 年，美国设立了跨部门机构金融稳定监管委员会（FSOC）及金融研究办公室（OFR）。OFR 的核心工作为收集数据信息，辅助金融稳定监管委员会开展工作。FSOC 由财政部牵头、美联储以及其他主要联邦监管机构参加，聚集了联邦监管机构、证券监管机构、联邦存款保险公司，以及金融消费者保护局，其使命为防范和识别系统性金融风险，维护金融稳定。FSOC 的职能包括向国会提出金融治理建议、监测金融服务市场潜在威胁、发布系统性审慎标准、信息共享与协调工作、提供成员间司法或监管争议解决渠道。

（2）赋予了美联储对系统性风险监管的权力，加强美联储在宏观审慎管理框架中的作用和地位。其增加的职能为：加强美联储对金融控股公司的监管，评估具有系统重要性金融机构，拥有信息获取权，规定美联储两位副主席中设一位为"监管副主席"，对严重危及金融体系稳定的 SIFI 进行强制性分拆或资产剥离，赋予美联储在紧急情况下会商财政部后对 SIFI 开放贴现窗口的权力（王素珍，2011）。

（3）美联储宏观审慎管理可以使用的工具：更严格的监管标准及压力测试，对非银行金融机构以控股金融中介公司的关联交易进行限制，会同委员会及联邦存款保险公司（FDIC）制定规则要求金融机构对早期金融风险采取补救，对系统重要性机构及子公司拥有检查权、执行权和重大收购活动的批准权。同时，美联储有权在获得委员会 2/3 多数批准的情况下，限制或拆分对美国金融稳定构成严重威胁的大型复杂金融机构，并要求受过美国政府"有毒资产援助计划"（TARP）救助的大型银行控股公司不能通过分离其控股的银行逃避美联储监管。

6.3.2 英国

2008 年国际金融危机以及北岩银行事件之后，英国于 2010 年公布《金融监管的新方法：判断、关注和稳定》（征求意见稿），确立了英格兰银行的超级央行地位，全方位负责宏微观审慎管理。具体内容包括以下几点。

1. 英格兰银行负责宏观审慎管理，在其内部设立独立金融政策委员会（FPC），负责金融稳定和宏观审慎监管。FPC 有 11 名成员，由英格兰银行行长担任主席，成员包括 5 名英格兰银行高级官员，新成立的消费者保护和市场管理局（CPMA）局长，以及由财政大臣提名的 4 名外部成员和 1 名财政部非投票代表。FPC 对英格兰银行理事会、财政部以及英国议会负责。FPC 的目标为：第一，在识别并解决系统内总体风险及脆弱性基础上，提高金融体系的稳健性和抗风险能力；第二，通过解决金融体系的失衡问题（如抑制顺周期性）来增强宏观经济的稳定性。FPC 主要职责为：第一，识别系统性风险；第二，监督金融体系的稳定性；第三，对审慎监管局（PRA）与消费者保护和市场管理局（CPMA）进行监督，评价其行为对金融稳定的影响；第四，对识别出的系统性风险进行恰当反应，包括宏观审慎工具的使用时机、工具的制定与设计，就宏观审慎监管问题向 PRA、CPMA、法庭、英国财政部等提出合理建议；第五，监管（市场）基础设施，处置安排倒闭机构，为金融部门提供流动性保险；第六，评估宏观审慎工具的有效性并对其进行调整。

2. 撤销金融服务局，其职责由新设立的英格兰银行下属审慎监管署（PRA）承担，目标为增强金融公司的稳定性。该部门将从基于规则的方法转变为以风险判断为核心的方法，其工作流程为 PRA 将金融机构具体监管信息反馈给 FPC，由 FPC 进行相关宏观审慎分析。PRA 根据 FPC 宏观审慎管理的要求，对金融机构采取具体监管行动。

3. 成立消费者保护和市场管理局（CPMA），其主要职能是维持金融服务市场的信心。专司金融消费者保护和金融机构商业行为监管，统一行使原属于金融服务局、金融督察局、消费者金融教育组织和金融服务补偿计划的消费者保护职能。

4. 沿两条主线增加宏观审慎工具集：一是解决金融系统内部脆弱性问题；二是提高金融体系应对周期性发展的抗风险能力及稳健性。具体工具集如表 6 - 1 所示。

表 6 - 1　　　　　　　英格兰银行可能拓展的宏观审慎工具集

分类	工具集	操作方式
针对金融机构的资本要求类政策	逆周期资本金要求	基于经济周期性变化，提取逆周期资本缓冲
	时变的风险权重和行业资本要求	提高对特定类型贷款的资本金要求
	杠杆率限制	对金融机构可运用的杠杆率施加总体限制
	前瞻性损失准备金制度	把损失拨备与信贷周期联系起来，在信贷强劲增长时要求银行持有更多准备金
	定量信贷控制与准备金要求	限制银行放贷或提高金融机构的短期流动性要求
针对借款人的资产类政策	抵押品要求	更高的抵押品要求，如针对担保贷款的贷款价值比率限制，股票/购进的保证金要求或对投资银行回购交易实行折扣。

数据来源：《金融监管的新方法：判断、关注和稳定》（征求意见稿），笔者整理而来。

6.3.3　欧盟

欧盟理事会于 2009 年通过了《欧盟金融监管体系改革》方案，旨在建立宏观审慎监管和微观审慎监管并重的金融监管体系，实现二者的有机融合。具体改革内容如下：

1. 成立欧洲系统性风险委员会（ESRB），负责宏观审慎管理。ESRB 由欧洲各国中央银行代表，各国银行、证券、保险监管机构的高级官员，欧洲委员会、经济以及货币事务委员构成，欧央行决策者占据该委员会多数，负责对欧洲实施宏观审慎监管，其主要职责是风险监测、风险评估、风险预警以及提供政策建议；同时，识别系统性风险并对其排序，当出现重大系统性风险端倪时，作出早期预警。ESRB 具体职责为：（1）加强宏观审慎分析，进行系统性风险提示。其重点关注金融体系内部及外部的风险和脆弱点，识别风险潜在的严重性，利用信息对欧洲银行局成员实施压力测试。（2）将微观审慎及宏观审慎管理工具结合。其宏观审慎工具多在现有微观审慎工具基础上进行改良，如资本充足率、流动性缓冲、对特定风险行为的限制、针对金融市场脆弱性、解决市场基础设施脆弱性的工具等。欧洲央行认为宏观审慎政策应与微观审慎工具紧密联系，应在统一的准则下为微观审慎监管提出建议。

2. 成立行业监管局，负责微观审慎监管。新成立欧洲银行业监管局（EBA）、欧洲证券和市场监管局（ESMA）、欧洲保险和职业养老金监管局（EIOPA），其职责为：各成员国监管机构和金融机构的数据要求、与 ESRB 的信息共享机制，为全欧洲制定统一监管标准（中国人民银行金融稳定分析小组，2012）。

6.3.4 宏观审慎监管的评价及其对我国的借鉴意义

1. 确立了以中央银行为主体的宏观审慎管理组织架构。从实践来看，无论中央银行在之前是否拥有监管权力，危机过后中央银行都重新被赋予了宏观审慎的核心主体地位：第一，美国在分业监管部门基础上设立 FSOC，负责宏观审慎监管，并赋予了中央银行在危机处置和重要性金融机构的监管职责；第二，英国直接设立了超级中央银行，全权负责宏微观审慎监管。

2. 要建立更为完善的宏观审慎管理工具与手段。在 2008 年国际金融危机爆发之前，发达国家都很少使用单独的宏观审慎管理工具，但实际上微观审慎工具在防范金融危机的爆发方面效果较差。为此，各国在国际组织帮助下，纷纷开发校准符合本国特色的宏观审慎监管工具，并注重与微观审慎监管工具的协调配合。

3. 微观审慎监管需要注重与宏观审慎监管的协调配合，并为其提供信息，在宏观审慎监管框架下实施。各国在宏观审慎管理中也存在迥异之处：英国及欧洲等国家通过金融监管改革基本上已建立了自己的宏观审慎管理框架或架构。美国的监管架构改革目标是美联储加强对系统性金融风险的防范，但并未明确提出要建立宏观审慎管理架构；而有些国家对于宏观审慎管理架构的构建还处于探索阶段，还没有真正建立自己的宏观审慎管理框架。在宏观审慎工具的运用上，美联储被赋予了更多的权利、手段和工具来维护系统性风险。主要是对系统重要性机构的经营进行限制，从横向上来对风险的传染性进行控制。欧洲在宏观审慎管理方面更加侧重于系统性风险的监测和早期预警。英国则更加重视对履行宏观审慎管理的机构赋予可操作的法定工具和手段，以及提高宏观审慎管理机构的权威。日本、印度、西班牙及一些国家已经较早开始探索和实施逆周期宏观审慎管理工具。当然，没有一种固定的宏观审慎管理框架是适合于所有国家的。各国应该在借鉴国际经验的基础上，紧贴本国实际，制定适合本国的宏观审慎管理框架。

6.4 我国逆周期宏观审慎监管框架

6.4.1 我国逆周期宏观审慎监管改革

1. 货币政策与宏观审慎双支柱调控框架的形成

中国人民银行在 2010 年明确提出 "构建逆周期的金融宏观审慎管理制度框架"。

人民银行于 2013 年牵头，会同 "三会" 和外汇局构建了金融监管协调部际联席会议，办公室设在人民银行，负责协调日常监管工作。其主要职责为：货币政策与金融监管政策的协调，金融稳定和防范系统性、区域性风险的协调，交叉性跨市场金融产品创新的协调，金融信息共享和综合统计体系的协调（中国人民银行金融稳定分析小组，2014）。

2017 年，党的十九大报告指出 "健全货币政策和宏观审慎双支柱调控框架"，同年 7 月在全国金融工作会议上宣布成立国务院金融稳定发展委员会，国务院金融稳定发展委员会的办事机构是国务院金融稳定发展委员会办公室，设在中国人民银行。2019 年 2 月，中国人民银行正式成立宏观审慎管理局，由其牵头建立宏观审慎框架和基本制度。

2. 建立逆周期的宏观调控机制

（1）构建差别准备金动态调整制度。将信贷投放与银行的资本水平和稳健性程度联系起来，同时考虑所处经济周期阶段，有预先引导和自我约束的作用，有利于提升金融机构的稳健性和抗风险能力，发挥逆周期的调节功能（中国人民银行金融稳定分析小组，2013）。

（2）2016 年，将差别准备金动态调整机制 "升级" 为宏观审慎评估体系（MPA）。该体系将银行分为 N – SIFIs（全国性系统重要性机构，即工、农、中、建、交五家大型银行）、R – SIFIs（区域性系统重要性机构，一般为各省资产规模最大的城市商业银行）和 CIFIs（普通银行，含全国性股份制银行）三类，全方位对资本和杠杆情况、资产负债情况等七大方面进行综合评估，其指标体系如表 6 – 2 所示。该体系具备以下特点：第一，MPA 成为人民银行逆周期审慎监管的重要工具指引，MPA 的结果影响各参评机构的法定存款准备金利率：人民银行对 A 档机构的准备金利率上浮 10%～30%，对 B 档机构维持不变，对 C 档机构下浮 10%～30%。对于不符合 MPA 的银行，人民银行会将其常备借贷便利（SLF）的利率提高 100 个基点，在未来人民银行可能会出台更多的差异化监管政策。第二，宏观审慎资本充足率是 MPA 体系的核心。第三，从以往的关注狭义贷款转向广义信贷，将债券投资、股权及其他投资、买入返售资产等纳入其中。

表 6－2   MPA 分项指标

七大类	指标	权重（%）	性质
资本和杠杆情况	资本充足率	80	定量
	杠杆率	20	定量
	总损失吸收率①		
资产负债情况	广义信贷增速	60	定量
	委托贷款增速	15	定量
	同业负债	25	定量
流动性	流动性覆盖率	40	定量
	净稳定资金比率	40	定量
	遵守准备金制度情况	20	定性
定价行为	利率定价	100	定性
资产质量	不良贷款率	50	定量
	拨备覆盖率	50	定量
跨境融资风险	跨境融资风险加权余额	60	定量
	跨境融资币种结构	20	定量
	跨境融资期限结构	20	定量
信贷政策执行	信贷政策评估结构	40	定性
	信贷政策执行情况	30	定性
	人民银行资金运用情况	30	定性

资料来源：高建等. 看懂银行系列报告之一：央行宏观审慎评估体系（MPA）全解析［R］. 东北证券研究报告，2017－03.

3. 推出一系列的逆周期宏观审慎监管工具，具体如表 6－3 至表 6－6 所示。

———————————

① 暂时不考察。

表6-3　　　　　　　近年来中国采用的逆周期审慎政策工具

工具	实施机构	政策目标
LTV	人民银行、银保监会	抑制房地产泡沫
成本准备金动态调整	人民银行	信贷增长、资产价格
动态拨备要求	银保监会、人民银行、财政部	降低顺周期性、提高损失吸收能力
逆周期资本要求	人民银行、银保监会	缓解顺周期性、提高吸收损失能力、信贷增长
杠杆率要求	银保监会	缓解顺周期行为
特定资产组合资本要求	银保监会	对特定资产组合增长进行微调
跨周期的风险加权资产计量	银保监会	缓解资本计量的顺周期性

数据来源：廖岷，孙涛，丛阳. 宏观审慎监管研究与实践［M］. 北京：中国经济出版社. 2014：203.

表6-4　　　　　　　　　资本监管充足率标准比较

项目	巴塞尔协议Ⅲ			国内新监管标准		
	核心一级资本	一级资本	总资本	核心一级资本	一级资本	总资本
最低要求（1）	4.5%	6%	8%	5%	6%	8%
留存超额资本（2）	2.5%			2.5%		
（1）＋（2）	7%	8.5%	10.5%	7.5%	8.5%	10.5%
逆周期超额资本	0~2.5%			0~2.5%		
SIB附加资本	无具体方案			暂定1		
过渡期	2013年初至2018年底			2012年初至2016年底		

数据来源：银保监会相关规定。

表6-5　　　　　　　　　杠杆率监管标准比较

项目	监管标准	过渡期安排
巴塞尔协议Ⅲ	3%	2011年初开始监控 2013年初至2017年初双轨运行 2018年纳入第一支柱
国内新监管标准	4%	2012年开始实施 2013年底系统重要性银行达标 2016年底非系统重要性银行达标

数据来源：银保监会相关规定。

4. 奠定宏观审慎监管的微观审慎基础。次贷危机后，中国采用宏观审慎监管与微观审慎监管有机结合、《巴塞尔协议Ⅱ》与《巴塞尔协议Ⅲ》同步推进的方式。

表 6 - 6　　　　　　　　　　　　流动性风险监管标准比较

项目	巴塞尔协议Ⅲ		国内新监管标准		
监管标准	流动性覆盖率	净稳定融资比率	流动性覆盖率	净稳定融资比率	存贷比
监管要求	100%	100%	100%	100%	75%
监测工具	合同期限缺口 无转换障碍资产 融资集中度 分币种的流动性覆盖率 与市场相关的监测指标		核心负债依存度 流动性缺口率 客户存款集中度 同业负债集中度 无转换障碍资产清单		

数据来源：银保监会相关规定。

6.4.2　我国逆周期宏观审慎监管存在的问题

1. 责任与目标不明确

宏观审慎管理制度框架是一个动态发展的框架，目标是防范系统性金融风险、维护金融稳定，主要特征是建立更强有力的、体现逆周期性的政策体系（中国人民银行金融稳定分析小组，2012）。但是这个目标体系在现实中遇到以下几个挑战：第一，监管者的目标较为模糊，对系统性风险的衡量难以准确度量，选择的工具也难对其有效性进行判断，人们也很难将其与其他监管工具的效用进行分离，而监管套利的盛行使这个问题进一步加剧。第二，宏观审慎的目标难以直接观察，我们很难回答没有实施宏观审慎工具将会发生什么，危机是否会发生，损失经济增长的成本是多少，我们只能通过模型而不是实证来验证这些目标。由于没法准确度量目标，因此将金融稳定设为目标是不现实的。我们只能研究是否观察到了系统性危机，这意味着我们必须选择一个中间目标，即建立与系统性风险直接相关的若干经济指标。第三，对系统性风险的度量与识别也缺乏一个清晰的认识，且大多数系统性风险的度量均需要金融机构及其风险敞口的详细数据，在国家层面搜集此类高频数据较为困难且成本高昂。因而，宏观审慎监管机构在预测系统性风险时不得不采用不同频率和显著性水平的经济变量。与此同时，经济变量与监管规则的设定和实施机构也变得尤为棘手。

2. 逆周期宏观审慎监管的政治经济学问题

审慎监管的政治经济分析表明，经济繁荣时期监管者很难使用收紧的权力，因为所有经济主体均偏好于经济增长带来的收益，包括消费者和政治家可以获得廉价信贷、监管者可以享受银行稳定带来的收益、股东和管理层均享受银行盈利增长带来的好处。具体表现为以下两点：第一，由于监管套利和银行微观主体的自主决策，逆周期资本要求的有效性并不能确定；第二，由于政治游说和重新谈判机制，逆周期监管可能无法避免周期的影响，从而强烈偏向不作为。

3. 当前运行的金融监管联席会议制度存在天生的缺陷

第一，联席会议缺乏充分的信息共享机制与平台，存在严重的信息不对称问题，人民银行拥有的货币政策信息和不同监管部门拥有的监管信息不能进行有效共享，致使很难对全局性的跨行业系统性风险进行识别和评估；第二，金融监管联席会议制度不具备法律意义的管辖权和具体职责，不具备强制力和决策性质，很难强有力推行宏观审慎监管政策的执行；第三，监管权力难以协调，任何部门都有强化本部门利益、膨胀本部门权力的欲望，在这种机制下很容易出现监管的空白、监管套利与过度监管等问题。

4. 有效逆周期宏观审慎监管工具集明显不足

根据丁伯根法则，需要包括一套独立的宏观审慎工具，以及任务和职责明确分工的宏观政策框架。但任何一种监管体制都需依据我国金融发展状况来进行制定，在我国现实操作中，每一类操作工具都很难对其目标、传导机制和有效性进行准确评估，其规则也处于模糊状态，也就很难对其进行校准和评估。

6.5 政策建议

1. 完善宏观审慎管理治理结构与政策框架体系。IMF 等（2016）发布文章指出，在制度设计与执行方面，构建宏观审慎政策框架需授权、治理、问责等方面的制度基础。

（1）明确宏观审慎管理机构的使命与职责。应明确其职责：第一，防范金融体系的系统性风险，解决金融资产泡沫与金融体系的顺周期问题；第二，避免或减轻金融系统性风险对实体经济的负向外部溢出。在此基础上，构建该机构的绩效评估与问责机制。从我国现实来讲，需要尽快修改《中国人民银行法》，从法律上明确人民银行宏观审慎管理、防范和化解系统性金融风险、维护金融稳定方面的职责与地位。明确宏观审慎管理、金融稳定监测评估、系统重要性金融机构和金融控股公司监管、问题金融机构救助等方面的相关法律框架。同时，明确人民银行及其分支机构在国务院金融稳定发展委员会监管协调机制中的职责和作用。

（2）明确中间目标体系。宏观审慎监管是反事实和难以观测的，因此我们必须选择一个中间目标，即建立与系统性风险直接相关的若干经济指标。我国属于封闭、中高收入国家，建议采用信贷/GDP缺口作为逆周期宏观审慎管理主要的中间目标，房地产价格缺口作为辅助中间目标。

（3）独立性问题。委员会必须限制政治干预，由该机构负责决策并对社会公众负责。具体实施指引包括：第一，清晰明确的处置政策有助于宏观审慎职责的实现，从而限制政治干预，因为处置机制是不容商讨的；第二，与微观审慎政策配合并限制宏观审慎政策的范围，降低可能的政治压力与金融业的游说；第三，及时准确获取信息很关键；第四，通过向其成员提供一系列约束其权力的规则，抵制政治压力。

（4）透明度与沟通政策。由于难以确定金融稳定的反事实特征，在具有不确定性的世界里，系统性风险被错误估计是不可避免的，即使宏观审慎政策取得了较大成功，也没有证据能够证明在缺乏宏观审慎环境下，系统性危机就可能发生。为此，我们必须采用良好的沟通政策并有效引导各主体的行为。关于时间维度，透明度更强调披露系统性风险发生的可能性，但会产生两个缺陷：一是发布预警可能诱发剧烈的自我实现，造成系统性危机的出现；二是委员会过于活跃证明存在的价值。更好的办法是系统性风险委员会负责对宏观审慎工具的实施提出建议，其沟通对象主要就局限于针对负责实施的机构而非公众。

2. 开发完善逆周期宏观审慎监管工具。IMF 等（2016）认为，为处置时间与结构维度上的潜在脆弱性，需广泛的政策工具，并在事前权衡政策成本与收益，事后评估政策有效性。在政策工具有效性方面，资本类工具可在衰退周期提高信贷增速，增强机构适应力，但在繁荣周期作用有限；部门类工具通过对特定部门设置额外缓冲要求提高其适应力，但对信贷增长的效果各异。

（1）从全球实践来看，什么工具效果最好。以巴塞尔银行监管委员会的逆周期资本缓冲框架为基础，制定我国银行业逆周期资本缓冲政策，建议将信贷余额/GDP缺口作为参考基准，辅助房地产价格增速及其缺口指标，研究其与银行系统性风险及宏观审慎监管工具之间的关系。重点研究经济下行阶段的逆周期资本缓释的方法、指标和操作时机等。

（2）完善数据贡献评估机制，开放完善系统性风险的度量与识别模型，积极开展金融部门评估规划（FSAP），并对金融机构进行压力测试指引。大多数系统性风险的度量均需要金融机构及其风险敞口的详细数据，在国家层面搜集此类高频数据较为困难且成本高昂。

（3）规则与相机决策。审慎监管的政治经济分析表明，经济繁荣时期监管者很难使用收紧的权力，因为所有经济主体均偏好于经济增长带来的收益，包括消费者和政治家可以获得廉价信贷、监管者可以享受银行稳定带来的收益、股东和管理层均享受银行盈利增长带来的好处。这意味着，无论是在繁荣还是萧条时期，银行监管应该更多基于规则而非相机决策（Freixas 等，2015）。为此：第一，我们可以采用明确的"成本最小化"原则，而非模糊的"福利最大化原则"；第二，如果潜在的有效规则容易导致政治操纵和政治干预，采用弹性较小且有效的规则；第三，在规则和自由裁量之间找到恰当的平衡，可以设定事前规则，即明确如果哪些事情发生时，将采用哪些措施，例如，银行破产的遗嘱制度，但这些制度也可以给管理当局留下适当的自由裁量权。

（4）在经济繁荣时期，资本监管办法对风险权重的计量办法显著改善了大型银行和股份制银行的资本缓冲，资本监管面临一定的亲周期性，面临的监管压力较小，应对其实施更为严格的逆周期资本管理，全周期平滑其风险资产计算办法。对于城市商业银行和农村商业银行，在经济繁荣时期，其采用了激进的风险资产配置模式，已面临较大的资本监管压力，需要监管部门采用更多辅助监管办法（如信贷增速控制等）来抑制其风险承担冲动，降低其信贷资产与经济周期的顺周期性。

（5）我国属于中高收入、封闭国家，但开放程度在逐渐增加。在所有宏观审慎监管工具设计中，大多数逆周期监管工具都较为有效，相比之下借款类、数量类工具更为有效，但非银行金融机构和跨国金融机构的套利行为又削弱了这些工具效果的发挥。为此，我们在逆周期宏观审慎监管工具设计中，需要重点开发数量类和借款类工具，并注重加强对影子银行和跨国金融机构的审慎监管。

3. 注重逆周期宏观审慎监管政策的协调机制

（1）注重宏观审慎监管政策与货币政策的协调配合。从宏观审慎的传导机制来看，货币政策的变化将通过资产负债表、风险转移、资产价格渠道等对金融稳定造成影响。从实际操作来看：第一，应明确二者的目标差异和工具作用机制的比较优势，相对而言，宏观审慎政策工具在降低金融体系传染和顺周期性方面更具优势，而货币政策在促进价格稳定方面更有优势；第二，宏观审慎政策工具应与中央银行的数量型工具（主要体现在中央银行资产负债表的扩大和收缩上）和价格型工具（如利率、汇率等）相互协调配合，以达到共同维护宏观经济和金融体系稳定的目的。

（2）推动逆周期宏观审慎监管政策的跨境协调机制。金融全球化程度较高的经济体，宏观审慎政策常受跨境因素影响，具体包括合理宏观审慎政策的正外部性、渗出效应（可降低本国政策有效性）、别国政策的溢出效应、各国政策力度不同导致的机构业务转移（IMF等，2016）。为此，我们可以采用以下办法：第一，发挥巴塞尔银行监管委员会、金融稳定委员会职责，促进全球金融监管的协调；第二，加强与其他国家监管当局的交流与合作，积极搭建沟通交流平台，健全协调磋商机制，构建国际金融监管协调机制。

4. 从系统性风险防范来讲，当前中国金融最大的系统性风险隐患在于经济下行周期与经济金融高杠杆交织在一起，金融过度化使我国经济金融运行弹性和吸收损失的能力明显下降。我们的研究表明，金融业利润和经济增长的关系，在政府效率较低、市场监管标准不严格和法制环境较差的国家中表现得更加明显。因此，面对金融过度化和"金融热"问题，提高政府治理、监管水平和强化法律制度这三方面的努力可以缓解金融与实体经济的失衡问题。同时采用以下措施进行综合治理：一是严控对国有企业、政府平台、房地产企业的贷款支持；二是放弃对非国有企业、中小企业的信贷歧视；三是发展普惠金融，提升对"三农"、小微企业的金融服务水平；四是调整贷款抵押政策，从以重资产抵押为主调整为以信用贷款或多元化资产抵押为主；五是坚决处置"僵尸企业"，支持新兴产业发展；六是降低企业杠杆率。

附　录

指标	范围	危机发生前年份					
		-5	-4	-3	-2	-1	0
信贷/GDP 增长率	AUC	0.57	0.55	0.67	0.61	0.57	0.53
	95% 置信区间下限	0.45	0.43	0.59	0.50	0.46	0.41
	95% 置信区间上限	0.70	0.67	0.76	0.72	0.68	0.64
	标准误	2.50	1.73	2.28	1.62	1.55	1.65
信贷/GDP 缺口	AUC	0.46	0.51	0.59	0.65	0.68	0.68
	95% 置信区间下限	0.36	0.41	0.48	0.55	0.59	0.59
	95% 置信区间上限	0.56	0.62	0.70	0.76	0.78	0.78
	标准误	1.48	1.48	3.90	6.42	3.63	2.83
房地产价格 增长率	AUC	0.55	0.59	0.59	0.56	0.48	0.27
	95% 置信区间下限	0.43	0.47	0.46	0.44	0.38	0.19
	95% 置信区间上限	0.67	0.70	0.72	0.67	0.59	0.36
	标准误	2.11	1.95	2.11	2.93	1.57	1.49
房地产价格 缺口	AUC	0.52	0.62	0.74	0.79	0.78	0.75
	95% 置信区间下限	0.39	0.51	0.64	0.70	0.68	0.67
	95% 置信区间上限	0.64	0.73	0.84	0.87	0.87	0.84
	标准误	2.91	3.50	4.33	6.47	5.64	2.50
GDP 增长率	AUC	0.38	0.62	0.49	0.58	0.58	0.28
	95% 置信区间下限	0.25	0.51	0.37	0.49	0.48	0.18
	95% 置信区间上限	0.50	0.73	0.61	0.68	0.67	0.37
	标准误	0.56	0.57	0.56	0.51	0.55	0.52

附表 – 2　　　　　　　　1970—2000 年样本各指标的 AUC 值

指标	范围	危机发生前年份					
		– 5	– 4	– 3	– 2	– 1	0
信贷/GDP 增长率	AUC	0.75	0.48	0.69	0.63	0.57	0.52
	95% 置信区间下限	0.54	0.25	0.52	0.43	0.40	0.24
	95% 置信区间上限	0.95	0.70	0.85	0.84	0.74	0.80
	标准误	0.10	0.12	0.08	0.11	0.09	0.14
信贷/GDP 缺口	AUC	0.56	0.53	0.61	0.70	0.70	0.66
	95% 置信区间下限	0.39	0.33	0.40	0.51	0.50	0.45
	95% 置信区间上限	0.72	0.74	0.83	0.90	0.90	0.88
	标准误	0.08	0.10	0.11	0.10	0.10	0.11
房地产价格 增长率	AUC	0.51	0.48	0.43	0.47	0.39	0.32
	95% 置信区间下限	0.26	0.25	0.17	0.23	0.20	0.16
	95% 置信区间上限	0.75	0.72	0.69	0.71	0.59	0.48
	标准误	0.13	0.12	0.13	0.12	0.10	0.08
房地产价格 缺口	AUC	0.59	0.66	0.75	0.77	0.70	0.70
	95% 置信区间下限	0.37	0.49	0.61	0.65	0.52	0.48
	95% 置信区间上限	0.82	0.84	0.88	0.89	0.88	0.92
	标准误	0.11	0.09	0.07	0.06	0.09	0.11
GDP 增长率	AUC	0.38	0.33	0.39	0.42	0.42	0.60
	95% 置信区间下限	0.41	0.44	0.36	0.35	0.37	0.15
	95% 置信区间上限	0.82	0.91	0.86	0.80	0.78	0.65
	标准误	0.10	0.12	0.13	0.11	0.11	0.13

附表 – 3　　　　　　　　2001—2011 年样本各指标的 AUC 值

指标	范围	危机发生前年份					
		– 5	– 4	– 3	– 2	– 1	0
信贷/GDP 增长率	AUC	0.48	0.57	0.65	0.59	0.56	0.52
	95% 置信区间下限	0.34	0.43	0.55	0.46	0.42	0.39
	95% 置信区间上限	0.63	0.71	0.75	0.72	0.70	0.64
	标准误	0.07	0.07	0.05	0.07	0.07	0.06
信贷/GDP 缺口	AUC	0.43	0.51	0.59	0.63	0.68	0.70
	95% 置信区间下限	0.31	0.39	0.46	0.51	0.57	0.59
	95% 置信区间上限	0.55	0.63	0.71	0.76	0.78	0.80
	标准误	0.06	0.06	0.06	0.06	0.05	0.05

续表

指标	范围	危机发生前年份					
		−5	−4	−3	−2	−1	0
房地产价格增长率	AUC	0.59	0.66	0.68	0.63	0.55	0.26
	95%置信区间下限	0.45	0.53	0.55	0.51	0.43	0.15
	95%置信区间上限	0.73	0.79	0.82	0.75	0.67	0.37
	标准误	0.07	0.07	0.07	0.06	0.06	0.06
房地产价格缺口	AUC	0.53	0.63	0.74	0.80	0.81	0.76
	95%置信区间下限	0.39	0.51	0.61	0.69	0.70	0.68
	95%置信区间上限	0.67	0.75	0.87	0.91	0.92	0.84
	标准误	0.07	0.06	0.06	0.06	0.06	0.04
GDP 增长率	AUC	0.77	0.54	0.58	0.41	0.41	0.76
	95%置信区间下限	0.10	0.32	0.29	0.50	0.48	0.15
	95%置信区间上限	0.35	0.61	0.55	0.68	0.70	0.32
	标准误	0.06	0.07	0.07	0.05	0.06	0.04

附表 −4　　　　高收入国家（地区）各指标的 AUC 值

指标	范围	危机发生前年份					
		−5	−4	−3	−2	−1	0
信贷/GDP增长率	AUC	0.49	0.57	0.68	0.58	0.55	0.51
	95%置信区间下限	0.36	0.45	0.58	0.45	0.42	0.38
	95%置信区间上限	0.63	0.69	0.78	0.71	0.67	0.64
	标准误	0.07	0.06	0.05	0.06	0.06	0.07
信贷/GDP 缺口	AUC	0.42	0.50	0.58	0.63	0.65	0.65
	95%置信区间下限	0.31	0.38	0.46	0.45	0.54	0.54
	95%置信区间上限	0.54	0.62	0.71	0.71	0.75	0.76
	标准误	0.06	0.06	0.06	0.06	0.05	0.05
房地产价格增长率	AUC	0.50	0.57	0.57	0.52	0.46	0.24
	95%置信区间下限	0.37	0.43	0.43	0.40	0.36	0.16
	95%置信区间上限	0.64	0.70	0.71	0.64	0.57	0.32
	标准误	0.07	0.07	0.07	0.06	0.05	0.04
房地产价格缺口	AUC	0.52	0.63	0.76	0.77	0.76	0.73
	95%置信区间下限	0.37	0.50	0.65	0.67	0.65	0.63
	95%置信区间上限	0.66	0.75	0.86	0.88	0.87	0.83
	标准误	0.07	0.06	0.05	0.05	0.06	0.05

指标	范围	危机发生前年份					
		−5	−4	−3	−2	−1	0
GDP 增长率	AUC	0.68	0.50	0.56	0.41	0.43	0.73
	95% 置信区间下限	0.20	0.38	0.32	0.50	0.48	0.17
	95% 置信区间上限	0.43	0.63	0.56	0.68	0.67	0.36
	标准误	0.06	0.07	0.06	0.05	0.05	0.05

附表 −5　　中等收入国家（地区）各指标的 AUC 值

指标	范围	危机发生前年份					
		−5	−4	−3	−2	−1	0
信贷/GDP 增长率	AUC	0.91	0.50	0.63	0.74	0.69	0.64
	95% 置信区间下限	0.82	0.18	0.44	0.57	0.45	0.36
	95% 置信区间上限	1.00	0.81	0.81	0.90	0.93	0.92
	标准误	0.05	0.16	0.09	0.08	0.12	0.14
信贷/GDP 缺口	AUC	0.65	0.59	0.62	0.78	0.86	0.87
	95% 置信区间下限	0.48	0.40	0.37	0.58	0.73	0.73
	95% 置信区间上限	0.82	0.78	0.88	0.98	0.99	1.00
	标准误	0.09	0.10	0.13	0.10	0.07	0.07
房地产价格 增长率	AUC	0.77	0.70	0.66	0.76	0.60	0.50
	95% 置信区间下限	0.58	0.38	0.32	0.55	0.24	0.17
	95% 置信区间上限	0.95	1.00	1.00	0.98	0.96	0.82
	标准误	0.09	0.16	0.17	0.11	0.18	0.17
房地产价格 缺口	AUC	0.54	0.60	0.64	0.88	0.88	0.89
	95% 置信区间下限	0.37	0.32	0.29	0.80	0.77	0.79
	95% 置信区间上限	0.72	0.87	0.99	0.95	1.00	0.99
	标准误	0.09	0.14	0.18	0.04	0.06	0.05
GDP 增长率	AUC	0.31	0.18	0.25	0.28	0.30	0.63
	95% 置信区间下限	0.34	0.67	0.55	0.37	0.41	0.01
	95% 置信区间上限	1.00	0.96	0.94	1.00	1.00	0.74
	标准误	0.18	0.07	0.10	0.18	0.15	0.19

附表 −6　　　高资本开放度国家（地区）各指标的 AUC 值

指标	范围	危机发生前年份					
		− 5	− 4	− 3	− 2	− 1	0
信贷/GDP 增长率	AUC	0.57	0.58	0.68	0.63	0.61	0.54
	95% 置信区间下限	0.44	0.46	0.60	0.51	0.49	0.42
	95% 置信区间上限	0.70	0.70	0.77	0.74	0.72	0.66
	标准误	0.07	0.06	0.05	0.06	0.06	0.06
信贷/GDP 缺口	AUC	0.46	0.50	0.58	0.66	0.69	0.69
	95% 置信区间下限	0.36	0.39	0.47	0.56	0.61	0.59
	95% 置信区间上限	0.57	0.61	0.69	0.76	0.78	0.78
	标准误	0.05	0.06	0.06	0.05	0.04	0.05
房地产价格 增长率	AUC	0.56	0.60	0.59	0.58	0.48	0.28
	95% 置信区间下限	0.44	0.48	0.45	0.45	0.37	0.18
	95% 置信区间上限	0.68	0.72	0.72	0.70	0.58	0.39
	标准误	0.06	0.06	0.07	0.06	0.06	0.05
房地产价格 缺口	AUC	0.51	0.62	0.73	0.79	0.78	0.77
	95% 置信区间下限	0.38	0.50	0.61	0.69	0.67	0.68
	95% 置信区间上限	0.64	0.74	0.84	0.88	0.88	0.86
	标准误	0.07	0.06	0.06	0.05	0.05	0.05
GDP 增长率	AUC	0.62	0.47	0.54	0.40	0.42	0.71
	95% 置信区间下限	0.24	0.39	0.34	0.51	0.48	0.18
	95% 置信区间上限	0.52	0.66	0.59	0.70	0.68	0.39
	标准误	0.07	0.07	0.06	0.05	0.05	0.05

附表 −7　　　低资本开放度国家（地区）各指标的 AUC 值

指标	范围	危机发生前年份					
		− 5	− 4	− 3	− 2	− 1	0
信贷/GDP 增长率	AUC	0.68	0.44	0.69	0.58	0.37	0.31
	95% 置信区间下限	0.16	0.00	0.33	0.14	0.02	0.00
	95% 置信区间上限	1.00	0.97	1.00	1.00	0.72	0.78
	标准误	0.26	0.27	0.18	0.22	0.18	0.24
信贷/GDP 缺口	AUC	0.41	0.56	0.61	0.62	0.61	0.58
	95% 置信区间下限	0.04	0.16	0.14	0.07	0.06	0.09
	95% 置信区间上限	0.78	0.95	1.00	1.00	1.00	1.00
	标准误	0.19	0.20	0.24	0.28	0.28	0.25

续表

指标	范围	危机发生前年份					
		-5	-4	-3	-2	-1	0
房地产价格 增长率	AUC	0.52	0.54	0.67	0.44	0.55	0.22
	95%置信区间下限	0.00	0.00	0.11	0.11	0.19	0.01
	95%置信区间上限	1.00	1.00	1.00	0.76	0.91	0.43
	标准误	0.27	0.28	0.28	0.17	0.19	0.11
房地产价格 缺口	AUC	0.60	0.64	0.81	0.78	0.74	0.68
	95%置信区间下限	0.20	0.30	0.71	0.59	0.42	0.36
	95%置信区间上限	1.00	0.98	0.92	0.97	1.00	0.99
	标准误	0.21	0.17	0.05	0.10	0.16	0.16
GDP 增长率	AUC	0.68	0.31	0.32	0.49	0.35	0.72
	95%置信区间下限	0.01	0.56	0.50	0.11	0.32	0.00
	95%置信区间上限	0.63	0.82	0.86	0.91	0.98	0.63
	标准误	0.16	0.07	0.09	0.20	0.17	0.18

附表 -8　　银行系统性危机事件表（1970—2011 年）

国家（地区）	危机发生年份
奥地利	2008
澳大利亚	—
比利时	2008
保加利亚	1996
巴西	1990；1994
加拿大	—
瑞士	2008
智利	1976；1981
中国	1998
哥伦比亚	1982；1998
德国	2008
丹麦	2008
爱沙尼亚	1992
西班牙	1977；2008
芬兰	1991
法国	2008

续表

国家（地区）	危机发生年份
英国	2007
希腊	2008
中国香港特别行政区	—
印度尼西亚	1997
爱尔兰	2008
以色列	1977
冰岛	2008
意大利	2008
日本	1997
韩国	1997
立陶宛	1995
卢森堡	2008
拉脱维亚	1995；2008
摩洛哥	1980
马其顿	1993
墨西哥	1981；1994
马来西亚	1997
荷兰	2008
挪威	1991
新西兰	—
秘鲁	1983
塞尔维亚	—
俄罗斯	1998；2008
瑞典	1991；2008
新加坡	—
斯洛文尼亚	1992；2008
斯洛伐克	1998
泰国	1983；1997
美国	1988；2007
南非	—

参考文献

［1］陈守东，王妍．我国金融机构的系统性金融风险评估——基于极端分位数回归技术的风险度量［J］．中国管理科学，2014（7）：10－17.

［2］陈一洪．非利息收入与城市商业银行经营绩效［J］．金融论坛，2015（1）：28－34.

［3］陈雨露．后危机时期货币金融稳定的新框架［J］．中国金融，2009（16）：19－21.

［4］党宇峰，梁琪，陈文哲．我国上市银行资本缓冲周期性及其影响因素研究［J］．国际金融研究，2012（11）：74－85.

［5］邓晶，曹诗男，潘焕学，秦涛．基于银行间市场网络的系统性风险传染研究［J］．复杂系统与复杂性科学，2013（4）：76－85.

［6］邓向荣，曹红．系统性风险、网络传染与金融机构系统重要性评估［J］．中央财经大学学报，2016（3）：52－60.

［7］范小云，王道平，方意．我国金融机构的系统性风险贡献测度与监管——基于边际风险贡献与杠杆率的研究［J］．南开经济研究，2011（4）：3－20.

［8］宫晓琳，杨淑振．量化分析宏观金融风险的非线性演变速度与机制［J］．金融研究，2013（4）：99－111.

［9］顾晓安，王鹏程．非利息收入占比与银行风险分散效应的关系研究——来自美国银行业的经验证据与启示［J］．世界经济研究，2015（7）：32－43.

［10］郭卫东．中国上市银行的系统重要性评估——基于指标法的实证研究［J］．当代经济科学，2013（2）：28－35.

［11］滑静，肖庆宪．我国商业银行亲周期性的实证研究［J］．上海理工大学学报，2007（6）：609－612.

［12］黄国妍．中国商业银行收入结构多元化能够分散银行风险吗？［J］．金融经济学研究，2015（6）：16－28.

［13］黄隽，章艳红．商业银行的风险：规模和非利息收入——以美国为例［J］．金融研究，2010（6）：75－90.

［14］黄秀路，葛鹏飞．债权激励降低了银行系统性风险吗？［J］．财经研究，2018（1）：47－60.

［15］蒋海，黟责君，朱滔．中国上市银行资本缓冲的逆周期性研究：1998—2011［J］．金融研究，2012（9）：34－47.

[16] 柯孔林，冯宗宪，陈伟平．银行资本缓冲的逆周期行为分析——来自中国上市银行的经验证据 [J]．经济理论与经济管理，2012（3）：70 - 79.

[17] 赖娟，吕江林．基于金融压力指数的金融系统性风险的测度 [J]．统计与决策，2010（19）：128 - 131.

[18] 李程枫，陈可嘉，陈一非，廖为鼎．基于网络传导分析法的我国银行间风险传染效应研究 [J]．金融发展评论，2015（1）：67 - 86.

[19] 李建军，薛莹．中国影子银行部门系统性风险的形成、影响与应对 [J]．数量经济技术经济研究，2014（8）：117 - 130.

[20] 李文泓，罗猛．关于我国商业银行资本充足率周期性的实证研究 [J]．金融研究，2010（2）：147 - 157.

[21] 梁琪，李政，郝项超．我国系统重要性金融机构的识别与监管：基于系统性风险指数 SRISK 方法的分析 [J]．金融研究，2013（9）：56 - 70.

[22] 梁斯，郭红玉．宏观经济压力对系统性金融风险的冲击研究 [J]．南京社会科学，2017（6）：46 - 54，75.

[23] 卢大彪．关于宏观审慎监管基础问题的思考 [J]．证券市场导报，2011（10）：56 - 58，66.

[24] 欧阳红兵，刘晓东．中国金融机构的系统重要性及系统性风险传染机制分析——基于复杂网络的视角 [J]．中国管理科学，2015（10）：30 - 37.

[25] 潘绰，曹超．金融压力指数研究综述 [J]．投资与创业，2012（10）：7.

[26] 史仕新．商业银行中间业务的系统性风险溢出效应 [J]．财经科学，2019（3）：16 - 27.

[27] 宋科．金融体系制度性顺周期机制：理论与实证分析 [J]．经济理论与经济管理，2015（1）：67 - 78.

[28] 隋聪，迟国泰，王宗尧．网络结构与银行系统性风险 [J]．管理科学学报，2014（4）：57 - 70.

[29] 孙连友．商业银行亲周期性与信用风险计量 [J]．上海金融，2005（3）：28 - 30.

[30] 孙鹏，程春梅．我国银行业、证券业、保险业的系统性金融风险溢出效应研究 [J]．辽宁工业大学学报（自然科学版），2018（2）：132 - 135.

[31] 田祥宇．资本缓冲的周期性特征：基于中国上市银行的经验证据 [J]．宏观经济研究，2013（11）：54 - 59.

[32] 王晨宇，陈妙想，史小坤．非利息收入对商业银行系统性风险贡献度的影响——基于中国上市银行的经验证据 [J]．浙江金融，2017（9）：25 - 36.

[33] 王淼晶．商业银行混业战略与系统性风险的实证分析 [J]．科学技术与工程，2010（36）：9139 - 9142.

[34] 王胜邦，陈颖．新资本协议内部评级法对宏观经济运行的影响：亲经济周期效应研究 [J]．金融研究，2008（5）：48 - 64.

［35］王素珍. 宏观审慎：概念、国际实践和启示［J］. 金融教育研究, 2011（1）：51 – 54.

［36］王兆旭, 王媛. 宏观审慎管理研究综述——基于中央银行宏观金融调控的视角［J］. 山东社会科学. 2011（2）：105 – 109.

［37］奚宾. 非银行金融机构风险控制研究［J］. 企业经济, 2015（8）：184 – 187.

［38］肖崎, 邓旭婧. 我国股份制银行非利息收入业务的发展现状及国际比较［J］. 国际金融, 2016（2）：13 – 18.

［39］谢平, 邹传伟. 金融危机后有关金融监管改革的理论综述［J］. 金融研究, 2010（2）：1 – 17.

［40］徐国祥, 李波. 中国金融压力指数的构建及动态传导效应研究［J］. 统计研究, 2017（4）：59 – 71.

［41］于世荣. 流动性冲击、系统性风险与银行风险管理行为——基于银行间支付复杂网络的研究［D］. 成都：西南财经大学, 2016.

［42］张宏铭. 商业银行引导下影子银行的风险防范——基于系统性风险压力指标的视角［J］. 沈阳师范大学学报（社会科学版）, 2014（3）：53 – 55.

［43］张琳, 廉永辉. 我国商业银行资本缓冲周期性研究——基于银行资本补充能力的视角［J］. 管理世界, 2015（7）：42 – 53.

［44］张敏锋. 我国宏观审慎政策有效性研究［D］. 厦门：华侨大学, 2014.

［45］张晓玫, 毛亚琪. 我国上市商业银行系统性风险与非利息收入研究——基于LRMES方法的创新探讨［J］. 国际金融研究, 2014（11）：23 – 35.

［46］张晓艳. 中外商业银行非利息收入分析与比较［J］. 金融管理与研究, 2006（9）：27 – 33.

［47］张兴军, 任亚, 薛晓倩. 我国系统性金融风险测度研究［J］. 当代金融研究, 2017（3）：59 – 70.

［48］张雪兰. 收入多元化能降低银行风险吗？——基于中国银行业（2001—2010）的实证研究［J］. 投资研究, 2011（12）：48 – 60.

［49］赵胜民, 申创. 发展非利息业务对银行收益和风险的影响——基于我国49家商业银行的实证研究［J］. 经济理论与经济管理, 2016（2）：83 – 97.

［50］中国人民银行金融稳定分析小组. 中国金融稳定报告2011［M］. 北京：中国金融出版社, 2012.

［51］中国人民银行金融稳定分析小组. 中国金融稳定报告2012［M］. 北京：中国金融出版社, 2013.

［52］中国人民银行金融稳定分析小组. 中国金融稳定报告2013［M］. 北京：中国金融出版社, 2014.

［53］周好文, 王菁. 从资产组合理论视角审视我国商业银行非利息收入的波动性［J］. 经济纬, 2008（4）：155 – 158.

［54］周开国，李琳. 中国商业银行收入结构多元化对银行风险的影响［J］. 国际金融研究，2011（5）：57 - 66.

［55］周小川. 关于改变宏观和微观顺周期性的进一步探讨［J］. 中国金融，2009a（8）：8 - 11.

［56］周小川. 系统性的体制转变：改革开放进程中的研究与探索［J］. 中国金融，2009b（1）：14.

［57］朱波，杨文华，邓叶峰. 非利息收入降低了银行的系统性风险吗？——基于规模异质的视角［J］. 国际金融研究，2016（4）：62 - 73.

［58］邹传伟. 对 Basel Ⅲ逆周期资本缓冲效果的实证分析［J］. 金融研究，2013（5）：60 - 72.

［59］Acharya V，L Pedersen，T Philippon，M Richardson. Measuring Systemic Risk［R］. Working Paper，NYU，2010.

［60］Adrian T，Brunnermeier M K CoVaR. Paper Presented at the CEPR/ESI 13th Annual Conference on Financial Supervision in an Uncertain Worl［R］. Venice，2009.

［61］Adrian T，Brunnermeier M K. CovaR［R］. Satff Reports，Federal Reserve Bank of New York，2009.

［62］Adrian T，Etula E，Muir，T. Financial Intermediaries and the Cross - Section of Asset Returns［J］. Journal of Finance. 2014（6）：2557 - 2596.

［63］Adrian T，M Brunnermeier. CoVaR［R］. Federal Reserve Bank of New York Staff Report No. 348，2008.

［64］Aikman D，Haldane A. G，Nelson B. D. Curbing the Credit Cycle［J］. Economic Journal，2015（125）：1072 - 1109.

［65］Allen M，C Rosenberg C Keller，B Setser，N Roubini. A Balance Sheet Approach to Financial Crisis［R］. IMF working paper，2002.

［66］Alter A，Craig B，Raupach P. Centrality - Based Capital Allocation. International Journal of Central Banking，2015（9）：329 - 377.

［67］Anundsen A，Gerdrup K，Hansen F，Kragh - Sørensen K. Bubbles and Crises：The Role of House Prices and Credit［J］. Journal of Applied Econometrics，2016（7）：1291 - 1311.

［68］Aoki K，Benigno G，Kiyotaki N. Monetary and Financial Policies in Emerging Markets. Mimeo，Princeton University，2016.

［69］Arnold B，Borio C，Ellis L，et al. Systemic Risk，Macroprudential Policy Frameworks，Monitoring Financial Systems and the Evolution of Capital Adequacy［J］. Journal of Banking & Finance，2012（12）：3125 - 3132.

［70］Asea P K，Blomberg B. Lending Cycles［J］. Journal of Econometrics，1998（1）.

［71］Ayuso J，Perez D，Saurina J. Are Capital Buffers Pro - cyclical？ Evidence from Spanish Panel Data［J］. Journal of Financial Intermediation，2004（13）：249 - 264.

［72］Baker S, B Kramer. Peirce, Youden, and Receiver Operating Characteristic Curves ［J］. The American Statistician, 2007 (61): 343 – 344.

［73］Baluch Faisal, Stanley Mutenga, Chris Parsons. Systemic Risk and the Financial Crisis. The Geneva Papers, 2011 (36): 126 – 163.

［74］Banbula P, Pietrzak M. Early Warning Models of Banking Crises Applicable to Non – crisis Countries ［J］. NBP Working Paper, 2017 (257): 1 – 39.

［75］Banulescu G D, Dumitrescu E I. Which Are the SIFIs? A Component Expected Shortfall Approach to Systemic Risk ［J］. Journal of Banking and Finance, 2015, 50 (4): 575 – 588.

［76］Barrel R, Karim D. What Should We Do about (Macro) Pru? Macro Prudential Policy and Credit ［J］. Fmg Special Papers, 2012 (9): 1 – 28.

［77］Basel Committee on Banking Supervision. An Assessment of the Long – term Economic Impact of Stronger Capital and Liquidity Requirements, 2010.

［78］Ben S. Bernanke, Mark Gertler, Simon Gilchrist. The Financial Accelerator in a Quantitative Business Cycle Framework. Handbook of Marcoeconomics, 1999, 1, Part C.

［79］Berge J, Jorda Oscar. The Classification of Economic Activity ［J］. Working Papers, University of California, Department of Economics, 2009 (18): 1 – 49.

［80］Bernanke B S, Gertler M, Gilchrist S. The Financial Accelerator in a Quantitative Business Cycle Framework ［J］. Handbook of macroeconomics, 1999, 1: 1341 – 1393.

［81］Bernanke B, Gertler M. Inside the Black – box—the Credit Channel of Monetary – policy Transmission ［J］. Journal of Economic Perspectives, 1995 (4): 27 – 48.

［82］Bernanke B. The great moderation ［M］. Washington, DC, 2004.

［83］Bhattacharya S, Goodhart C A E, Tsomocos D P, et al. A reconsideration of Minsky's financial instability hypothesis ［J］. Journal of Money, Credit and Banking, 2015 (5): 931 – 973.

［84］Billio M, Getmansky M, Lo A W, Pelizzon L. Econometric measures of connectedness and systemic risk in the finance and insurancesectors ［J］. Journal of Financial Economics, 2012 (3): 535 – 559.

［85］BIS. Addressing financial system procyclicality: a possible framework, Note for the FSF Working Group on Market and Institutional Resilience, 2008.

［86］Bliss R, Kaufman G. Bank procyclicality, credit crunches, and asymmetric monetary policy effects: A unifying model ［J］. Journal of Applied Finance, 2003 (13): 23 – 31.

［87］Borio C. Towards a Macroprudential Framework for Financial Supervision and Regulation? ［J］. CESifo Economic Studies, 2003 (2): 181 – 215.

［88］Brunnermeier M K, Dong G N, Palia D. Banks' noninterest Income and Systemic Risk ［J］. The Review of Corporate Finance Studies, 2020 (2): 229 – 255.

［89］Brunnermeier M K, Sannikov Y. A Macroeconomic Model with a Financial Sector ［J］.

American Economic Review, 2014 (2): 379 – 421.

[90] Calmes C, Theoret R. The Impact of Off – balance – sheet Activities on Banks Returns: An Application of the ARCH – M to Canadian data [J]. Journal of Banking and Finance, 2010 (34): 1719 – 1728.

[91] Caruana J. The Challenge of Taking Macroprudential Decisions: Who will Press Which Button? [R]. Chicago: Speech at the 13th Annual International Banking Conference, 2010.

[92] Cecchetti S, M Mohanty, F Zampolli. The Real Effects of Debt [R]. BIS Working Papers, 2011, 352.

[93] Cerutti E, Claessens S, Laeven L. The Use and Effectiveness of Macroprudential Policies: New Evidence [J]. IMF working papers, 2015, WP/15/61.

[94] CGFS. Operationalising the Selection and Application of Macroprudential Instruments [J]. CGFS Papers 2012, No. 48.

[95] Chernenko S, Sunderam A. Frictions in Shadow Banking: Evidence from the Lending Behavior of Money Market Mutual Funds [J]. Review of Financial Studies, 2014 (6): 1717 – 1750.

[96] Chinn MD, Ito H. What Matters for Financial Development? Capital Controls, Institutions, and Interactions [J]. Journal of Development Economics, 2006 (81): 163 – 192.

[97] Christiansen C, Ranaldo A. Extreme Coexceedances in New EU Member States'Stock Markets [J]. Journal of Banking and Finance, 2008 (6): 1048 – 1057.

[98] Claudio B. Towards a Macroprudential Framework for Financial Supervision and Regulation? [J]. CESifo Economic Studies, 2003 (2): 181 – 215.

[99] Crockett A. Marrying the Micro – and Macro – prudential Dimensions of Financial Stability [J]. BIS speeches, 2000, 21.

[100] Cummins J D, Weiss M A. Systemic Risk and the U. S. Insurance Sector [J]. Journal of Risk & Insurance, 2014 (3): 489 – 528.

[101] Danielsson J, De Vries C G. Tail Index and Quantile Estimation with very High Frequency Data [J]. Journal of Empirical Finance, 1997 (2): 241 – 257.

[102] Danielsson J, Embrechts P, Goodhart C, Keating C, Muennich F, Renault O, Shin, HS. An Academic Rsesponse to BaselII. LSE Financial Markets Group Special Paper, 2001, No. 130.

[103] David M Becker, H Rodgin Cohen, Stephen M Cutler, George W. The Regulatory Reform Marathon. Madison and Annette L. Nazareth Practising Law Institute, Corporate Law and Practice Course Handbook Series, PLI Order No. 19278 July 28, 2009.

[104] De Jonghe O, M Diepstraten, G Schepens. Banks' Size, Scope and Systemic Risk: What Role for Conflicts of Interest? [J]. Journal of Banking and Finance, 2015 (61): 3 – 13.

[105] De Jonghe. Back to the Basics in Banking? A Micro – analysis of Banking System

Stability [R]. SSRN Working Paper, 2009.

[106] De Nicolo G. Size, Charter Value and Risk in Banking: An International Perspective [R]. International Finance Discussion Papers, 2000, 689.

[107] Dell'Ariccia , Giovanni , Deniz Igan , Luc Laeven , Hui Tong. Policies for Macro Financial Stability: How to Deal with Credit Booms. IMF Staff Discussion Note, 2012 – 12 – 06.

[108] Deyoung R, Torna G. Nontraditional Banking Activities and Bank Failures during the Financial Crisis [J]. Journal of Financial Intermediation, 2013 (3): 397 – 421.

[109] Drehmann M, Borio C, Tsatsaronis K. Anchoring countercyclical capital buffers: The role of credit aggregates [J]. International Journal of Central Banking, 2011 (12): 189 – 240.

[110] Drehmann M, Juselius M. Evaluating Early Warning Indicators of Banking Crises: Satisfying Policy Requirements [J]. International Journal of Forecasting, 2014 (3): 759 – 780.

[111] Drehmann M, Juselius M. Measuring Liquidity Constraints in The Economy: the Debt Service Ratio and Financial Crises [J]. BIS Quarterly Review, 2012 (9): 21 – 35.

[112] Drehmann M, M Juselius. Evaluating Early Warning Indicators of Banking Crises: Satisfying Policy Requirements [J]. BIS Working Papers, 2013 (421): 1 – 28.

[113] Edge R M, Meisenzahl R R. The Unreliability of Credit – to – GDP Ratio Gaps in Real – Time: Implications for Countercyclical Capital Buffers [J]. International Journal of Central Banking, 2011 (4): 261 – 298.

[114] Ellis L, Haldane A, Moshirian F. Systemic Risk, Governance and Global Financial Stability [J]. Journal of Banking & Finance, 2014 (45): 175 – 181.

[115] Fabio Cortes, Peter Lindner, Sheheryar Malik, Miguel Angel Segoviano. A Comprehensive Multi – Sector Tool For Analysis of Systemic Risk and Interconnectedness (SyRIN). IMF Working Paper, 2018 (1) .

[116] Fields Joseph A, Sutton – Bell Nancy. Innovation, Public Choice and Public Control in the Market for Health Insurance [J]. Benefits Quarterly, 1998 (4): 54 – 59.

[117] Forbes K J, Fratzscher M, Straub R. Capital Controls and Macroprudential Measures: What are they Good for? CEPR Discussion Paper, 2014, No. 9798.

[118] Franklin Allen1, Douglas Gale. Bubbles and Crises [J]. The Economic Journal. 2000 (460): 236 – 255.

[119] Freixas X, Laeven L, Peydró J L . Systemic Risk, Crises, and Macroprudential Regulation [M]. The MIT Press, 2015.

[120] Frydman R, Goldberg M D. Beyond Mechanical Markets: Asset Price Swings, Risk, and the Role of the State [M]. Princeton University Press, 2011, 1 – 304.

[121] FSB, IMF, BIS. Macroprudential Policy Tools and Frameworks [R]. 2011.

[122] Funke, Paetz. A DSGE Based Assessment of Non – linear Loan – to – value Policies: Evidence from Hong Kong. BOFIT Discussion Papers, 2012, No. 11.

［123］ Galati G, Moessner R. Macroprudential Policy – a Literature Review ［J］. Journal of Economic Surveys, 2013（5）: 846 – 878.

［124］ Galati G, Moessner R. What Do we Know about the Effects of Macroprudential Policy? ［J］. Economica, 2018（340）: 735 – 770.

［125］ Gauthier C, Lehar A, Souissi M. Macroprudential Capital Requirements and Systemic Risk ［J］. Journal of Financial Intermediation, 2012（21）: 594 – 618.

［126］ George W Fenn, Rebel A Cole. Announcements of asset – quality problems and contagion effects in the life insurance industry ［J］. Journal of Financial Economics. 1994, 35（2）: 181 – 198.

［127］ Georgiana – Denisa Banulescuab, Elena – Ivona Dumitrescuc. Which are the SIFIs? A Component Expected Shortfall approach to systemic risk ［J］. Journal of Banking and Finance. 2015（50）: 575 – 588.

［128］ Gerdrup K, Kvinlog A B, Schaanning E. Key Indicators for a Countercyclical Capital buffer in Norway – Trends and Uncertainty ［J］. Norges Bank: Staff Memo, 2013（13）: 1 – 41.

［129］ Graham E, Robert P L. Predicting Binary Outcomes ［J］. Journal of Econometrics, 2013（1）: 15 – 26.

［130］ Hahm J – H, S Shin. Non – core Bank Liabilities and Financial Vulnerability ［J］. Journal of Money, Credit and Banking, 2012（45）: 3 – 36.

［131］ Hau H, Lai S. Real Effects of Stock Underpricing ［J］. Journal of Financial Economics, 2013, 108（2）: 392 – 408.

［132］ Huang W Q, Zhuang X T, Yao S, Stan Uryasev. A Financial Network Perspective of Financial Institutions' Systemic Risk Contributions ［J］. Physica A: Statistical Mechanics and its Applications, 2016（456）: 183 – 196.

［133］ Illing M, Y. Liu. An Index of Financial Stress for Canada ［J］. Bank of Canada Working Paper, June 2003.

［134］ IMF, FSB, BIS. Elements of Effective Macroprudential Policies: Lessons from International Experience ［J］. Working papers, 2016.

［135］ Ioan T, Simon M, Emilia C. Improving Ews For Banking Crises: Roc And Auroc Analysis ［J］. Revista Economica, 2014（66）: 106 – 118.

［136］ Jorda O, Schularick M, Taylor M A. Financial Crises, Credit Booms, and External Imbalances: 140 Years of Lessons ［J］. IMF Economic Review, 2011（59）: 340 – 378.

［137］ KAOPEN 指数来源于网址: http: //web. pdx. edu/ ~ ito/Chinn – Ito_ website. htm.

［138］ Karimalis E N, Nomikos N K. Measuring Systemic Risk in the European Banking Sector: a Copula CoVaR Approach ［J］. European Journal of Finance. 2018（11）: 944 – 975.

［139］ Kashyap A K, Tsomocos D P, Vardoulakis A P. How does Macroprudential Regulation Change Bank Credit supply? ［R］. NBER Working Paper, 2014, No. 20165.

［140］ Kashyap, Stein. Cyclical Implications of the Basel Ⅱ Capital Standards ［J］. Economic Perspectives, 2004 (10): 18 - 31.

［141］ Katalin Méro. Studies on the Procyclical Behaviour of Banks. MNB Occasional Papers, 2002 (10): 51 - 94.

［142］ Kenichi U, Fadian V. Central Bank Independence and Macro - Prudential Regulation ［M］. International Monetary Fund, 2012.

［143］ Kim HW, Lee H. Bank Capital Regulation and procyclicality of Bank lending: Implieations for Basel Ⅱ lmplementation, Korea Development Institute, working paper, 2006.

［144］ Kim S, Mehrotra A N. Managing Price and Financial Stability Objectives—What can we Learn from the Asia - Pacific Region? BIS Working Paper, 2015, No. 533.

［145］ Kuttner K N, Shim I. Can Non - interest Rate Policies Stabilise Housing Markets? Evidence from a panel of 57 economies ［J］. Journal of Financial Stability, 2013 (26): 31 - 44.

［146］ Kuttner K, Shim I. Taming the Real Estate Beast: the Effects of Monetary and Macroprudential Policies on House Prices and Credit. In A. Heath, F. Packer and C. Windsor (eds), Property Markets and Financial Stability. Sydney: Reserve Bank of Australia, 2016: 231 - 259.

［147］ Laeven L, Levine R. Bank Governance, Regulation and Risk Taking ［J］. Journal of Financial Economics, 2009 (2): 259 - 275.

［148］ Laeven L, Majnoni G. Loan Loss Provisioning and Economic Slowdown: Too Much, Too Late? ［J］. Journal of Financial Intermediation, 2003 (2): 178 - 197.

［149］ Lee C C, Yang S J, Chang C H. Non - interest Income, Profitability, and Risk in Banking Industry: Across - country Analysis ［J］. The North American Journal of Economics and Finance, 2014 (1): 48 - 67.

［150］ Lepetit L, Nys E, Rous P, Tarazi A. Bank Income Structure and Risk: An Empirical Analysis of European Banks ［J］. Journal of Banking and Finance, 2007 (8): 1452 - 1467.

［151］ Lim C, F Columba, A Costa, P Kongsamut, A Otani, M Saiyid, X Xu. Macroprudential Policy: What Instruments and How Are They Used? IMF Working Paper, 2011, No. 11/238.

［152］ Lindquist K. Banks'Buffer Capital: How Important Is Risk? ［J］. Journal of International Money and Finance, 2004 (3): 493 - 513.

［153］ M Segoviano. Consistent Information Multivariate Density Optimizing Methodology. FMG Discussion Papers dp557, Financial Markets Group. 2006.

［154］ Macroeconomic Assessment Group. Assessing the Macroeconomic Impact of the Transition to Stronger Capital and Liquidity Requirements, 2010.

［155］ Mathias Drehmann, Nikola Tarashev. Systemic Importance: Some Simple Indicators ［J］. BIS Quarterly Review, 2011.

［156］Merton R C. On the Pricing of Corporate Debt: the Risk Structure of Interest Rates ［J］. Journal of Finance, 1974 (29): 449 – 470.

［157］Miguel A Segoviano, Charles Goodhart. Banking Stability Measures. IMF Working Paper, 2009 (2): 202 – 209.

［158］Mina Westman. Stress and Strain Crossover ［J］. Human Relations. 2001, 54 (6): 717.

［159］Mistrulli P E. Assessing Financial Contagion in the Interbank Market: Maximum Entropy Versus Observed Interbank Lending Patterns ［J］. Journal of Banking and Finance, 2011 (5): 1114 – 1127.

［160］Moore J, Kiyotaki N. Credit cycles ［J］. Journal of Political Economy, 1997 (105): 211 – 248.

［161］Morten O R, Harald U. On Adjusting the Hodrick – Prescott Filter for the Frequency of Observations ［J］. Review of Economics and Statistics, 2002 (2): 371 – 376.

［162］Nier E, U Baumann. Market Discipline, Disclosure and Moral Hazard in Banking ［J］. Journal of Financial Intermediartion, 2006 (15): 321 – 356.

［163］Norden S, Wildi M. Basel Ⅲ and the Prediction of Financial Crises ［Z］. 2016.

［164］Paul Glasserman. Introduction to the Special Issue on Stochastic Models and Simulation ［J］. Management Science. 2000 (9): iii – iv.

［165］Pennathur A K, Subrahmanyam V, Vishwasrao S. Income Diversification and Risk: Does Ownership Matter? An Empirical Examination of Indian Banks ［J］. Journal of Banking and Finance, 2012 (8): 2203 – 2215.

［166］Perotti E C, Suarez J. A Pigovian Approach to Liquidity Regulation ［J］. International Journal of Central Banking, 2011 (7): 3 – 41.

［167］Peterson W W, Birdsall T G. The Theory of Signal Detectability: Part I, the General Theory: Part II, Applications with Gaussian Noise ［R］. 1953.

［168］R Rajan. Why Bank Credit Policies Fluctuate: a Theory and Some Evidence ［J］. The quarterly journal of ecomomics, 1994, 109 (2): 399 – 441.

［169］Raffestin. Diversification and Systemic Risk ［J］. Journal of Banking and Finance, 2014 (46): 85 – 106.

［170］Ravn, M, O, Uhlig, H. On Adjusting the Hodrick – Prescott Filter for the Frequency of Observations ［J］. Review of Economics and Statistics, 2002 (84): 371 – 376.

［171］S Avdjiev, C Upper, K Von Kleist. Highlights of International Banking and Financial Market Activity ［J］. BIS Quarterly Review, 2007: 17 – 26.

［172］Segoviano M, S Malik, P Lindner, P Cortes. A Comprehensive Multi – Sector Framework for Surveillance of Systemic Risk and Interconnectedness (SyRIN) . IMF Working Paper, forthcoming, 2017.

[173] Siranova M, Radvansky M. Performance of the Macroeconomic Imbalance Procedure in Light of Historical Experience in CEE Region [C]. 2016.

[174] Stephanie, Michael. Banks' regulatory Capital Buffer and the Business Cycle: Evidence for German Savings and Cooperative Banks, Discussion Paper, Deutsche Bundesbank, 2005.

[175] Stijn Claessens, Swati R. Ghosh. Macro－prudential policies: Lessons for and from emerging markets [C] //Prepared for the East－West Center and the Korea Development Institute Conference. 2012.

[176] Stiroh K J. Diversification in Banking: Is Non－interest Income the Answer? [J]. Journal of Money, Credit, and Banking, 2004 (5): 853－882.

[177] Tabak B M, Noronha A C, Cajueiro D. Bank Capital Buffers, Lending growth and Economic Cycle: Empirical Evidence for Brazil. BIS CCA－004－2011, 2011.

[178] Terhi Jokipii, Alistair Milne. The Cyclical Behaviour of European Bank Capital Buffers [J]. Journal of Banking & Finance, 2008 (32): 1440－1451.

[179] Vandenbussche J, Vogel U, Detragiache E. Macroprudential Policies and Housing Prices: A New Database and Empirical Evidence for Central, Eastern, and Southeastern Europe [J]. Journal of Money, Credit and Banking, 2015 (S1): 343－377.

[180] Viral V. Acharya, Christian Brownlees, Robert Engle, Farhang Farazmand, Matthew Richardson. Measuring Systemic Risk [J]. Regulating Wall Street: The Dodd－Frank Act and the New Architecture of Global Finance, 2011: 85－119.

[181] White W R, Procyclicality in the financial System: Do We Need a New Macrofinancial Stabilization Framework, BIS Working papers, 2006, No. 193.

[182] Williams B. The Impact of Non－interest Income on Bank Risk in Australia [J]. Journal of Banking and Finance, 2016 (11): 16－37.

[183] Xavier Freixas, Bruno M. Parigi, Jean－Charles Rochet. Systemic Risk, Interbank Relations, and Liquidity Provision by the Central Bank [J]. Journal of Money, Credit and Banking. 2000 (3): 611－638.

[184] Xiong Q. The Role of the Bank Lending Channel and Impacts of Stricter Capital Requirements on the Chinese Banking Industry, Bank of Finland Working paper, 2003: 7.